Ole Petersen und
Dr. med. Hansruedi Egger

Gesundheit ist Chefsache

Leistungssteigerung und Stressbewältigung
im Unternehmen

Gesundheit ist Chefsache

Copyright © 1999 by SmartBooks Publishing AG
Dorfstrasse 147, CH-8802 Kilchberg

Aus der Schweiz:	Tel.	01 716 14 24,	Fax	01 716 14 25
Aus Deutschland und Österreich:	Tel.	0041 1 716 14 24,	Fax	0041 1 716 14 25
http://www.smartbooks.ch		E-Mail: smartbooks@smartbooks.ch		

ISBN 3-907601-15-7
2. aktualisierte Auflage 2000

Originalausgabe

Konzeption und Koordination:	SmartBooks Publishing AG
Satz:	Reemers EDV-Satz, Krefeld
Cover-Illustration:	Christian Barthold
Lektorat:	Lisa B. Eiermann, Uetikon am See
Druck und Bindung:	Kösel, Kempten

Alle Rechte vorbehalten. Die Verwendung der Texte und Bilder, auch auszugsweise, ist ohne die schriftliche Zustimmung des Verlags urheberrechtswidrig und strafbar. Das gilt insbesondere für die Vervielfältigung, Übersetzung, die Verwendung in Kursunterlagen oder elektronischen Systemen.
Der Verlag übernimmt keine Haftung für Folgen, die auf unvollständige oder fehlerhafte Angaben in diesem Buch zurückzuführen sind.
Die unautorisierte Verbreitung des Inhaltes der CD-ROM ist ausdrücklich untersagt. Weitere Copyright-Hinweise zum Einsatz der Dateien finden Sie auf der CD-ROM.

Trotz sorgfältigem Lektorat schleichen sich manchmal Fehler ein. Autoren und Verlag sind Ihnen dankbar für Anregungen und Hinweise!

E-Mail:	smartbooks@smartbooks.ch	
Fax:	aus der Schweiz:	01 716 14 25
	aus Deutschland und Österreich:	0041 1 716 14 25
Brief:	SmartBooks Publishing AG, Dorfstrasse 147, CH-8802 Kilchberg	

www.smartbooks.ch

Übersicht

	Vorwort	11
Kapitel 1	Einleitung	17
Kapitel 2	Check-up	49
Kapitel 3	Zielsetzung	99
Kapitel 4	Säule 1	127
Kapitel 5	Säule 2	153
Kapitel 6	Säule 3	185
Kapitel 7	Das Kreuz	197
Kapitel 8	Effekte	205
Kapitel 9	Umsetzung	219
Anhang A	Serviceteil	237
Anhang B	«Quick Facts» für Eilige	249
Anhang C	«Quick Facts» für Chefs	251
	Index	255

Inhaltsverzeichnis

	Vorwort	**11**
	Sind fitte Manager bessere Manager? – Wie in der Schweizer Unternehmenswelt an der Gesundheit der Mitarbeiter gearbeitet wird 12	
Kapitel 1	**Einleitung**	**17**
	Management by Fitness? 18	
	Noch ein Buch mehr im Bereich Gesundheitsförderung? 18	
	Aufbau des Buches 20	
	Das Thema «Gesundheit» ist meist einseitig dargestellt 21	
	Das «3-Säulen-Programm» zur Leistungssteigerung und Stressbewältigung . 22	
	Verkehrte Welt? 24	
	Zwischen Wunschdenken und Sachzwängen 24	
	Der Mensch als Ganzes 30	
	Kernaussagen 32	
	Meine eigenen Erfahrungen 32	
	Gesundheit, Stress und Burnout-Syndrom 37	
Kapitel 2	**Check-up**	**49**
	Der Check-up 50	
	Wie ist es um Ihre Gesundheit bestellt? 50	
	Der Ist-Zustand 51	
	Erster Teil – Gesundheitsstatus 52	
	Anamnese 52	
	Somatische Untersuchung 52	
	Blutscreening 53	
	Körperfettmessung 56	
	Lungenfunktionstest 60	
	Weitergehende Untersuchungen 60	
	Zeitbedarf 60	
	Zweiter Teil – Leistungsdiagnose 61	
	Energiekette und Stoffwechsel 66	
	Was verstehen wir nun unter den «verschiedenen Trainingsbereichen»? ... 70	
	Der Ausdauerbereich für Gesundheit und Prävention 70	
	Der Intensitätsbereich für Spiel und Sport 72	
	Der Spitzenbereich für Sport und Leistung 73	
	Der «Conconi-Test» 75	
	Der Laktatstufentest 80	
	Check-up-Auswertung 83	
	Check-up-Häufigkeit 87	
	Persönliche Pulswerte 87	

	Kosten für einen Check-up	87
	Kernaussagen zum Check-up	87
Einsatz im Unternehmen		88
	Testmethoden für Gruppen	88
	«Lauf-Conconi» für sportliche Mitarbeiter	88
	«Smart-Test» – die Testmethode ohne Schweiss	93
	Körperfettmessung	97
	Mini-Fitness-Profil	97
	Kernaussagen zu Testing-Methoden für Gruppen	98

Kapitel 3 Zielsetzung   99

Die Gesundheitszielsetzung	100
Exakte Zieldefinition	103
Ihr Ziel	110
Kernaussagen zur Zielsetzung	110
Visualisierung	111
Durchführung der Visualisierung	113
Kernaussagen zur Visualisierung	117
Zielsetzung des Unternehmens	117
Ist-Analyse und davon abgeleitete Zielsetzung	118
Einzelaktionen	120
Zielgruppe «Inaktive» und Abbau der Vorbehalte	121
Kernaussagen zur Zielsetzung des Unternehmens	124

Kapitel 4 Säule 1   127

Herzkreislauftraining	128
Häufigkeit und Dauer	128
Zeitpunkt	136
Zeitbedarf für ein 3-Säulen-Programm	140
Die Sport- bzw. Bewegungsarten	141
Die idealen Bewegungsformen im Einzelnen	142
Alleine oder in Gemeinschaft?	145
Steuerung der Intensität/Geschwindigkeit	146
Die Erfolgskontrolle	147
Kernaussagen zum präventiven Herzkreislauftraining	150
Unterstützende Massnahmen im Unternehmen	150

Kapitel 5 Säule 2   153

Ernährungsmassnahmen	154
Das Mengenproblem	154
Die Qualität	160
Zusammenfassung	180
Die Belohnung	181
Unterstützende Massnahmen im Unternehmen	182

Kapitel 6   Säule 3   185

Mentale Stressbewältigung *186*
    Entspannungsmethoden *188*
    Hintergrund der Entspannungstechniken *191*
    Mentale Stressbewältigung in der Praxis *192*
    Alternativen *194*
    Stressbewältigung vs. Stressbeseitigung *195*
    Kernaussagen zum Entspannungstraining *195*
Unterstützende Massnahmen im Unternehmen *195*
    Kursangebote für Entspannungstechniken wie Meditation oder Tai Chi . *196*
    Einrichten eines Ruhe-, Meditations- bzw. Schlafraums *196*
    Besonderes Pausenreglement *196*

Kapitel 7   Das Kreuz   197

Das Kreuz mit dem Kreuz *198*
Die 5-Minuten-Vorsorge *198*
    Die korrekte Durchführung *200*
Vorsorge im Unternehmen *201*
    Rückenscreening im Unternehmen *201*
    Ergonomie des Arbeitsplatzes *203*

Kapitel 8   Effekte   205

Effekte und «Cross-effects» *206*
    Effekte für Ihr Herz *206*
    Effekte auf den Stoffwechsel *208*
    Das Zusammenspiel *210*
    Bewegungsapparat *211*
    Immunsystem *212*
    Das 3-Säulen-Programm und die Psyche *212*
Wirtschaftliche Effekte im Unternehmen *215*

Kapitel 9   Umsetzung   219

Umsetzung im Unternehmen *220*
    Unternehmensgrösse *223*
Umsetzung in KMU *224*
    Variante mit komplettem Check-up *225*
    Variante mit Smart-Test und Blutscreening *227*
    Variante 3-Säulen in drei Halbtageskursen *229*
    Teilnehmer *231*
    Vorbildfunktion des Managements *232*
    Kosten- und Zeitverteilung *232*
    Titel/Motto *232*
    Trainerauswahl *233*

		Interne Trainer bzw. Projektleiter *233*
		Umsetzung in Grossunternehmen *233*
		Evaluation, Prozesse und Programme *234*
		Arbeitskreis Gesundheit *234*
		Gesundheitszirkel *235*
		Ihre Unternehmenskultur *236*

Anhang A   Serviceteil   237

Referenzen *238*
Krankenkassen *240*
Befragungen *241*
Europäisches Netzwerk für betriebliche Gesundheitsförderung *241*
Bezugsadressen für Pulsmessgeräte *242*
Ratgeber für effizientes und gesundes Ausdauertraining *243*
Fettrechner *243*
Vitalstoffmischungen *243*
Beratung zur Mitarbeiterverpflegung *243*
Andere Entspannungs-CDs *244*
Rückenscreening *244*
Ratgeber zu Ergonomie *244*
Empfehlenswerte Bücher und Schriften *244*
Weiterführende Literatur *245*
Freie Trainer im Bereich Stressbewältigung *245*
Offene Seminare im Bereich Gesundheitsförderung *246*
Trainerausbildung und Projektleiter BGF *246*
Danksagung *247*

Anhang B   «Quick Facts» für Eilige   249

Ausgangslage *250*
Massnahmen *250*

Anhang C   «Quick Facts» für Chefs   251

Ausgangslage *252*
Massnahmen *253*

Index   255

Vorwort

Vorwort

Sind fitte Manager bessere Manager? – Wie in der Schweizer Unternehmenswelt an der Gesundheit der Mitarbeiter gearbeitet wird

Von Jan Mühlethaler*

Körperlich fitte Manager sind bessere Manager! Wissenschaftlich dürfte eine solche These nur schwer haltbar sein, auch wenn der direkte Zusammenhang von körperlichem Wohlbefinden, Gesundheit und höherer Leistungsfähigkeit durchaus nachvollziehbar erscheint. Nicht dass ein durchtrainierter bzw. auf Ausdauer getrimmter Körper per se zu wertvollerer geistiger Arbeit befähigt sein muss, doch allein der Umstand, dass Krankheiten irgendwelcher Art bei Personen mit einem geregelten bewegungs- und ernährungstechnischen Haushalt in geringerem Masse auftauchen, lässt vermuten, dass dadurch auch die Produktivität in kleinerem Umfang beeinträchtigt wird. Fitte Manager, generell körperlich trainierte und auf eine ausgewogene Ernährung bedachte Mitarbeiterinnen und Mitarbeiter tun nicht nur sich selber einen Gefallen, wenn sie sich guter Gesundheit erfreuen und den Strapazen des Alltags widerstehen, sondern letztlich auch dem sie beschäftigenden Unternehmen, das in der Folge weniger Ausfälle zu beklagen hat. Ein solcher Wissensstand lässt den Schluss zu – so müsste man meinen –, dass sich die Unternehmenswelt intensiv mit Begriffen wie Fitness-Management oder Bewegung am Arbeitsplatz auseinander setzt.

Weit gefehlt! Gedanken dieser Art sind zwar nicht neu und werden auch im deutschsprachigen Raum in Betrieben diskutiert und teilweise angewandt, wirklich greifbare Modelle sind allerdings noch immer nur in geringer Anzahl nicht nur auf dem Papier, sondern auch in der Praxis erprobt worden. In der Vergangenheit ist unter anderem der Firmensport mit dem Hinweis auf Gesundheit und Wohlbefinden angepriesen worden, auch wenn letztlich der soziale Gedanke bzw. das Zusammengehörigkeitsgefühl unter den Mitarbeitern wesentlich stärker davon profitiert haben dürfte als das körperliche Wohlbefinden selbst. Firmensport wurde und wird denn auch primär als eine Art Freizeitbeschäftigung im beruflichen Kontext gewertet. Klare Strategien wie etwa die Idee der verstärkten Leistungsfähigkeit dürften dabei aber kaum eine Rolle spielen.

Der Firmensport, der in den Jahren der Hochkonjunktur etwa in der Schweizer Bankenwelt Dimensionen angenommen hat – Fitnesscenter, Tennisplätze, Schwimmbäder, Saunas –, die eigentlich schon vielmehr als zusätzlicher Lohnbestandteil oder als Incentives einzustufen sind, ist grundsätzlich ein defizitärer Betrieb, der in jüngster Zeit wiederum in der gleichen Branche arg unter Druck geraten ist. Die Union Bank of Switzerland UBS und die CS Group haben beide unabhängig voneinander bekannt gegeben, dass sie ihr Freizeitangebot für Mitarbeiter überdenken wollen und auch nicht davor zurückschrecken täten, den einen oder anderen unrentablen Betrieb einzustellen. Mit Fitness-Management haben Aktivitäten dieser Art hingegen nicht viel zu tun. Doch was wird gemacht in der Schweizer Unternehmenswelt, um die eingangs erläuterten Ideen durchzusetzen oder zumindest in ihren Grundzügen zu verankern?

Trotz vorhandenem Wissen noch immer nur dürftig wenig – und leider längst nicht immer in ganzheitlicher Art. Die «Neue Zürcher Zeitung» hat beispielsweise ihren häufig vor dem Bildschirm sitzenden Redaktoren angeboten, sich in einem halbtägigen Seminar mit Augentraining auseinander zu setzen. Ein heisser Tropfen auf den Stein, aber immerhin. Die UBS, um eine Vertreterin der vor allem früher im Firmensport stark engagierten Unternehmen zu nennen, behilft sich zurzeit damit, ihren Angestellten in zeitlichen Abständen einen medizinischen Check-up zu ermöglichen, die «Direktionsstufe» kann gar jedes zweite Jahr bei einem Arzt ihrer Wahl verschiedene Herz-Kreislauf-Tests durchführen. Dass solche Einrichtungen allerdings nicht dem Anspruch nach präventiven Massnahmen genügen, sondern einzig und allein als Symptombekämpfung und nachgelagerte Massnahme einzuschätzen sind, liegt auf der Hand.

Dabei müsste es gerade in Zeiten sich ständig verändernder Arbeitswelten einsichtig sein, dass das physische und psychische Wohlbefinden stärker in Mitleidenschaft gezogen wird als noch in früheren Jahren. Die Ansprüche an alle Mitarbeiter, insbesondere aber an die Kaderleute, sind gestiegen, die zeitlichen Ressourcen sind knapper geworden, was sich unter anderem darin niederschlägt, dass wiederum geregelte Mahlzeiten nicht mehr zwingend zur Tagesordnung gehören. Und wenn, dann höchstens über Mittag, und diesbezüglich haben sich wiederum die meisten Arbeitgeber, die über eigene Kantinen verfügen, nicht eben viel einfallen lassen. Das heisst, dass nicht unbedingt auf eine ausgewogene, durchaus aber auch abwechslungsreiche Ernährung geachtet wird. Kommt hinzu, dass die in vielen Betrieben stehenden Verpflegungsautomaten Snacks enthalten, die allenfalls eine erfreuliche Gewinnmarge versprechen – von einem hochwertigen Nährwert, genügend Vitaminen und anderen wertvollen Substanzen kann auf jeden Fall nicht die Rede sein.

Die CS Group hält es ähnlich wie ihre grösste Konkurrentin. Angebote an Mitarbeiter werden zwar verschiedentlich gemacht, doch eine klare Linie ist auch hier noch nicht erkennbar. Kurse wie «Schlank durch gesunde Ernährung» oder Anleitungen zu einem möglichst rückengerechten Verhalten am Arbeitsplatz werden innerhalb des Freizeit- und Sportprogramms der CS für die gesamte Belegschaft angepriesen; wenn es dann wissenschaftlicher bzw. medizinischer wird, verengt sich der Kundenkreis aufs Kader. Diesem steht beispielsweise ein mehrtägiges Seminar «Leistung und Gesundheit» offen, Direktionsmitglieder können sich zudem alle zwei Jahre auf Firmenkosten einem umfangreichen Gesundheitscheck unterziehen.

Novartis sieht das körperliche Wohlbefinden ihrer Mitarbeiter nicht nur als Verpflichtung, sondern gar als Teil des unternehmerischen Selbstverständnisses, da der Basler Multi ja letztlich Produkte herstellt, welche die Gesundheit andauern lassen bzw. diese wiederherstellen sollen. Doch eigentliche Konzepte, die sich sowohl der physischen wie ebenso wichtig auch der psychischen Gesundheit der Betriebsangehörigen annehmen, kann auch Novartis nicht aus der Schublade ziehen. Interessant ist auch der Gedanke, den das Bundesamt für Sport in Magglingen entwickelt hat. Mit seinem Konzept «Bewegtes Amt», das im vergangenen Jahr lanciert worden ist, sollen Bundesangestellte vermehrt zu körperlicher Ertüchtigung angetrieben werden. Jogginggruppen, Treppensteigen-Aktionstage, Informationsmaterial, Seminare, Arbeitsplatzgestaltung usw. sollen den Schreibtischtätern helfen, die gestiegenen Anforderungen im Berufsleben besser kompensieren zu können.

Was die in unserem Umfeld noch weitgehend fehlenden Aufklärungskampagnen bewirken können, ist jüngst in einem Pionierprojekt in Grossbritannien exemplarisch demonstriert worden – und zwar in ernährungstechnischer Hinsicht. Eine kleinere Design- und Marketingagentur hatte sich dazu durchgerungen, den Rat des Londoner Centre for Nutritional Medicine einzuholen, um mit dem für die Branche typischen Dauerdruck besser klarzukommen. Die Mitarbeiter wurden in der Folge dazu angehalten, zwei Monate generell statt mastiger Sandwiches, Pommes Chips, Süssigkeiten und Kaffee eher Früchte, Salate, Nüsse, Joghurt und Wasser zu sich zu nehmen. Und die Resultate sprachen für sich: Nach kurzer Zeit fühlten sich alle rundum wohler und ausgeglichener, glaubten über mehr Energie zu verfügen, Termine liessen sich besser einhalten und das Arbeitsklima wurde wesentlich entspannter als zuvor. Die Kosten für die Beratung seien alleine durch den Rückgang der Absenzen wettgemacht worden, liess die Unternehmensleitung verlauten.

Dem gilt es nur noch anzufügen, dass ähnliche Erkenntnisse auch in den USA, u.a. im Chemiemulti Du Pont, gewonnen worden sind – und zwar im besagten Beispiel nicht mit Hilfe einer sinnvolleren Ernährung, sondern mit Unterstützung von bewegungsfördernden Interventionen. Die Beweisführung, dass die physische und psychische Fitness der Mitarbeiter nicht nur Selbstbefriedigung ist, sondern unter anderem auch den Unternehmenserfolg fördern kann, ist somit zumindest teilweise erbracht worden. Nun gilt es nur noch, die primär im Ausland gemachten Erfahrungen auch in der Schweizer Unternehmenswelt anzuwenden. Die Vermutung liegt nahe, dass die Erfolge hierzulande ähnlicher Art wären und dabei sowohl die Mitarbeiter als auch die Betriebe profitieren täten.

---

* Jan Mühlethaler ist Redaktor der «Neuen Zürcher Zeitung» und beschäftigt sich unter anderem mit Gesundheits- und Ernährungsfragen innerhalb der Sport- und Unternehmenswelt.

1 Einleitung

Einleitung

Management by Fitness?

Der Arbeitstitel dieses Buches lautete ursprünglich «**Corporate Fitness Management**».

Jener Begriff, unter dem wir die im Buch beschriebenen Massnahmen zur Gesundheitsförderung in Unternehmen anbieten. Am Anfang waren wir sehr begeistert von der neumodischen Namensfindung. Doch während unserer Arbeit kristallisierte sich mehr und mehr heraus, dass die Mitarbeiter und Mitarbeiterinnen, die in den Seminaren sassen, ob der vielen «Management by ...» und «Management-Irgendwas» ziemlich müde waren. Lean Management und Total Quality Management stellten nicht selten gar Reizwörter dar und man lobte unser Seminarprogramm als willkommenen Gegenpol zu den rein auf der rationalen Ebene gelagerten Managementaktivitäten. Es wäre somit fast schon ein Widerspruch gewesen, an dem Titel festzuhalten.

Noch ein Buch mehr im Bereich Gesundheitsförderung?

Es hat wahrlich eine endlose Liste an Publikationen – die Fachbibliothek Gesundheitsförderung und Prävention von Radix, Zürich, verwaltet allein 12 000 Bücher und Lehrmittel über diesen Themenbereich. Warum haben wir die Zeit aufgewendet, ein weiteres Buch zu schreiben, und warum sollten Sie die Zeit investieren, es zu lesen und vor allem damit zu arbeiten?

In unserer langjährigen Arbeit wurden und werden wir immer wieder mit folgenden Umständen konfrontiert:

- Die Thematik Gesundheit wird entweder **zu einseitig** oder im anderen Extrem **zu umfassend** dargestellt.
- Der wissbegierige «Laie» wird von Medizinern, Sportwissenschaftlern und anderen Gelehrten mit Fachwissen und Fachchinesisch «erschlagen». Seine eigene Sprache spricht niemand, geschweige denn, dass jemand seine gesundheitlichen Bedürfnisse beachtet.
- Viele der Publikationen im Bereich Gesundheitsförderung sind primär verfasst worden, um ein Diplom oder den Doktortitel zu erlangen und nicht, um wirklich etwas beim Menschen zu bewegen.
- Das «Volk» wird mit Pauschalregeln zur Gesunderhaltung bombardiert – Individualität ist nicht gefragt.

- Beeindruckende Erfolgsmeldungen von US-Firmen im Bereich Gesundheitswesen werden genauso **ungeprüft** und vorbehaltlos zitiert und übernommen wie die unzählige Trends der Fitnessindustrie – es muss nur aus den USA stammen und schon ist es «**great**».
- Programme zur betrieblichen Gesundheitsförderung sind häufig zu umständlich und «versanden» im Bürokratismus zwischen Personal- und Ausbildungsabteilung oder zwischen Geschäftsleitung und Betriebsrat.

Dieses Buch beschreibt auf einfache und verständliche Art einen gangbaren Mittelweg, der das Individuum beachtet und seine Besonderheiten (insbesondere die körperlichen) in Betracht zieht.

Die von uns in den Unternehmen (siehe Liste im Serviceteil) gemachten Erfahrungen deuten auf einen immer stärker werdenden Drang des Einzelnen hin, sich selbst zu verwirklichen. Man erinnere sich an die Bedürfnispyramide von Maslow:

Auch wenn Maslows damalige Motivationstheorie sich in der Praxis anders darstellt und einzelne Stufen durchaus übersprungen werden, so ist sie dennoch geeignet, um die verschiedenen Bedürfnisse eines Menschen zu unterteilen:

Nachdem die Grundbedürfnisse, die unteren Stufen der Pyramide, weitgehend abgedeckt sind, Wohlstand sich über Zweitwagen, TV, Handy, Eigenheim und Fernreisen ausdrückt, stellen sich für viele in unserer Bevölkerung Fragen wie:

- «Was nun?»
- «Was will ich wirklich?»
- «Was oder wer bin ich?»

Der Wunsch, die eigene Persönlichkeit zu entdecken und auch durch Handlungen zum Ausdruck zu bringen, ist immer häufiger anzutreffen. Diese Entwicklung hat unmittelbare Auswirkungen auf die Arbeitswelt und unsere Unternehmen. Ein Managementmodell, das den Mitarbeiter/die Mitarbeiterin als reine(n) Befehlsempfänger(in) benötigt, wird sich langfristig nicht durchsetzen können, egal wie hoch die Anreize bzw. der ausgeübte Druck sind.

Eine Unternehmenskultur, die dem einzelnen Individuum Platz und Raum zur Entfaltung seiner Ideen (und somit auch seiner Persönlichkeit) gibt, wird hingegen von der Konkurrenz kaum zu schlagen sein.

Der unaufhaltsame Run auf Abenteuerreisen, Extremsportarten und Trekkingtouren belegt eindrücklich, wie gross das Bedürfnis nach Selbstverwirklichung ist und wie selten es zurzeit von unseren Unternehmen abgedeckt wird. Treffen aber das Bedürfnis des Mitarbeiters und eine geeignete Herausforderung im Unternehmen zusammen, dann ist der Erfolg kaum zu verhindern. Natürlich ist es nicht (oder noch nicht) die Aufgabe eines Unternehmens, den «Spielplatz» für jeden Selbstverwirklichungsdrang der Mitarbeiter zu bieten, aber ein offenes Betriebsklima, in dessen Umfeld die Bedürfnisse auch offen angesprochen und respektiert werden, ist in der Regel sehr förderlich.

Die eigene Gesundheit steht ganz oben auf der «Wunschliste» der Mitarbeiter. Und genau hier setzt dieses Buch an. Es zeigt auf, wie es Unternehmen möglich ist, mit gezielten gesundheitsfördernden Massnahmen einen echten «added value» zu bieten, die Unternehmenskultur entscheidend zu prägen und dazu noch einen langfristigen ROI (return on investment) zu erhalten. Gesundheit ist Chefsache!

Aufbau des Buches

Unser Ziel war es, ein Arbeitshandbuch sowohl für den einzelnen Mitarbeiter/die einzelne Mitarbeiterin als auch für Personalleiter/Personalleiterinnen, Personalverantwortliche und Unternehmensleitung zu schaffen. Daher sind die Kapitel des Buches in der Regel zweiteilig angelegt. Zuerst wird das jeweilige Thema aus der Sicht der Einzelperson behandelt:

Wie kann der Berufstätige seine Gesundheit erhalten bzw. fördern und mit einem minimalen Zeitbudget von zwei bis drei Stunden pro Woche einen optimalen Effekt erzielen, der sich auch positiv auf die Arbeitsleistung auswirkt?

Anschliessend wird das Thema aus der Sicht des Unternehmens betrachtet und wertvolle Hinweise für die aktive Personalarbeit im Bereich Gesundheitsförderung gegeben:

Welche Massnahmen kann die Unternehmensleitung ergreifen, um die Gesundheit und Leistungsfähigkeit der Mitarbeiter und Mitarbeiterinnen gezielt zu fördern? Welche Resultate haben solche Programme?

Das Thema «Gesundheit» ist meist einseitig dargestellt

Es existiert eine Vielzahl an Publikationen zum Thema Gesundheit und Fitness. Einzelne Interessengruppen, die um diesen Themenbereich ihr Geld verdienen (Krankenkassen, Ärzte, Fitnesscenter usw.), beschränken sich in der Regel auf eine sehr einseitige Darstellung, die den eigenen Geschäftsbereich über Gebühr propagiert. So liegt es in der Natur der Sache, dass z. B. die Fitnesscenterbranche das Krafttraining als wichtigste Gesundheitsmassnahme darstellt. Genauso wollen die Anbieter von Yoga und Meditation ihrem «Produkt» als Allheilmittel Ansehen verleihen.

Leider ist das Thema Gesundheit nicht so einfach, dass es gar möglich wäre, mit dem Ergreifen einer **einzelnen** Massnahme wie z. B. Ernährung nach Trennkost oder das Praktizieren der «Fünf Tibeter» ganzheitliche Gesundheit zu erlangen. Gerade die «Fünf Tibeter», fünf gymnastische Übungen, die helfen sollen, die Chakren (Energiewirbel des Körpers) wieder zu aktivieren, sind eines der schönsten Beispiele dafür, wie man versucht, dem gestressten Manager unter dem Deckmantel fernöstlicher und mystischer Kultur die schnelle und ganzheitliche Gesundheit zu verkaufen. Die Übungen haben genauso wenig mit Tibet zu tun wie die aus der Meditation bekannten «tibetischen Klangschalen». «Machen Sie jeden Tag die fünf Übungen und Sie werden vor Gesundheit und Energie nur so strotzen!» Das ist natürlich Unsinn!

Jedermann/frau spürt heute täglich am eigenen Leibe, dass Geist und Körper untrennbar miteinander verbunden sind. Die Zusammenhänge sind so komplex, dass sie trotz aller Wissenschaften und Forschungen unser Vorstellungsvermögen bei weitem übersteigen. Dies wird sich auch in den nächsten Jahrzehnten nicht ändern, selbst wenn sich unser Wissen mittlerweile alle sieben Jahre verdoppelt. Wie ist sonst z. B. zu erklären, dass die so fortschrittliche Medizin das Thema Rückenleiden absolut nicht im Griff hat? Neun von zehn Patienten mit Rückenschmerzen verlassen die Arztpraxen ohne einen klaren Befund.

Das «3-Säulen-Programm» zur Leistungssteigerung und Stressbewältigung

Auch dieses Buch wird keine endgültige Antwort darauf geben können, wie ganzheitliche Gesundheit zu erlangen ist. Vielmehr stützen sich das vorgestellte Programm und die damit verbundenen Massnahmen auf drei Säulen:

- Säule 1: Präventives Herzkreislauftraining
- Säule 2: Einfache Ernährungsmassnahmen
- Säule 3: Mentales Entspannungstraining

Es gibt im Bereich Gesundheit unzählige Massnahmen, Programme und Produkte. Warum nun gerade diese drei Säulen?

Säule 1: Betrachtet man die Todesursachen in Europa, so fällt auf, dass nach wie vor Krankheiten von Herz und Kreislauf mit 56% (!) die Hitliste anführen. Ein geeignetes Herzkreislauftraining wirkt vorbeugend und hilft darüber hinaus, dem Organismus andere Belastungen wie z.B. Stressoren besser zu verkraften.

Todesursache Nr. 1

«Todesursachen»
© 1998 by PERSONAL check-up

egger & petersen
PERSONAL check-up

Lebenserwartung und Todesursachen im europäischen Vergleich

10*	Schweiz	EU 15	Europa
Lebenserwartung bei Geburt 1992, Männer	74,5	73,0	71,8
Lebenserwartung bei Geburt 1992, Frauen	81,3	79,4	78,8
Säuglingssterbeziffer 1992, je 1000 Lebendgeburten	6,4	6,9	9,6
Perinatalsterbeziffer 1991, je 1000 Lebendgeburten	7,1	8,1	10,2

Sterbehäufigkeit je 100 000 Einwohner (standardisiert)[1]	Schweiz	EU 12	Europa
Gesamtsterbeziffer 1991	683,5	771,7	857,0
Suizid 1991	20,8	11,7	13,3
Infektionskrankheiten 1991	11,5	5,8	6,6
Kreislaufkrankheiten 1991	276,7	318,7	393,9
Herzkrankheiten 1991	107,3	124,9	140,2
Hirngefässkrankheiten 1991	52,9	87,5	100,3
Verletzungen und Vergiftungen 1991	66,1	48,2	56,4
Brustkrebs 1991	36,1	31,5	29,5

[1] Europäische Standardbevölkerung, direkte Methode

EUROSTAT, Bevölkerungsstatistik 1995; WHO/EURO, Health for All, 1994

44   Bundesamt für Statistik Office fédéral de la statistique Ufficio federale di statistica

Säule 2: Unsere allgemeine Leistungsfähigkeit wird massgeblich von den Nährstoffen beeinflusst, die wir unserem Körper täglich zuführen. Der Berufstätige kann mit einfachen Massnahmen sein körperliches Wohlbefinden positiv verändern.

Säule 3: In einer Zustandsform, in der Geist *und* Körper ruhen, halten wir uns äusserst selten auf. Ausnahmen sind die kurzen Tiefschlafphasen der Nacht. Mit einem geeigneten Entspannungstraining werden Geist *und* Körper gezielt entlastet.

Das 3-Säulen-Programm umfasst medizinische Check-ups von Einzelpersonen genauso wie Personalmassnahmen im Weiterbildungsbereich in Form von aktiven In-House-Seminarien, die ebenfalls Check-up-Elemente für Gruppen beinhalten.

Das Programm orientiert sich an der heutigen Realität. Es ist ausgerichtet am «Minimax-Prinzip» aus der Wirtschaftslehre, d.h. mit dem geringsten möglichen Einsatz ein Maximum an Ergebnis zu erzielen.

Bei den wissenschaftlichen und medizinischen Ausführungen haben wir uns auf das Nötigste beschränkt, damit sich der Leser voll auf die Umsetzung konzentrieren kann – «just do it» steht im Vordergrund!

Das Programm wurde in den Jahren 1992 bis 1997 entwickelt und wird heute von Unternehmen unterschiedlichster Grösse mit gutem Erfolg eingesetzt. Die Elemente stammen aus der Sportmedizin (z.B. Bereich der Leistungsdiagnostik), der Trainingslehre für Ausdauersportarten (z.B. Fettstoffwechseltraining), dem Mentaltraining (Entspannungstechniken) und der gängigen Managementlehre (Bereich Zielsetzung). Bislang haben wir mit diesen Methoden rund 13 000 Tests durchgeführt und wir konnten anhand der Ergebnisse mit den Teilnehmern effektive und zeitsparende Massnahmen definieren, mit denen die jeweiligen gesundheitlichen Ziele erreicht wurden. Auch hat sich ganz klar herauskristallisiert, dass das heutige Management nach einfachen, direkt umsetzbaren Massnahmen verlangt; für wochenlange Kurse in Entspannungstechniken z.B. fehlt schlicht und ergreifend die Zeit.

Das Buch verknüpft «best of both worlds» (Management und Sport) und der Einzelne kann sich ein individuelles Programm zusammenstellen, aus dem er langfristig Motivation, Kraft und Gesundheit schöpft.

Unternehmen wird es gelingen, mit diesen einfachen Massnahmen die Ausfallzeiten zu reduzieren, aber mehr noch durch motivierte und gesunde Mitarbeiter und Mitarbeiterinnen den berühmten «human factor» im Markt gewinnbringend ein- und umzusetzen.

Verkehrte Welt?

Zwischen Wunschdenken und Sachzwängen

Die Gesundheit ist neben unserer limitierten Lebenszeit das kostbarste Gut, das wir besitzen. (Die durchschnittliche Lebenserwartung der Mitteleuropäer beträgt für Frauen 79 Jahre und für Männer 72 Jahre nach der Eurostat-Bevölkerungsstatistik 1995.)

Die Zeit und die Gesundheit sind in unserem Wunschdenken eng miteinander verknüpft. Wir möchten gerne möglichst lange leben und dies obendrein voller Vitalität mit einem Optimum an geistiger und körperlicher Fitness. Wir **hoffen** insgeheim, dass uns körperliche Gebrechen nie zuteil werden und dass sich gerade unser eigener Körper möglichst lange den unaufhaltsam fortschreitenden Alterungsprozessen widersetzt.

In Führungsseminaren des Schweizer Sulzer-Konzerns haben mehr als 70% der Teilnehmer/Teilnehmerinnen bei der persönlichen Standortbestimmung der eigenen Gesundheit die höchste Priorität eingeräumt. (Quelle: Cadra AG)

Gefragt wurde nach den Werten, Zielen und Wünschen, die das Leben bestimmen – immer steht das Wort «Gesundheit» an erster Stelle. Spätestens, wenn man sich die Aktivitäten und die Projektlisten derselben Personen vergegenwärtigt, rutscht die Gesundheit von der ersten Stelle nach ganz unten. Sie steht dann dort, wo wir die Dinge hinschieben, die wir meistens nicht realisieren. Weil sie uns nicht so wichtig sind? Klingt fast schizophren, aber es ist tatsächlich so: Wenn es um das Umsetzen geht, verschwindet die Gesundheit sogar ganz von unseren «To-do-Listen». Wir behandeln das Thema nach dem **«Prinzip Hoffnung»**, wir *hoffen,* dass wir gesund bleiben. Dieser Tatbestand spiegelt unsere grundsätzliche Einstellung zum Thema Gesundheit wider:

Der Körper hat einfach zu funktionieren!

Und wenn er mal seinen Dienst nicht wie gewünscht verrichtet, dann wenden wir uns an die gewohnten «Reparaturstellen» wie Arztpraxen und Krankenhäuser in der Erwartung, dass die Schäden, die wir in der Regel selbst verursacht haben, schnell behoben werden.

Auch unter dem finanziellen Aspekt spielt unsere Gesundheit eine untergeordnete Rolle: Für eine Inspektion an unserem geliebten Auto geben wir schnell einmal 500.– bis 1000.– DM/sFr aus. Um das Auto winterfertig zu machen, sind inklusive Bereifung auch doppelte Beträge fällig.

Welche Inspektionen lassen wir unserem Körper zuteil werden? In welcher Regelmässigkeit? Jeden Winter?

Und wenn überhaupt, wer übernimmt die Kosten? Selbst sind wir kaum bereit, die Kosten für die Vorsorgeuntersuchungen zu tragen. Dafür sollen gefälligst die Krankenversicherungen aufkommen und wenn diese die Kosten erst ab einem gewissen Alter erstatten, dann gehen wir auch dann erst in «Inspektion».

So war in einer Studie zur Situation der betrieblichen Gesundheitsförderung in Schweizer Klein- und Mittelunternehmungen von Radix – einem Institut für Gesundheitsförderung – zu lesen:

Gründe für die Passivität: Betriebe und MitarbeiterInnen würden sich Massnahmen wie z.B. Gesundheits-Check-ups, Bewegung/Sport und Massnahmen zur Stressbewältigung wünschen. Bei zwei Dritteln der Betriebe werden aber keine Massnahmen durchgeführt, weil

– *wichtigere Prioritäten vorliegen,*

– *zu wenig Zeit oder*

– *zu wenig finanzielle Mittel vorhanden seien,*

obwohl 87% der Befragten die betriebliche Gesundheitsförderung als «wichtiges Anliegen» betrachten. Wie bei der Einzelperson ist eine schizophrene Einstellung zum Thema Gesundheit auch im Unternehmen festzustellen.

Befragt wurden 3000 Unternehmen mit bis zu 50 Mitarbeitern, die 97% aller Schweizer Betriebe ausmachen.

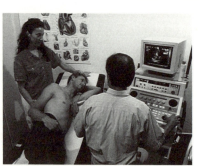

Gesundheitssystem immer noch primär auf Reparatur ausgelegt und nicht auf Prävention

Akzeptanz für «Inspektionskosten» nicht vorhanden, weder bei der Einzelperson noch bei den «Kranken»-Kassen

Wenn wir nur die Hälfte der Beträge für Inspektionen am Auto in unseren Körper investieren würden, erhielten wir bereits eine umfassende jährliche Präventivuntersuchung. *Welchen Umfang ein solcher Check-up haben sollte, welches ein sinnvolles Mass an Aufwand und Erkenntnissen darstellt, ist im Kapitel «Check-up» beschrieben.*

Soweit zur Gesundheit. Wie aber sieht es bei der Fitness aus?

Wer fit sein will, muss etwas dafür tun! Was auch für die Gesundheit gilt, ist uns beim Begriff Fitness schon eher bewusst und auch hier steht das Wunschdenken im Konflikt mit den Sachzwängen: Wir alle hegen den Traum vom fitten und erfolgreichen Manager, aber die Zeit ist knapp und im gestressten Tagesprogramm lässt sich kein Freiraum für ein Fitnessprogramm entdecken, welches aus dem fettleibigen «Schreibtischtäter» einen drahtigen und schlanken Marathonläufer machen würde.

Unsere heutige Arbeitswelt ist eher weniger förderlich, um unseren Wunsch nach einem gesunden und attraktiven Körper zu erfüllen. Surfen im Internet, der Cursor rennt über den PC-Schirm, aber wir sitzen, sitzen und sitzen nochmals. Im Auto, im Bürostuhl, in Meetings, im Flieger und daheim auf der Couch. Wir sind zu «Sitztieren» geworden.

Im Büroalltag mutiert der Gang an den Kopierer oder Telefax zum echten körperlichen «Highlight» des Tages. Ansonsten arbeiten wir primär mit dem Kopf, sind – wie der Volksmund mittlerweile sagt – «kopflastig», wobei wir uns bemühen, möglichst logisch und rational zu denken. Gefühle haben am Arbeitsplatz genauso wenig verloren wie Signale und Probleme des Körpers.

Nun ist es ja nicht so, dass keiner der Berufstätigen körperlichen Ausgleich suchen würde. Die Frage ist nur: Werden die gewünschten Effekte erreicht und wie gross ist der Aufwand dafür?

Typische Aktivitäten und **Versuche** sehen dann ungefähr so aus:

Bei Frauen wie Männern gleichermassen beliebt ist der Gang ins nächste Fitnesscenter. In der Zeit, in der einige Krankenkassen die Jahresbeiträge zum Teil bzw. auch ganz übernahmen, haben die Fitnesscenter einen regen Zulauf an Neumitgliedern erhalten. Da kaum überprüft werden kann, ob der Versicherte auch tatsächlich regelmässig das Training besucht, haben einige Krankenkassen ihre Grosszügigkeit wieder revidiert. Gewinner waren auf jeden Fall die Fitnesscenter, denn Mitglieder, die Beiträge zahlen und nie erscheinen, sind die profitabelsten.

Neben den klassischen Kraftmaschinen werden verschiedenste Gruppenaktivitäten angeboten. Die bekanntesten sind klassisches Aerobic, Step-Aerobic und Spinning. Alle diese Aktivitäten werden unter Betonung des aeroben (aerob = mit Sauerstoff) Effektes, teils auch mit dem Prädikat der Fettverbrennung angepriesen. Tatsache ist jedoch das Gegenteil. Die Intensitäten der Trainings sind meist derart hoch, dass kaum Fett verbrannt wird; das Aerobic müsste daher eher «An-Aerobic» heissen. *Trainingsmassnahmen zur äusserst gezielten Fettverbrennung werden im Kapitel «Trainingsprogramme» vorgestellt. Die Begriffe aerob/anaerob und Fettverbrennung werden im Kapitel «Check-up» erklärt.*

Vergegenwärtigt man sich die Hauptmotivation des Fitnessstudiogängers – zu 70% steht «Figürliches» an erster Stelle –, muss die Frage gestellt werden, ob hier zur Zielerreichung die effektivsten Mittel eingesetzt werden.

Das gelegentliche Joggen ist neben dem Fitnesscenter für die meisten «Wiedereinsteiger» die einfachste und beliebteste Variante, der Bewegungsarmut und dem Speck zu Leibe zu rücken. Unter Wiedereinsteiger verstehen wir Berufstätige, die sehr wohl in ihrer Jugend Sport betrieben haben, die aber bedingt durch Job und Karriere mehrere Jahre überhaupt kein körperliches Training absolviert haben.

Der **typische Wiedereinstieg** sieht dann so aus:

Aus der Motivation heraus «… jetzt muss endlich was passieren!» wird eine gehörige Portion Energie freigesetzt. Die alten Sport- oder Tennisschuhe werden aus der hintersten Ecke des Kleiderschrankes an das Tageslicht befördert und bekleidet mit T-Shirt oder Sweat-Shirt aus Baumwolle gehts los: Aus der Haustür raus und mit vollem Speed wird versucht, den ungläubigen Blicken der Nachbarn und Verwandten möglichst schnell zu entfliehen. Früher ist es ja schliesslich auch gegangen und jetzt schauen wir mal, was noch so drin steckt.

An der ersten Strassenecke angelangt ist die Gesichtsfarbe bereits hochrot und die Atmung tönt wie eine alte Dampflock auf Hochtouren. Das Tempo wird zunächst etwas gedrosselt auf eine Geschwindigkeit, bei der wir wenigstens das Gefühl haben, genügend Luft zu bekommen. Auf den gängigen Joggingstrecken der Gegend werden dann rasch Leidensgenossen entdeckt und spätestens, wenn an uns, als erfolgreichem Manager, eine etwas korpulentere Hausfrau freudestrahlend vorbeiläuft, wird das Tempo wieder forciert, bis die Luft wirklich raus ist. Nach etwa 20 bis 30 Minuten sind wir wieder zu Hause angelangt und beenden mit einem Schlusssprint bis an die Haustür das «Training». Es wird geduscht und dann kommt das Schönste: Wir haben ja schliesslich was getan und die vermeintlich verbrauchten Kalorien werden mit einer opulenten Mahlzeit wieder «reingeschaufelt». *Richtige Ernährung im Alltag und im Zusammenhang mit körperlichem Training wird im Kapitel «Ernährung» behandelt.*

Den Rest des Tages müssen wir uns dann auf dem Sofa ausruhen; auch der nächste Arbeitstag ist gekennzeichnet von Muskelkater und anderen Erschöpfungszuständen. Da das Gefühl, etwas «Gutes» für uns getan zu haben, motiviert, versuchen wir es am nächsten Wochenende gleich noch einmal. Nun muss aber eine Steigerung her, wir müssen schneller und weiter rennen. Zu den Erschöpfungszuständen gesellen sich dann noch Schmerzen an Stellen, die wir vorher nie kannten, und nach etwa drei bis vier Wochen wird beschlossen, der Qual ein Ende zu setzen. Sport ist tatsächlich Mord, also überlassen wir das lieber den Masochisten.

Der hier etwas negativ geschilderte Wiedereinstieg ist absolut kein Einzelfall, sondern in jedem Unternehmen anzutreffen. Es ist das Resultat mangelnder Kenntnis um gesunde Trainingsformen.

Leider gibt es kaum neutrale Stellen, an die wir uns wenden können zur Informationsbeschaffung für den gesunden Einstieg. Die Mediziner erbringen ihre Dienste erst, wenn etwas «kaputt» ist, die Medien der Sportarten (Fachmagazine, Klubs, Fachbücher) sind bereits zu leistungsorientiert. Bleiben noch die gut gemeinten Ratschläge von Freunden und Kollegen, bei denen es nur durch mühsames Probieren möglich ist herauszufinden, was für einen selbst zutrifft und was nicht. So ist es manchmal erschreckend anzuhören, auf welchen langen Umwegen Anfänger und Wiedereinsteiger zu einer für sie gangbaren Lösung finden.

Dazu kommen noch erschwerend unsere abgespeicherten Verhaltensmuster:

Der Leistungsgedanke ist in unserer Gesellschaft extrem eingeprägt; es zählen nur noch die Begriffe höher, schneller, weiter. Leichtathletikmeetings oder Olympiaden, an denen nicht mehrere Weltrekorde aufgestellt werden, sind uninteressant. Ein Umsatzbudget eines Unternehmens, das nicht mindestens 5 % mehr Umsatz aufweist als das Vorjahresergebnis, ist nicht akzeptabel. Wenn die Performance eines Anlagefonds nicht wenigstens 10 % beträgt, ist er uninteressant für die Anleger. Wenn das nächste Auto nicht etwas grösser ist als das jetzige, haben wir «etwas falsch gemacht». Da dieses Gedankengut auch die Triebfeder unseres Handelns und Strebens darstellt, können wir uns nur schwer davon befreien.

Auf die körperlichen Aktivitäten bezogen bedeutet dies, dass wir meinen, Gesundheit und Fitness nur über schweisstreibende und anstrengende Betätigung erlangen zu können. Im Volksmund sind genügend solcher in die Irre führenden Sprüche vorhanden:

▶ «Ohne Fleiss kein Preis» oder
▶ «Im Schweisse deines Angesichts»

- «No pain, no gain» und
- «Von nichts kommt nichts»

Noch einige erzieherische Sätze aus der Kindheit:

- «Du musst dich anstrengen, sonst kommst du zu nichts» oder
- «Du machst es dir viel zu leicht» oder
- «Du musst hart arbeiten, damit was aus dir wird»

Sie kennen bestimmt ähnliche Versionen aus Ihrer Kindheit, die nichts anderes wollen, als Ihnen klar zu machen, dass Sie sich im Leben gefälligst alles hart erarbeiten müssen.

Dies führt dann unweigerlich dazu, dass viele Menschen den Einstieg in vermeintliches Gesundheitstraining nach dem «**Achtung! Fertig! Los!**»-**Prinzip** gestalten. Zum Leistungsdruck gesellt sich unser gestresster Tagesablauf – ein Termin jagt den anderen. Die Zeitnot «erdrückt» förmlich den Berufstätigen zwischen Job, Familie und Hobby. Der eigene Ehrgeiz tut dann den Rest dazu. Wenn sich die gewünschten Erfolge nicht schnell genug oder gar nicht einstellen, wird mehr und härter trainiert. Das körperliche Training stellt somit häufig einen zusätzlichen Stressfaktor dar, der sich negativ auf den Körper und auf die Psyche auswirkt.

Als Gegenpol dazu handelt es sich bei dem im Buch vorgestellten **3-Säulen-Programm** um eine der wenigen Ausnahmen in unserem Leben, wo weniger mehr ist!

Der Mensch als Ganzes

Gerade im Berufsleben wäre es sinnvoll, den Menschen als Ganzes zu betrachten. Das Wechselspiel zwischen Körper und Geist bestimmt die Arbeitsleistung genauso wie die zwei anderen Lebensbereiche Familie und Hobby. Ein Arbeitnehmer kann unter der Belastung einer Ehekrise genauso wenig sein Leistungspotential entfalten wie mit einem körperlichen Leiden. Die Zusammenhänge lassen sich mit dem Begriff **magisches Dreieck** beschreiben.

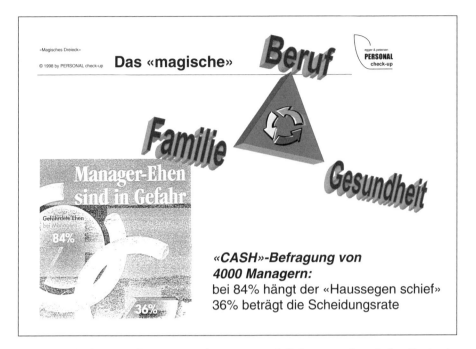

Das «Magische» an diesem Anschauungsmodell ist nun, dass jedes Ereignis, jede Massnahme und jede Zielsetzung immer Auswirkungen auf Körper und Geist haben und somit auf *alle* drei Lebensbereiche.

Nur zögernd und teils zähneknirschend wird im europäischen Management dieser Betrachtungsweise zugestimmt. Die Einstellung ist ähnlich der der eigenen Gesundheit: Der Arbeitnehmer hat einfach zu funktionieren, und wenn nicht, wird er eben ausgetauscht. Das Thema Gesundheitsvorsorge ist allein Sache des Angestellten und somit der Privatsphäre zuzuordnen. So wundert es auch nicht, dass Fitness- und Gesundheitsprogramme in den USA und in Japan einen viel höheren Stellenwert haben. *In den folgenden Kapiteln werden gezielte Personalmassnahmen zum Erfolgsfaktor «Fitness» vorgestellt.*

Letztlich ist es immer auch eine Frage der Einstellung, welche Bedeutung wir dem Thema Gesundheit und Fitness in Verbindung mit der Arbeitsleistung beimessen; aber wie heisst es doch so schön:

Probieren geht über studieren!

Also warten Sie nicht, bis Ihr eigener Leidensdruck bzw. der Ihrer Mitarbeiter so gross ist, dass Sie durch Reha-Massnahmen an das Thema gezwungenermassen herangeführt werden. Als profitorientierter Manager sollte es für Sie nicht uninteressant sein, wie Sie mit den vorgestellten Massnahmen die Krankheitsrate senken und die Motivation und Arbeitsleistung steigern können.

Kernaussagen
- Gesundheit wollen wir alle, dafür wirklich etwas tun eher nicht.
- Das Wissen um einen gesunden (Wieder-)Einstieg in Fitness/Sport/körperliche Aktivität ist nicht verbreitet.
- Verhaltensmuster aus Kindheit und Gesellschaft verursachen «Leistungsdruck».

Meine eigenen Erfahrungen

von Ole Petersen

Meine Jugend (ich bin Jahrgang 1961) verlief gänzlich unsportlich. Mit Horror nur denke ich an den Schulsport zurück. Wir machten öfters ein so genanntes «Zirkeltraining» in der Sporthalle, bei dem möglichst viele Punkte gesammelt werden mussten. Unaufgewärmt und mit vielen Pausen dazwischen mussten wir auf dem Bauch liegend einen sehr schweren Medizinball aus einer bestimmten Distanz möglichst oft an die Wand werfen. Oder innert zweier Minuten so oft über eine Sitzbank springen, wie wir konnten. Wer nicht eine bestimmte Punktzahl erreichte, galt als «Flasche», egal, ob der Rücken wehtat oder wie es ihm sonst ging. Noch in der Schulzeit begab ich mich wegen ständiger Rückenschmerzen in ärztliche Behandlung. Zuerst wurde die scheuermannsche Krankheit diagnostiziert, später fehlte mir ein Lendenwirbel, der dann wieder auftauchte. Auf jeden Fall wurde mir die Teilnahme am Schulsport untersagt (Originalton des Arztes: «… Sie sitzen sowieso bald im Rollstuhl!»). Besonders traurig um den fehlenden Schulsport war ich nicht. Die Meldung mit dem Rollstuhl musste ich jedoch erst einmal verdauen.

Auch während meines Studiums galt mein Interesse nicht dem Sport, sondern der Düsseldorfer Altstadt und den Studienkolleginnen. Vom 20. bis zum 30. Lebensjahr hatte ich den so genannten Genussmittel-Triathlon zum Hobby.

30 bis 40 Zigaretten pro Tag, regelmässig Junk-Food und abends immer «hoch die Tassen».

Den ersten richtigen Stress (ausser dem Prüfungsstress an der Universität) bekam ich beim Aufbau einer Vertriebsniederlassung in Amsterdam zu spüren. Die Konkurrenz am Markt war übermächtig und als (ausländischer) Einzelkämpfer tat ich mich schwer, Verkaufserfolge zu erzielen. Die ersten «Fehlgriffe» in der Personalauswahl bereiteten zusätzlich Kopfschmerzen. Später, als ein geeigneter (einheimischer) Nachfolger gefunden war, wechselte ich die Stelle und wurde Exportverantwortlicher mit Standort in der Schweiz. Ich arbeitete um die zehn bis zwölf Stunden pro Tag, war ständig gestresst und hatte abends das Gefühl, nichts Nennenswertes geleistet zu haben. Zu dem Gefühl der Erfolglosigkeit gesellte sich das körperliche Unbehagen. Auf den vielen Auslandreisen von den USA bis Fernost machte ich dann auch Bekanntschaft mit den nicht gerade gesundheitsfördernden Erscheinungen wie Jet-Lags, exzessive Geschäftsessen, stundenlange Meetings und Verhandlungen. Ich mag mich noch sehr genau an ein Schlüsselerlebnis erinnern: Nach zwei längeren Europatrips hängte ich noch einen Blitzbesuch in den USA an: Chicago, New York, Washington, Los Angeles und San Francisco in vier Tagen. Am dritten Tag wachte ich morgens im Hotelzimmer auf und wusste überhaupt nicht mehr, wo ich war! Ich bekam es mit der Angst zu tun. Erst nach einigen Minuten konnte ich mich langsam wieder erinnern, wie ich überhaupt in das Hotel gelangte und welches Meeting am Abend zuvor stattfand.

Nach meiner Stelle im Export übernahm ich Führungsverantwortung in der Geschäftsleitung. Zu den bereits geschilderten Belastungen kamen noch weitere psychische hinzu. Zwei Jahre in dieser Funktion reichten aus für: acht Scheidungen bzw. Trennungen von Mitarbeitern und Mitarbeiterinnen, zwei gescheiterte Entziehungskuren mit Alkoholikern und einen langwierigen Versuch, einem Tablettensüchtigen zu helfen. Ich machte, teils sehr nervenaufreibend, Bekanntschaft mit all den Auswirkungen auf das Arbeitsumfeld und das Betriebsklima.

Ich fühlte mich in dieser Zeit mit dem «Pirelli» um den Bauch sehr unwohl. Aber noch schlimmer war das permanente Gefühl, mit der Arbeit «hintendran zu sein». Geist und Körper schaukelten sich gegenseitig ins Negative. Kurzum: Ich trat auf der Stelle, der Leidensdruck wurde immer grösser – so konnte es nicht weitergehen. Was war nahe liegender, als in das nächste Fitnesscenter zu gehen? Ich löste ein Jahresabonnement und mein erklärtes Ziel war: «Der Speck muss weg – Erfolg muss her!»

Unter fachkundiger Anleitung begann ich mein Trainingsprogramm an den Geräten. Damit der Bauchspeck gleich «richtig eins auf die Mütze kriegt», machte ich extra viele Bauchübungen.

Nach drei bis vier Monaten hatte ich das Gefühl, dass ich meinem Ziel nicht viel näher kam, obwohl ich recht fleissig, teils drei- bis viermal pro Woche, trainierte. Ich fühlte mich zwar etwas besser als vorher, aber zum Jubeln war das Wohlbefinden keineswegs. Das Figürliche stimmte gar nicht und das Nachmessen des Bauchumfanges bestätigte meine Vermutungen: Ich hatte sogar 6 cm Bauchumfang zugelegt!

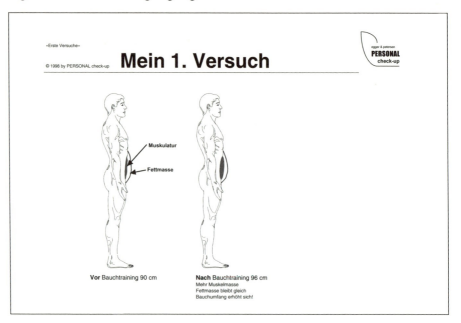

Was war passiert?

Durch das Krafttraining hatte ich sehr wohl die Bauchmuskeln angesprochen und die reagierten mit Wachstum auf das Training. Das über der Bauchmuskulatur liegende Fett war nach wie vor präsent. Die Muskeln drückten nun das Fett noch mehr nach aussen und beim Blick in den Spiegel wurde der Frust grösser und grösser.

Obwohl ich im Anschluss an jedes Krafttraining noch etwa 30 Minuten recht intensiv auf dem Fahrradergometer strampelte, stellte sich keine Besserung ein. Animiert durch einen Bekannten wollte ich es nun mit dem Joggen versuchen.

Nach dem gescheiterten Versuch im Fitnesscenter kramte ich meine alten Tennisschuhe vom Dachboden und rannte los, so schnell ich konnte. Mein erstes Ziel war der Gipfel des Bachtels, einer Erhebung von 1110 m im Zürcher Oberland. Mangels Fitness sollte ich nicht weit kommen, bereits nach wenigen hundert Metern Bergaufrennens ging mir die Puste aus. Nach einer kurzen

Gehpause versuchte ich es nochmals und bekam nach kurzer Zeit Seitenstechen. Ich wollte es nicht wahrhaben und konnte nicht verstehen, weshalb das einfach nicht ging. Ich startete noch mehrere Versuche in den nächsten Wochen, stiess jedoch immer wieder an das gleiche Problem: Was ich meinte, können zu müssen, konnte ich gar nicht! Nach meinen Joggingeinheiten fühlte ich mich stets ziemlich fertig und Knie sowie Beine schmerzten. Erst Monate später wurde ich durch einen Sportmediziner mit einer gesunden und effektiven Trainingsform vertraut gemacht. Ich unterzog mich einer leistungsdiagnostischen Untersuchung und lief nach den ermittelten Vorgaben zwei- bis dreimal in der Woche für jeweils 40 bis 50 Minuten. Es dauerte genau neun Monate, bis ich den Gürtel die drei Löcher enger schnallen konnte, die ich mir damals insgeheim als Ziel gesetzt hatte. Nun trat aber noch etwas ganz anderes ein: Ich bekam Lust am Laufen!

Ich erhöhte mein Pensum auf drei bis vier Stunden pro Woche und lief bald meinen ersten Marathon. Von da an stellten sich auch die Erfolge im Beruf ein. Ich war ausgeglichener, ruhiger und überlegter. Ich lernte mich auf die Dinge zu konzentrieren, die wirklich Erfolg brachten, und weniger Wichtiges zu eliminieren. Da ich von der Methode so begeistert war, verbreitete ich sie im Unternehmen und konnte einige bisher inaktive Mitarbeiter und Mitarbeiterinnen zu einem gesunden Herzkreislauftraining motivieren. Wir übertrafen in dieser Zeit unseren budgetierten Gewinn um mehr als 10%!

Erfolg spornt bekanntlich an; und so absolvierte ich 1991 meinen ersten Ironman-Triathlon mit einem Trainingspensum von sechs bis acht Stunden pro Woche. Mittlerweile habe ich an die 40 Ironman (siehe rororo-Bücher «Ironman» und «Marathon») und andere extreme Ausdauerprüfungen (seit 1994 deutscher Rekordhalter auf der doppelten Ironman-Distanz mit 21:51 h für 7,6 km Schwimmen, 360 km Rad und 84 km Laufen) neben Beruf und Familie erfolgreich bestanden.

Meine körperliche Wandlung ging zeitgleich mit der Veränderung meiner geistigen Haltung: Von einer Zeit des Frustes und der Leere zu einer Zeit der Energie und des erfüllten Schaffens. In diese Zeit fällt die Verwirklichung zweier Geschäftsideen, das Aufstellen zweier Rekorde im Ultra-Triathlon und das Schreiben mehrerer Publikationen. Diese Wandlung ist nicht alleine ein Produkt der **Säule 1 (präventives Herzkreislauftraining)**, sondern auch der **Säule 3 (mentales Entspannungstraining)**: 1991 lernte ich die Meditation kennen als ein äusserst effizientes Mittel, um gezielt und in kurzer Zeit Erschöpfung, Müdigkeit und innerer Unruhe entgegenzutreten. Seitdem meditiere ich nahezu täglich ein- bis zweimal für 20 Minuten und geniesse diese Zeit mit mir selbst.

Bei extremen Ausdauerprüfungen von über 30 Stunden ist die optimale Versorgung des Körpers mit Nährstoffen von entscheidender Bedeutung. Für einen Platz auf dem Podest bei einem Ultra-Triathlon ist ein erprobter Ernährungsplan unumgänglich. Die Erfahrungen mehrerer Jahre Wettkampfpraxis haben mir auch geholfen, mich im Berufsalltag besser zu ernähren. Simple Tricks helfen, die Leistungsfähigkeit über die Dauer eines Arbeitstages zu erhalten. So rundet **Säule 2 (einfache Ernährungsmassnahmen)** unser Programm zur persönlichen und firmeninternen Gesundheitsförderung ab.

Durch die im Buch vorgestellten Methoden konnte ich mein Leistungspotential voll entfalten und empfand das körperliche und mentale Training nie als ermüdend, sondern als Energiequelle für Beruf und Alltag.

Nachdem ich am eigenen Leibe erlebt hatte, wie durch das Gewusst-Wie sich die Erfolge quasi von selbst einstellten und auf der anderen Seite immer wieder auf Leidensgenossen traf, die enorm viel Zeit verschwendeten mit Massnahmen, die wirkungslos «verpufften», beschloss ich, meine ganze Energie in die Aufklärung und Verbreitung dieses gesundheitsfördernden Programmes zu stecken.

Einige meiner Träume habe ich mir mehr als erfüllt – heute schöpfe ich sehr viel Motivation und Befriedigung daraus, anderen Menschen bei der Erfüllung ihrer gesundheitlichen Ziele und Träume zu helfen.

Gesundheit, Stress und Burnout-Syndrom

Bevor wir auf die Ursachen zu sprechen kommen ein kurzer Blick auf die Erscheinungen, die in den Unternehmen sichtbar sind. Das IAS, Institut für Arbeits- und Sozialhygiene, eine Stiftung mit Sitz in Karlsruhe, wertete 6000 Check-ups von Führungskräften aus. Es ergab sich daraus folgender Gesundheitsstatus:

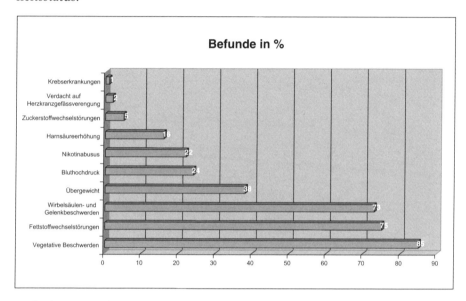

In der breit angelegten Studie heisst es:

«Auf der Basis von rund 6000 Untersuchungen ist jetzt eine aussagekräftige Analyse des Gesundheitsstatus von Führungskräften möglich. Mit 85% stehen vegetative Beschwerden oder Befindensstörungen an Herz, Kreislauf und Magen-Darm an erster Stelle. Es folgen Fettstoffwechselstörungen mit 75% und Wirbelsäulen- und Gelenkbeschwerden mit 73%. Bei Personen mit erhöhten Blutfettwerten und Bluthochdruck sind stressbedingte Ausfalltage vermehrt zu beobachten.

*Der Grossteil der untersuchten Manager sieht sich gleich mehrfachen gesundheitlichen Belastungen ausgesetzt. Ein Kennzeichen der diagnostizierten Krankheitsbilder ist ihre häufig **schleichende Entwicklung** und sich **gegenseitig verstärkende** Wirkung. Die Anforderungen an Führungskräfte in Kombination mit täglichem Zeitdruck können ohne geeignete Präventivmassnahmen mittel- bis langfristig zu gesundheitlichen Beschwerden bis hin zu Burnout-Syndromen führen.»* (Quelle: Personalführung 7/98)

In der Studie von Radix (November 1997) wurden als meistgenannte Krankheitssymptome in absteigender Reihenfolge festgestellt:

- Grippe
- Rückenschmerzen
- Kopfschmerzen
- Müdigkeit und
- Psychisches

Von einer älteren Erhebung des Pharmakonzerns Boehringer Mannheim (Quelle: Personalführung 7/92) liegen folgende Daten vor:

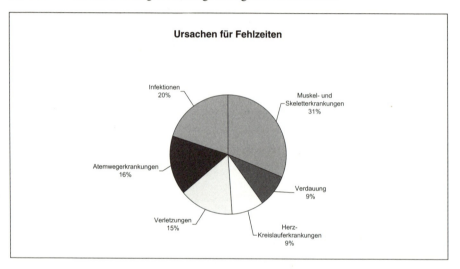

Die meisten veröffentlichten Daten sind **branchenübergreifend**, daher ist es für ein grösseres Unternehmen – eine Abteilung für die Personaladministration vorausgesetzt – sicher sinnvoll, eigene Daten zu erheben.

Welche Ursachen haben nun die soeben genannten Krankheitssymptome, allen voran die vegetativen Beschwerden bzw. Befindensstörungen an Herz, Kreislauf und Magen-Darm? Wie sehen dies die Betroffenen? Eine Studie des IAB, des Instituts für Arbeitsmarkt- und Berufsforschung der Bundesanstalt für Arbeit, spricht von einer Zunahme mentaler Belastungen. Gaben Mitte der achtziger Jahre 44% der Befragten an, immer oder häufig unter starkem Termin- oder Leistungsdruck zu arbeiten, waren es Anfang der neunziger Jahre bereits 55%.

Eine Repräsentativumfrage im Auftrag des nordrhein-westfälischen Sozialministeriums hat die subjektiven Einschätzungen der Belastungen am Arbeitsplatz von 2000 Arbeitnehmern erhoben:

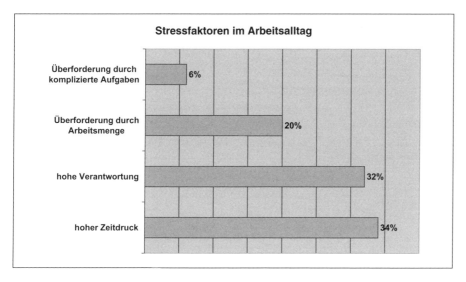

Auch in unseren eigenen Erhebungen wird «**Zeitdruck**» bzw. permanenter Zeitmangel als häufigster Grund für Belastungssymptome genannt. Als Gründe für den empfundenen Zeitdruck werden folgende, meist marktwirtschaftliche Gegebenheiten genannt wie:

- Wachsender Konkurrenzdruck
- Marktanteile und -position
- Shareholder Value/Kapitalkonzentration

Als gewichtiger werden jedoch **firmeninterne** Gründe genannt wie:

- Rationalisierung im Unternehmen
- Umstrukturierungen
- Lean Management/Sparmassnahmen
- Budgeterfüllung
- Leistungsdruck durch Vorgesetzte
- «Hackordnung» im Unternehmen/fehlendes Wir-Gefühl
- Mangelnde Kommunikation

Speziell die letztgenannten Gründe dürften in den meisten Unternehmen hinlänglich bekannt und präsent sein. 80% von 1800 Führungskräften gaben an, dass ihr Unternehmen in den letzten zwei Jahren irgendeine Art von Reorganisation durchgemacht habe. An der Studie von Watson Wyatt Worldwide im Jahre 1995 beteiligten sich Vorstände und Top Executives von grossen und mittelgrossen Unternehmen mit gesamthaft 18 Millionen Mitarbeitern und Mitarbeiterinnen. Durch die Aussagen der Befragten kristallisierte sich deutlich heraus, dass diese der Überzeugung sind, den gewünschten Erfolg **nicht** durch organisatorische Massnahmen, sondern nur durch eine stärkere, vielfach auch emotionale Begeisterung der Mitarbeiterinnen wie der Mitarbeiter für die Werte und Ziele des Unternehmens erreichen zu können. Dennoch rollt die Welle von organisatorischen Erneuerungen, Schrumpfungsprozessen, Umstrukturierungen und Fusionen unaufhaltsam – organisatorische Veränderungen sind zu einer **Konstanten** in der Geschäftswelt geworden, da die Unternehmen auf den Druck von internationalem Wettbewerb und Kundenbedürfnissen reagieren müssen.

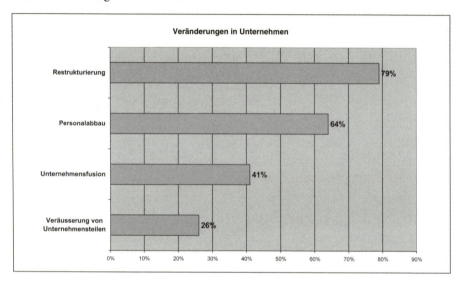

Der Buchtitel «Das Dilbert Prinzip» von Scott Adams war wochenlang auf den Bestsellerlisten. Kaum verwunderlich, denn in Comics-Form wird ein bissig-ironisches Bild von Veränderungen, Downsizing und Restrukturierungen gezeichnet. Prädikat: Empfehlenswert.

Reorganisationen sind nicht mehr zeitlich begrenzte Aktionen, denn die Prozesse und Strukturen unterliegen einem permanenten Wandel. In vielen Fällen helfen die eingeleiteten Veränderungen kurzfristige, bilanztechnische Unternehmensziele zu erreichen, aber genauso oft nützen sie nichts. Egal, ob erreicht oder nicht erreicht – der organisatorische Wandel ist immer mit Belastungen verbunden. Die Befragten führen insbesondere folgende negative Auswirkungen an:

- ▶ Verringerte Mitarbeiterloyalität
- ▶ Weniger Leistungsbereitschaft
- ▶ Grössere Arbeitsbelastung
- ▶ Schlechteres Betriebsklima

Bezeichnend ist, dass man die Wichtigkeit des «human factor» betont, aber gleichzeitig zugibt, dass die Unternehmen es versäumen, gerade in Zeiten des Wandels die Beziehungen zu ihren weiblichen und männlichen Mitarbeitern intensiv zu pflegen, diese stärker in Entscheidungsprozesse einzubeziehen oder gar auf dessen Vorschläge hin Initiativen zu ergreifen. Ein idealer Nährboden für die **Angst** um den eigenen Job. Dass Angst ein schlechter Ratgeber ist, wissen wir alle. Dass die Angst um den Arbeitsplatz kranker macht als bisher angenommen, belegt eine erst kürzlich publizierte Studie der Universität Lausanne:

▸ 10% der Befragten haben grosse Angst, ihren Arbeitsplatz zu verlieren.
▸ Jeder Zweite, der in hohem Masse um seinen Job bangt, fühlt sich stark gestresst und leidet an regelmässiger Schlaflosigkeit und/oder Rückenschmerzen.
▸ Jeder Zehnte dieser Gruppe schluckt regelmässig Beruhigungsmittel und
▸ jeder Fünfte vermeidet einen Arztbesuch aus Angst, am Arbeitsplatz zu fehlen.

Die Gruppe mit grosser Angst um den Job weist eine im Schnitt um 60% höhere Quote bei den verschiedenen Krankheitsindikatoren auf als jene, die sich nur wenig von Arbeitslosigkeit bedroht fühlen. (Quelle: Cash Nr. 17, April 1999)

Stress = (engl.) Ein vom Mediziner und Biochemiker Hans Selye 1936 geprägter Begriff für ein generelles Reaktionsmuster, das Tiere und Menschen als Antwort auf erhöhte Beanspruchung zeigen. Die Belastungen (Stressoren) können physikalischer, chemischer, medizinischer oder psychischer Art sein. Die ausgelösten Körperreaktionen umfassen eine Überfunktion der Nebennieren (erhöhter Tonus des sympathischen Nervensystems, Ausschüttung von Adrenalin) und Schrumpfung des Thymus und der Lymphknoten.

Lang andauernder starker Stress kann gesundheitliche Schäden vielfältiger Art verursachen. Häufig entstehen Magengeschwüre, Bluthochdruck oder Herzinfarkt. (Quelle: Der Brockhaus)

Die bekanntesten Stresshormone:

Adrenalin *erhöht Herzfrequenz und Durchblutung, erweitert die Luftröhre.*

Noradrenalin *lässt den Blutdruck steigen und* **Cortisol** *sorgt für Erhöhung des Blutzuckers und damit Bereitstellung von Energie.*

Im üblichen Sprachgebrauch wird der Begriff Stress fälschlicherweise für alle als übermässig empfundenen Belastungen, also eigentlich für die **Stressoren** und nicht für die darauf folgenden Reaktionen des Körpers, den **Stress,** gebraucht. Die folgenden Ausführungen beziehen sich nur auf den **arbeitsbedingten** Stress und die Auswirkungen auf die Gesundheit.

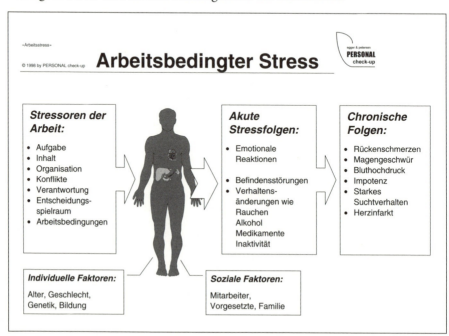

Zu unterscheiden ist die **einzelne Stresssituation** von einem **sich kumulierenden Stressgeschehen**.

Einzelne Stresssituation
Eine einzelne Stresssituation wirkt nur kurzfristig, hierzu ein Beispiel aus unserem täglichem Leben:

Sie sitzen an Ihrem PC und erarbeiten seit gut zwei Stunden eine PowerPoint-Präsentation für Ihr nächstes Quartalsmeeting. Kurz vor der Schlussfolie färbt sich der Bildschirm Ihres Computers dunkelblau ein und Sie lesen «Ein schwerer Ausnahmefehler ist aufgetreten, Schutzverletzung an Adresse ...». Das Herz rutscht Ihnen sprichwörtlich in die Hose. Nachdem Sie zweimal nach Luft geschnappt haben, versuchen Sie den Computer dazu zu bewegen, wieder zum Programm zurückzukehren. Der verweigert seine Dienste und ist nur durch einen Neustart wieder zur Arbeit zu bringen. Ihre Versuche, die Datei wiederherzustellen, werden in der Regel fehlschlagen und Sie wissen genau, dass die vergangenen zwei Stunden Arbeit vergebens waren. Nicht ganz, denn die Präsentation das zweite Mal zu erstellen, geht etwas schneller. Wenn Sie regelmässig mit dem Computer arbeiten, werden Ihnen solche oder ähnliche Situationen bekannt sein.

In Ihrem Körper erfolgen ab der blauen Einfärbung Ihres PC-Monitors genau die oben beschriebenen Reaktionen. Erschwerend kommt hinzu, dass Sie die ausgeschütteten Stresshormone nicht adäquat abbauen können. Dazu müssten Sie Ihren Gefühlen freien Lauf lassen und den Stressor, in diesem Fall den PC, unter lautem Geschrei bekämpfen. Unsere Arbeitswelt lässt dies aber nicht zu, man würde Sie im Kollegenkreis sogar als aggressiv und unausgeglichen bezeichnen, wenn Sie unter lautem Fluchen den PC zertrümmern – dabei würden Sie damit tatsächlich Stress abbauen.

Also müssen Sie den Stress «runterschlucken» und warten, bis Ihr Körper die Hormone mühsam wieder abbaut, oder Sie lassen Ihren Frust (aufgestauter Stress) bei nächster Gelegenheit an einem Ihrer Mitmenschen ab.

Kumulierendes Stressgeschehen
Diese ganze Prozedur ist, sofern sie nur gelegentlich auftritt und ausreichend Ausgleichsmöglichkeiten vorhanden sind, eher unproblematisch in Bezug auf unsere Gesundheit. Wenn aber Stresssituationen sich über einen längeren Zeitraum häufen, kumulieren sich die Reaktionen in Ihrem Körper, da der einzelne Stress nicht ausreichend und schnell genug abgebaut werden kann. Dies führt unweigerlich zu den bereits erwähnten Gesundheitsschädigungen in mehr oder weniger grossem Ausmass.

Zu einer solchen Situation gesellen sich meist auch «interne», psychische **Stressoren**:

- Angst vor dem Versagen
- Zwang zur Selbstbestätigung
- Soziales Geltungsbedürfnis
- Existenzangst (Verlust des Arbeitsplatzes)

Burnout (engl. «Ausbrennen», eigentlich aus der Kernphysik)
Diese inneren Ängste und Zwänge sind sehr eng mit dem Burnout-Syndrom verbunden. Gewinnen diese nämlich Überhand, kommt ein Teufelskreis in Gang:

- Die eingesetzte Energie/Arbeitsleistung reicht nicht aus, um die gewünschten Ziele zu erreichen.
- Um die Ziele dennoch zu erreichen, wird immer mehr Energie freigesetzt.
- Aus Mangel an Zeit werden die anderen Lebensbereiche und der eigene Körper mehr und mehr vernachlässigt.
- Die physischen und psychischen Reserven schwinden rapide, Erschöpfungszustände stellen sich ein.
- In deren Folge häufen sich Fehler und Fehlentscheidungen.
- Wichtiges kann nicht mehr von Unwichtigem unterschieden werden.
- In der Konsequenz bleibt der gewünschte Erfolg weiterhin aus.

Da es sich meistens um einen «schleichenden» Prozess handelt, ist das Syndrom schwer zu erkennen. Wenn allerdings die Symptome für jeden Aussenstehenden sichtbar sind, dann ist professionelle Hilfe dringend nötig. Im fortgeschrittenen Stadium werden beobachtet:

Körper:
- Erschöpfung
- Chronische Kopfschmerzen
- Schlafstörungen

- Magengeschwür
- Herzkreislaufbeschwerden
- Nervosität
- Potenzstörungen

Psyche, Arbeit und Umfeld:
- Reizbarkeit
- Abkapselung
- Pessimismus
- Motivationslosigkeit
- Selbstzweifel
- Depressionen

Alkohol, Tabletten und/oder Drogenkonsum sind ebenfalls Anzeichen des fortgeschrittenen Stadiums. Überhaupt ist es bezeichnend, dass sich der Umsatz der Pharmaindustrie mit Antidepressiva z.B. in der Schweiz von 40 Mio. 1991 auf 110 Mio. sFr. 1996 fast verdreifachte. (Quelle: Facts 18/98)

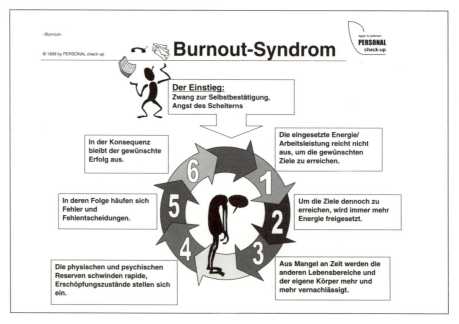

Der Ausstieg aus diesem Teufelskreis ist im fortgeschrittenen Stadium des «Ausgebranntseins» bzw. im Zustand der totalen Erschöpfung nur schwer möglich und bedarf professioneller ärztlicher Hilfe. In einer späteren Therapiephase sind in der Regel Umstellungen der Lebens- und Arbeitsgewohnheiten erforderlich.

Viel sinnvoller erscheint daher die **gezielte Prophylaxe.** Statt des Schritts nach hinten (abwarten und hoffen) besteht mit der Offensive (aktive Gesundheitsförderung im Unternehmen) nicht nur die Chance der wirksamen Verhinderung, sondern auch die der gesunden Leistungssteigerung.

Check-up 2

Check-up

Der Check-up

Wie ist es um Ihre Gesundheit bestellt?
Der Begriff «Gesundheit» ist für jeden von uns mit ganz bestimmten Prägungen, Empfindungen und Erlebnissen behaftet, so dass es sicherlich keine eindeutige Definition gibt. Im Wörterbuch finden wir an Synonymen Begriffe wie Wohlbefinden, Wohlsein, Rüstigkeit und gute Verfassung. Die Medizin beschreibt Gesundheit mit dem Begriff «Homöostase», der Zustand, wenn alle Körperfunktionen und -teile (Herzkreislauf, Muskulatur, Sehnen- und Bandapparat, Organe, Hormon- und Nervensystem usw.) optimal funktionieren.

Nicht wenige bezeichnen sich als «gesund», wenn kein Arztbesuch nötig ist oder wenn das derzeitige Befinden so bleibt, wie es ist, ohne zu wissen, dass man sich vielleicht noch viel besser fühlen könnte. Andere wiederum bezeichnen sich als «krank», wenn die Nase etwas läuft. Wie immer auch der Einzelne darüber denken mag: **Gesundheit ist kein Zustand, sondern ein sich dauernd verändernder Prozess.**

Wenn man bedenkt, dass sich nahezu *alle* Zellen unseres Körpers innerhalb von drei bis vier Jahren komplett erneuern, wird klar, dass Gesundheit nicht für einmal zu erreichen ist und dann für immer so bleibt, sondern dass wir mit jeder unserer Handlungen (Inaktivität, Nichtbeachten von Körpersignalen, Arbeitszeit) und mit jeder Mahlzeit (Menge, Art und Zeitpunkt) unseren Gesundheitszustand entscheidend beeinflussen. Nichts wird vom Körper vergessen, er merkt sich alles und reagiert entsprechend. Organe, die nicht genutzt werden, verkümmern, jene, die wir überbeanspruchen, verschleissen bzw. altern schneller.

Wir haben es also in der Hand, wir können selber entscheiden, ob wir abwarten und hoffen oder die Chance nutzen und gesundheitsfördernde und leistungssteigernde Massnahmen ergreifen. Und dies ist leichter, als die meisten von uns denken. Alles, was Sie dafür brauchen, sind zwei Stunden pro Woche und Sie können mit dem **3-Säulen-Programm** Ihre Leistungsfähigkeit, Ihre innere Antriebskraft und Ihre Gesundheit entscheidend steigern.

Der Ist-Zustand

Um eine gezielte **Burnout-Prophylaxe** und die soeben angedeutete **Leistungssteigerung** zu erlangen, ist eine individuelle Bestandsaufnahme nötig. Diese medizinischen Analysen haben sich in der Arbeitswelt unter den Begriffen «Gesundheitscheck» oder auch «Check-up» etabliert. Es ist allerdings nirgendwo definiert, was genau darunter zu verstehen ist bzw. welchen Umfang ein solcher Check-up haben sollte. Die Hausärzte beschränken sich in der Regel auf die Ermittlung des Krankheitsbefundes und bedienen sich dafür Analysen wie z.B. Blut- oder Urinstatus. In grossen Unternehmen werden im Rahmen von präventiven Gesundheitsprogrammen bei den Mitarbeitern z.B. Blutdruck und Körperfett gemessen oder auch Sehtests durchgeführt. Diese Aktion wird als Gesundheitscheck bezeichnet.

Die im deutschsprachigen Raum anerkannten Institute und Anbieter für Prävention und Gesundheitsförderung in Unternehmen führen einen umfassenden Check-up wie nachfolgend beschrieben durch, wobei Abweichungen in der Abfolge und Zusammenstellung der Analysen bestehen können.

Dabei werden die Untersuchungen nicht primär gemacht, um dem Manager hinterher mitzuteilen, «es sei alles in Ordnung» und die Werte befänden sich «im Normalbereich», sondern sie werden unter der Prämisse erstellt, Angriffspunkte für einen wirkungsvollen **Massnahmenplan** zur Stabilisierung und Verbesserung der Gesundheit zu definieren.

Ein umfassender Gesundheitscheck besteht aus zwei Teilen:

1. **Gesundheitsstatus** mit Beurteilung der Belastungs- und Risikofaktoren
2. Sportmedizinische **Leistungsdiagnose** mit Ermittlung der idealen Trainingsbereiche

Erster Teil – Gesundheitsstatus

Der Gesundheitsstatus beinhaltet folgende Einzeluntersuchungen:

Anamnese

Bei der Überprüfung der Gesundheit wird zuerst die Anamnese erhoben. Dabei wird nach durchgemachten Erkrankungen und Unfällen sowie zurzeit bestehenden Gesundheitsstörungen gefragt.

Ebenfalls erhoben wird die «familiäre Belastung». Hierbei handelt es sich *nicht* um den Stress mit dem Ehepartner und/oder den Kindern, sondern um die Erbanlagen. Da unsere Gesundheit und Leistungsfähigkeit auch abhängig sind von der genetischen Struktur (Veranlagung/Vererbung), müssen die familiären Belastungen in die Risikobewertung mit einfliessen.

Somatische Untersuchung

Es werden mit dem Stethoskop (Hörrohr) Herz und Lunge nach auffälligen Geräuschen abgehört, innere Organe des Bauchraumes (Leber, Milz, Darm, eventuell Prostata) abgetastet.

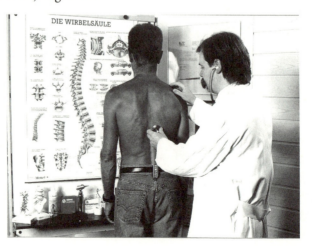

Zudem werden Blutdruck und Ruhepuls gemessen.

Bei hohem Blutdruck über längere Zeit steigt das Risiko für Herzerkrankungen, Hirnschlag, Nierenleiden, Augen- und Gefässschäden. Die Lebenserwartung sinkt. Mögliche Ursachen sind:

- Übergewicht
- Regelmässiger Nikotin- und/oder Alkoholkonsum
- Bewegungsmangel
- Stress, Lärm usw.

Die Messung des Blutdrucks dient daher der Beurteilung dieses Risikos. Von erhöhtem Blutdruck sprechen wir erst dann, wenn bei Messungen an verschiedenen Tagen in Ruhezustand der obere (systolische) Wert höher als 160 mmHg und der untere (diastolische) Wert höher als 95 mmHg ist.

Messmethode
An dieser Stelle ist eine Anmerkung zur Messmethode des Blutdrucks angebracht. In den vergangenen Jahren werden vermehrt kleine, handliche und vollautomatische Blutdruckmessgeräte (zwischen 50.– und 250.– DM/sFr.) angeboten. Diese haben den Vorteil, dass sie von einem Laien ohne Schulung zu bedienen sind, weisen aber hohe Messungenauigkeiten auf. Wir raten daher, die herkömmliche Methode mit der Blutdruckmanschette am Oberarm für einen Check-up anzuwenden. (Details im «Bericht zur Qualitätssicherung» in ARS MEDICI 17/98)

Ruhepuls
Der Ruhepuls wird im Krankenwesen als einer der einfachsten Untersuchungen ermittelt. Es werden dann ausgehend von einem «normalen» Durchschnittswert unterschiedlichste Interpretationen gemacht. Solange man jedoch die Ruhepulswerte eines Patienten nicht über einen längeren Zeitraum erhoben hat, scheint eine Beurteilung fraglich. Eine Momentaufnahme ist wenig aussagefähig. Weitere Angaben zu Ihrer persönlichen Ruhepulskontrolle finden Sie im Kapitel «Säule 1».

Blutscreening
Beim Blutscreen werden die nötigen Blutproben im nüchternen Zustand entnommen, d.h. der Proband nimmt ab Mitternacht vor der Blutentnahme keine Nahrung oder Flüssigkeit zu sich, um eine gewisse Standardisierung zu gewährleisten.

Die für Herzkreislauferkrankungen (zur Erinnerung: 56 % aller Todesfälle) relevanten Risikofaktoren sind:

Risikomarker	volkstümliche Bezeichnung	Normwerte
Glucose	Blutzucker	3,3 bis 6,1 mmol/L
Cholesterin (gesamt)	Blutfett	3,4 bis 6,7 mmol/L
Homocystein		5 bis 15 µmol/L
Urea	Harnsäure	♂ 150-420 µmol/L ♀ 120-340 µmol/L

Anmerkung zu den Messeinheiten:

Wir haben die international gültigen Messeinheiten gewählt (z. B. mmol/L), in der Bundesrepublik Deutschland werden aber noch vielfach die alten, traditionellen Einheiten (z. B. mg/100ml) verwendet. Bitte achten Sie bei Vergleichen darauf.

Erklärung Blutfett

Cholesterin ist eine vom Körper selber produzierte Substanz, welche als Bestandteil der Zellwände und als Grundgerüst für viele Hormone lebensnotwendig ist. Der Cholesterinspiegel wird zum grossen Teil durch die genetischen Veranlagungen bestimmt. Zusätzlich hat aber die Ernährung einen direkten Einfluss auf die Höhe des Cholesterinspiegels. Dabei sind nicht nur auf den ersten Blick erkennbare fettreiche Nahrungsmittel die Hauptlieferanten von Cholesterin, sondern auch z. B. Hühnerei und Leber.

Cholesterin ist nicht gleich Cholesterin

Die Beurteilung wird allerdings etwas komplizierter durch die Tatsache, dass die noch immer häufig als «Cholesterin» gemessene Substanz in Wirklichkeit aus verschiedenen Cholesterinarten mit unterschiedlichen Bedeutungen für die Gesundheit besteht.

Die gesundheitsschädigenden Anteile sind das LDL- und das VLDL-Cholesterin. Die Buchstaben LDL und VLDL stehen als Abkürzungen für die Begriffe «low density lipoprotein» bzw. «very low density lipoprotein», also Cholesterinarten mit geringer bzw. sehr geringer Dichte. Diese Cholesterinarten sind aus einem grossen (ungünstigen) Fettanteil und nur einem geringen (günstigen) Proteinanteil (Eiweissanteil) zusammengesetzt.

Im Gegensatz dazu besteht der gutartige und sogar gefässschützende HDL-Anteil «high density lipoprotein» aus einem nur geringen Anteil Fett geringer Dichte und einem grossen Anteil dichten Eiweisses. Auch der HDL-Cholesterinspiegel wird weitgehend genetisch reguliert. Darüber hinaus hat aber Bewegung wie z. B. Ausdauertraining einen massgeblichen positiven Einfluss auf die Höhe des HDL-Spiegels.

Zur Beurteilung der Cholesterinverhältnisse müssen bei auffälligen Gesamtcholesterinwerten die beschriebenen Anteile einzeln bestimmt und in der Kombination beurteilt werden.

Cholesterin als Risikofaktor

Cholesterin ist einer der Risikofaktoren, der durch eine Gefässschädigung praktisch alle Organe betreffen kann. In Hinblick auf das Herzkreislaufsystem sind anfallsweise Mangeldurchblutungen (Angina pectoris) oder gar bleibende Herzmuskelschäden (Herzinfarkt) die Folge. In den Klinken werden jährlich Tausenden Patienten grosse Fettklumpen aus der Halsschlagader entfernt, um das Gehirn vor dem drohenden Schlaganfall zu bewahren. Durch kleine Umstellungen der Bewegungs- und Ernährungsgewohnheiten wären die meisten dieser Operationen vermeidbar.

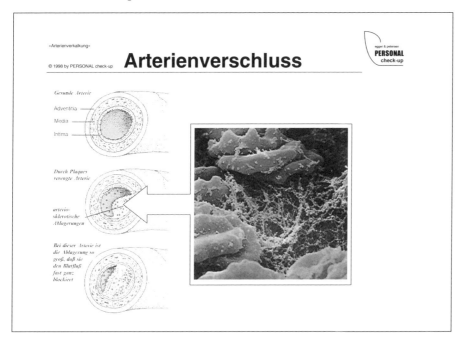

Erklärung Blutzucker und Harnsäure

Blutzucker und Harnsäure sind weitere Risikofaktoren, welche ebenfalls über eine Gefässschädigung Erkrankungen aller Organe bewirken können. Wohlverstanden – diese Stoffe sind alle lebensnotwendig. Probleme entstehen dann, wenn diese Substanzen infolge unserer Lebensweise ohne Bewegung, mit Übergewicht und falscher Ernährung ausserhalb der normalen Bandbreite liegen.

In diesem Fall sind die bereits beim Cholesterin erwähnten Mangeldurchblutungen des Herzens mit Angina pectoris und Herzinfarkt die Folge.

Die auf Sauerstoffmangel sehr empfindlich reagierende Netzhaut im Auge wird durch verstopfte Gefässe dauernd geschädigt und Erblindung ist die Folge.

Sind die Nieren betroffen, ist ein Nierenversagen mit mehrmals wöchentlich notwendigen Dialysenbehandlungen unausweichlich.

Kleinere Verletzungen an den Füssen können wegen der ausserordentlich schlechten Wundheilung zur Katastrophe mit schrittweiser Amputation der Beine führen.

Erklärung Homocystein
Homocystein ist ein Abbauprodukt des Eiweissstoffwechsels und mittlerweile als unabhängiger Risikofaktor für koronare Herzerkrankungen anerkannt. Gestützt auf mehrjährige Studien mit teils bis zu 50 000 Personen geht man heute davon aus, dass etwa 25 % der westlichen Bevölkerung einen zu hohen Homocysteinspiegel aufweisen. Daher gehört die Bestimmung des Homocysteins in jeden präventiven Blutscreen.

Im Gegensatz zu den anderen Risikofaktoren ist die Therapie recht einfach: Der Spiegel kann durch die Supplementierung mit den Vitaminen B6, B12 und Folsäure gesenkt und damit das Risiko einer Erkrankung durch dieses Abbauprodukt des Stoffwechsels weitgehendst vermieden werden.

Weitere Blutscreening-Parameter
In der Regel werden bei einem Check-up noch weitere Laborparameter ermittelt (z.B. im Bereich Versorgung das Eiweiss und Eisen sowie im Bereich Belastung die Creatinkinase). Es würde den Rahmen des Buches sprengen, alle möglichen Parameter zu erläutern.

Körperfettmessung
Periodische Messungen des Körperfettanteils ist ein wichtiges Check-up-Element, um den Grad der körperlichen Fitness und mögliche gesundheitliche Risiken festzustellen. Mit einer geeigneten Messmethode erhalten Sie eine Aussage über die Zusammensetzung Ihres Körpers. Der Wasseranteil im Körper beträgt im Schnitt zwischen 50 und 65 %, je nach Alter und Geschlecht.

Bei der Fettmessung geht es nicht um den Fettanteil im Blut (Cholesterin), sondern um die Menge an Fett, die über den ganzen Körper verteilt ist. Dieses so genannte Depotfett wird vom Körper in der Regel an den uns bekannten «Problemzonen» über der Muskulatur abgelagert. Bei der Frau sind dies Hüfte, Gesäss und Oberschenkel, beim Mann der Bauch, die Taille und die Brust. Die Bestimmung der **Fettmenge** ist für die Beurteilung von Gesundheit und Fitness wesentlich aussagefähiger als z.B. **Körpergewicht** oder der **BMI = Body Mass Index** (= Gewicht : Körpergrösse^2). Kurzfristige Zu- oder Abnahme des Gewichtes ist primär auf eine Veränderung Ihres Wasserhaushalts zurückzuführen und ein trainierter Bodybuilder ist gemäss BMI schnell einmal «fettsüchtig» (in der Medizin Adipositas genannt). Für Gesundheitsziele, die im Zusammenhang mit der Figur stehen, bieten periodische Messungen von **Fettanteil** und **Körperumfängen** die nötige Objektivität. Eine Tabelle für die «persönliche Figurkontrolle» finden Sie im Kapitel «Zielsetzung».

Zur Bestimmung des Körperfetts sind drei Methoden erwähnenswert:

Fettzange (Hautfaltenmessung)
Ein sehr einfaches Gerät, das eine grobe Orientierung ermöglicht, aber mangels standardisierter Messpunkte und wegen Messungenauigkeiten (Druck) nicht zu empfehlen ist.

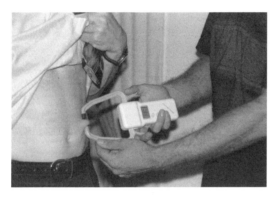

Widerstandsmethode (Bioimpedanz-Methode)
Von der elektrischen Leitfähigkeit des Körpers wird ein Rückschluss auf dessen Zusammensetzung gemacht. Auch hier sind in den vergangenen drei Jahren einfache und kostengünstige Geräte auf den «Haushaltmarkt» gebracht worden. Diese Geräte, genannt Fettwaagen oder Fettmonitore, sind zwar billig (zwischen 150.– und 300.– DM/sFr.), weisen aber wie die Blutdruckmessgeräte hohe Ungenauigkeiten auf. (Details hierzu: «Vergleich Fettzange zu Bioimpedanzmessung» in Schweizerische Zeitschrift für Sportmedizin 3/98)

Fotooptische Methode
Ein Infrarot-Messfühler wird an den Bizeps gehalten. Durch die Reflexion des ausgesendeten IR-Strahles können die Menge und Ausdehnung der Fettzellen bestimmt werden. Das Gerät ist zwar in der Anschaffung recht teuer (zwischen 3000.– und 5000.– DM/sFr.), dafür bietet es aber die erforderliche Präzision. Diese Methode wird in den meisten Kliniken und präventiv orientierten Fitnesszentren eingesetzt.

Die Infrarot-Methode bietet einen guten Mittelweg zwischen Aufwand und Messgenauigkeit. Die Messungen sollten zum Zwecke der Vergleichbarkeit immer mit derselben Methode und wenn möglich mit demselben Gerät gemacht werden.

Die Körperzusammensetzung gibt Aufschluss über das Verhältnis zwischen inaktiver (Fett-)Masse und aktiver (Muskel-)Masse. Die Fettmasse, die wir am Körper haben, ist nicht nur optisch sichtbar, sondern sie wirkt sich auch negativ auf unsere Leistungsfähigkeit aus, da sie als inaktive Masse quasi immer «mitgeschleppt» werden muss. Bei einer grossen Fettmasse wird von **extremem Übergewicht** gesprochen und beim fortschreitenden Krankheitsbild von einer **Adipositas** (schwere Fettleibigkeit).

In deren Folge ergeben sich Konsequenzen wie erhöhte Belastung der Wirbelsäule, der Bandscheiben und des gesamten Gelenk- und Bandapparates. Ein erhöhter Fettanteil führt zu Ablagerungen in den Blutgefässen mit dem Risiko eines hohen Blutdruckes und der Arteriosklerose, aus der sich dann wiederum Herz- und/oder Hirninfarkt entwickeln können.

Zwischen Blutfett (Cholesterin) und einem hohen Körperfettanteil (Fettleibigkeit) besteht nur bedingt ein Zusammenhang. Ein fettleibiger Mensch kann durchaus normale Cholesterinwerte haben und umgekehrt kann eine schlanke Person hohe Cholesterinwerte haben.

Auch sind nicht unbedingt nur die etwas korpulenteren Menschen von einem hohen Körperfettanteil betroffen, sondern wir finden auch bei extrem schlanken Menschen (insbesondere Frauen) hohe Werte vor. Wir umschreiben dieses Phänomen mit dem Begriff «Modeleffekt», welches anschaulich belegt, dass unser Körper die angesammelte Fettmasse nur ungern und als Letztes hergibt. Mehr dazu im Kapitel »Säule 2« – Ernährung.

Bei Top-Models der Modebranche haben wir Körperfettwerte bis zu 30% gemessen.

Referenzwerte für den Körperfettanteil sind in nachfolgender Tabelle aufgeführt:

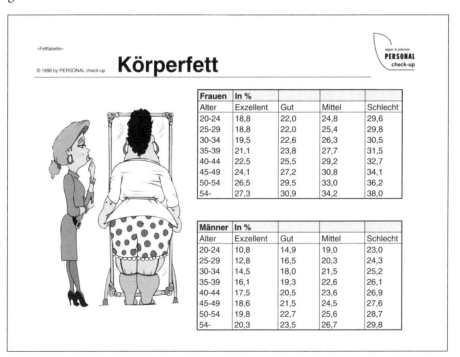

Frauen	In %			
Alter	Exzellent	Gut	Mittel	Schlecht
20-24	18,8	22,0	24,8	29,6
25-29	18,8	22,0	25,4	29,8
30-34	19,5	22,6	26,3	30,5
35-39	21,1	23,8	27,7	31,5
40-44	22,5	25,5	29,2	32,7
45-49	24,1	27,2	30,8	34,1
50-54	26,5	29,5	33,0	36,2
54-	27,3	30,9	34,2	38,0

Männer	In %			
Alter	Exzellent	Gut	Mittel	Schlecht
20-24	10,8	14,9	19,0	23,0
25-29	12,8	16,5	20,3	24,3
30-34	14,5	18,0	21,5	25,2
35-39	16,1	19,3	22,6	26,1
40-44	17,5	20,5	23,6	26,9
45-49	18,6	21,5	24,5	27,6
50-54	19,8	22,7	25,6	28,7
54-	20,3	23,5	26,7	29,8

Frauen haben bei gleichem Alter einen vergleichsweise höheren Fettanteil als Männer, da die Natur davon ausgeht, dass eine Frau ihr Kind auch zur Welt bringen können soll, wenn keine Nahrung mehr zur Verfügung steht.

Lungenfunktionstest
Mit einem weiteren Messapparat werden Volumen und Geschwindigkeit des Ausatmens gemessen, um eventuelle Atembehinderungen festzustellen (z.B. Asthma, chronische Bronchitis, Veränderung der Atemwege in Folge von Nikotinkonsum).

Weitergehende Untersuchungen

Beweglichkeitstests
Bei dieser Untersuchung wird der Bewegungsapparat der Testperson auf Bewegungseinschränkungen überprüft. Unsere Bewegungsarmut führt zwangsläufig auch zu einer Einschränkung der Beweglichkeit. Dies kann so weit führen, dass Gegenstände vom Boden nicht mehr schmerzfrei aufgehoben werden können.

Doppler-Ultraschall
Werden bei den oben genannten Untersuchungen (Abhören des Herzens, EKG, Blutdruck) Risiken bzw. Unregelmässigkeiten festgestellt, empfiehlt sich eine nähere Untersuchung mit Hilfe des Doppler-Ultraschalls. Damit kann sozusagen in das Herz «hineingeschaut» werden, aber schmerzfrei und ohne Skalpell. Solche Untersuchungen sollten von einem versierten Spezialisten gemacht werden.

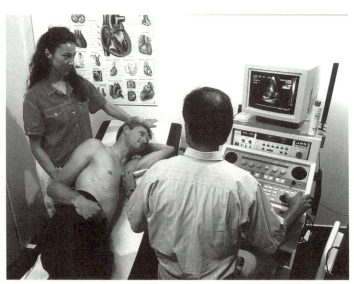

Zeitbedarf
Für den ersten Teil, den Gesundheitsstatus des Check-ups, sind je nach Ausführung zwei bis drei Stunden nötig.

Danach erfolgt die sportmedizinische Leistungsdiagnose mit Ermittlung der idealen Trainingsbereiche.

Zweiter Teil – Leistungsdiagnose

Worum geht es bei der Leistungsdiagnose?

Dieses Wort ist etwas irreführend, da man auf den ersten Blick meint, es ginge darum, herauszufinden, wie leistungsfähig jemand ist. Aber es geht *nicht* um **Höchstleistung**. Sie werden auch nicht mit anderen Personen verglichen und müssen sich nicht in bester Verfassung präsentieren.

Denn an erster Stelle steht auch hier Ihre Gesundheit. Das normale Funktionieren des Kreislaufes unter zunehmender Belastung soll untersucht werden. Dabei werden mit dem EKG (=Elektrokardiogramm) der Herzrythmus und die Herzmuskeldurchblutung dokumentiert. Die Messungen des Blutdruckes während des Tests ergänzen den Kreislaufcheck.

Dazu kommt dann die «Umsetzungs»-Komponente:

Ermittelt wird Ihre Ausdauerfähigkeit auf verschiedenen Belastungsstufen. Während des Tests werden die geleistete Arbeit, der Puls und ggf. noch andere Parameter aufgezeichnet. Von den Aufzeichnungen werden **Ihre individuellen Pulswerte** für die verschiedenen «**Trainingsbereiche**» abgeleitet, mit denen Sie Ihr präventives Training zielgerichtet steuern können.

Wofür brauchen Sie das Ganze?

Dieses und die nächsten zwei Kapitel werden aufzeigen, dass für die meisten Gesundheitsziele und auch für die Steigerung der Leistungsfähigkeit am Arbeitsplatz ein gezieltes Herzkreislauftraining im so genannten Fettverbrennungsbereich das wirksamste Mittel ist. Wir nennen dieses Training auch **FM-Training** (FM = Fettmobilisation). Für gesundes Herzkreislauftraining ist es unerlässlich, sich genau dieses Herzkreislaufsystem einer jeden einzelnen Person näher anzuschauen. Es ist für die Steuerung eines präventiven Trainingsprogrammes nötig zu wissen, wie sich das Herzkreislaufsystem unter Belastung verhält und welches Leistungsvermögen es hat.

Immer wieder hören wir von Fitness- und Gesundheitsseminaren, bei denen die Veranstalter ihre Teilnehmer ohne Abklärung der Risikofaktoren zu körperlichem Training wie z.B. Joggen auffordern. Für die Steuerung der Belastungsintensität wird mit Faustformeln wie z.B.

- Maximalpuls = 220 minus Lebensalter oder
- genereller Trainingspuls ist 140 oder auch
- «... man sollte sich noch unterhalten können»

gearbeitet, um die aufwendige Diagnose des individuellen Gesundheitszustandes und des individuellen Leistungsvermögens einer Person zu umgehen. Auch die einschlägige Literatur ist voll von solchen Pauschalregeln. Aber Achtung! Sie lassen sich als Privatanleger doch auch kein Aktiendepot zusammenstellen, ohne dass der Finanzberater Ihre gesamten finanziellen Verhältnisse und Ihre Risikobereitschaft kennt. Nur mit dem feinen Unterschied, dass es hier nicht nur um Ihr Geld geht, sondern um etwas viel Wichtigeres:

Es geht um Ihre Gesundheit!

Die selbst erkorenen Fitnessgurus, die auf der Suche nach dem schnellen Erfolg den Aufwand einer individuellen Analyse meiden, haben folgende Argumente parat:

- Ein Grossteil der Fitness-Willigen ist mit Faustformeln gut bedient
- Herzkreislaufsysteme verhalten sich unter Belastung ähnlich
- Hauptsache, man tut überhaupt etwas

Dabei wird beim Blick in den Spiegel sehr deutlich, dass jeder Mensch ein Individuum ist – auch Sie sind einmalig!

Dies müssen Sie sich unbedingt merken: Herz ist nicht gleich Herz und Kreislauf ist nicht gleich Kreislauf.

Wir haben zwar alle eine Nase, zwei Augen, einen Mund usw. und dennoch finden wir unter Millionen von Menschen nicht einen, der gleich aussieht. Wenn dann noch Bewegungen hinzukommen (z.B. das Gesicht mit Mimik), dann sind selbst eineiige Zwillinge sofort auseinander zu halten. Diese Tatsache trifft nicht nur auf unser Äusseres zu, sondern auch auf die Zellen im Inneren des Körpers. Wir sind zwar alle mit einem Herz, einer Lunge, mit Blutbahnen usw. ausgestattet, doch auch was diese Organe betrifft, ist jeder Mensch ein Unikat.

Spätestens wenn wir uns dieses System in Aktion betrachten, wird deutlich, wie gross hier die Unterschiede sein können.

Ein Beispiel: Ein 39-jähriger Abteilungsleiter hat sich bei einem Belastungstest mit Puls 223 Schlägen/Min. noch «pudelwohl» gefühlt (linkes Diagramm) und ein 48-jähriger Aussendienstmitarbeiter ist bei dem gleichen Test nur knapp über eine Pulsfrequenz von 160 gekommen (rechtes Diagramm). Wenden wir hier eine der gebräuchlichsten Faustformeln an (Maximalpuls ist 220 abzüglich Lebensalter), dann käme der Abteilungsleiter erst in drei Jahren zur Welt und der Aussendienstler ist nicht 48, sondern 60 Jahre alt! Die erbrachten Leistungen (Testdauer und geleistete Arbeit) der beiden Probanden sind nahezu identisch.

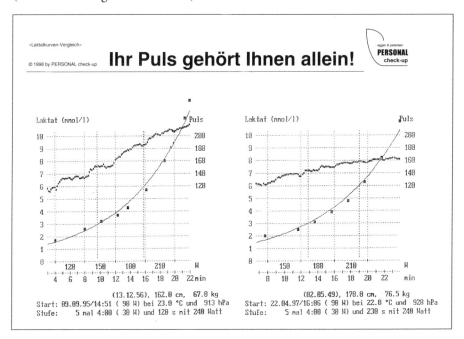

Es gilt also: Sie haben Ihren Kreislauf und andere Personen haben ein anderes Herzkreislaufverhalten. Ein effektives und zeitsparendes Gesundheitsprogramm muss diese Individualität eines jeden Einzelnen berücksichtigen. Ein weiteres Problem von Faustformeln und Pauschalregeln ist, dass sie Veränderungen des Fitnesszustandes unbeachtet lassen. Doch gerade eine untrainierte Person (Wiedereinsteiger) erfährt in den ersten fünf bis zwölf Monaten eine enorme Veränderung des körperlichen Leistungsvermögens.

Ein Praxisbeispiel:

Ein Art-Direktor einer Werbeagentur, der als Laufanfänger in den ersten Wochen extreme Mühe hatte, seinen Puls unterhalb 150 Schlägen/Min. zu halten, musste sich nach zehn Monaten **FM-Training** bereits richtig anstrengen, um den gleichen Puls zu erreichen. Am Anfang lief/ging er eine Geschwindigkeit von 7.30 Min./km und nach zwölf Monaten bereits um die 6.00 Min./km. Wie will eine Faustformel diesen Veränderungen gerecht werden?

Wieviel Hubraum hat unser Motor?

Bei den Zusammenhängen des Herzkreislaufsystems und körperlicher Leistung ist der Vergleich zwischen Mensch und Auto sehr anschaulich:

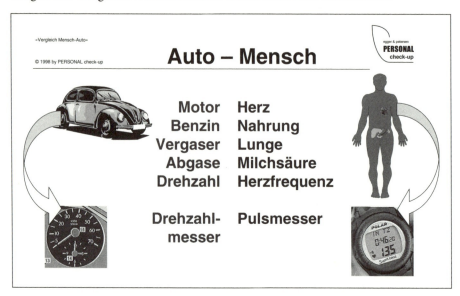

Bei unserem «Motor» handelt es sich um einen Zweitakt-Zweizylinder:

- Zwei Takte = Kontraktion und Relaxation
- Zweizylinder = rechte und linke Herzkammer

Bevor der Automobilhersteller Angaben zur Leistung des Motors machen kann (z.B. 108 kW bei 3800 U/Min.), muss der Motor auf einen Prüfstand. Nur so erhalten Hersteller und Benutzer wichtige Werte wie z.B. Benzinverbrauch oder die Drehzahl für das maximale Drehmoment.

Da auch unsere Motoren (Herzen) sehr unterschiedlich sind in Bezug auf Hubraum und Drehzahlverhalten unter Belastung, muss der Motor wenigstens einmal auf den «Prüfstand». Ihre Gesundheit sollte Ihnen wenigstens die Kosten einer Autoinspektion wert sein!

Im Serviceteil finden Sie Anschriften von Unternehmen und Instituten, die entsprechende «Inspektionen» anbieten.

Diese Inspektion ist für Ihre Gesundheit noch wichtiger als für Ihr Auto, denn wenn Sie bei Ihrem Bewegungstraining ständig im roten Bereich «drehen» und damit Ihr Herzkreislaufsystem überfordern, schaden Sie Ihrer Gesundheit, statt sie zu fördern.

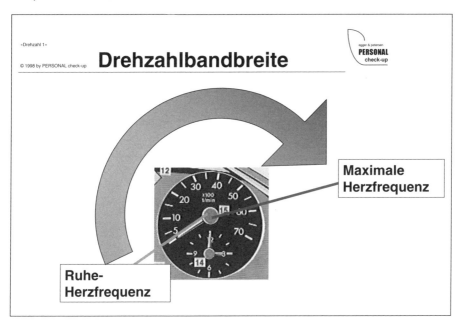

Die im Check-up zur Anwendung kommenden Testmethoden stammen alle aus der Sportmedizin. Bereits in den sechziger Jahren hat man sich intensiv mit dem Kreislaufverhalten von Ausdauersportlern unter Belastung auseinander gesetzt. Durch die Belastungstests versuchte man herauszufinden, welches Leistungsvermögen der Sportler hat, wie sich dieses im Vergleich zu anderen Sportlern darstellt, wie der aktuelle Leistungsstand ist und wo die idealen Belastungsintensitäten zur Trainingssteuerung liegen. Führend auf diesem Gebiet waren die Sportmediziner der Ex-DDR. Am FKS (Forschungsinstitut für Körperkultur und Sport) in Leipzig wurden die Tests auch bei den Auswahlverfahren zur Sichtung von Talenten herangezogen.

Heute sind die hier vorgestellten Testmethoden aus dem Spitzensport nicht mehr wegzudenken. Sie gehören sozusagen zum «Standard». Da die meisten Körpersignale (wenn wir sie überhaupt bewusst wahrnehmen) für viele Menschen nur schwer zu deuten sind, nutzen auch die Spitzenathleten von Ausdauersportarten Leistungsdiagnostik und/oder Pulsmesser zum Zwecke von effektivem Training und zur Leistungssteigerung, obwohl diese Sportler in der Regel über ein sehr ausgeprägtes Körperbewusstsein verfügen. Um nur einige zu nennen: Jan Ullrich, Dieter Baumann, Uta Pippig, Thomas Hellriegel usw.

Die Testmethoden und das herzfrequenzgesteuerte Ausdauertraining haben in den letzten Jahren ebenfalls Einzug gefunden in anderen Sportarten wie z. B. Tennis und Motorsport. Formel-1-Piloten und Tennisprofis absolvieren regelmässig leistungsdiagnostische Tests und gestalten ihr Konditionstraining nach den ermittelten Vorgaben.

Jahrelang standen die Testverfahren nur einer auserwählten Sportelite zur Verfügung. Ende der siebziger Jahre wurden sie dann auch für den Amateur- und Hobbysportler zugänglich gemacht. Dass es sich dabei auch um äusserst brauchbare und sinnvolle Messmethoden für Anfänger, Nichtsportler, Wiedereinsteiger, Hausfrauen, Familienväter und Berufstätige handelt, hat sich erst in den vergangenen paar Jahren durchgesetzt. Immer mehr Krankenkassen gehen dazu über, ihren Mitgliedern die Kosten für solche Leistungstests zu erstatten, da sie erkannt haben, dass gerade der präventive Effekt des gezielten Herzkreislauftrainings von unschätzbarem Wert ist.

Machen Sie also nicht den Fehler zu denken, das Ganze sei nur etwas für «angefressene» Leistungssportler und Profis. Wenn Sie heutzutage Ihr erspartes Geld anlegen möchten, tragen Sie es ja auch nicht einfach auf die Bank und geben sich mit einem Sparbuch zufrieden, welches nur mässig Zinsen abwirft. Nein – Sie wollen den maximalen Gewinn mit möglichst wenig Risiko und bedienen sich daher der Anlagestrategien von Grossanlegern. Sie lassen sich kompetent beraten.

Warum sollten Sie es dann mit Ihrer Gesundheit anders machen?

Trimming 130, der Gang zum Hausarzt und einfach mal losrennen – das ist «Schnee von gestern». Die Entwicklung bleibt nicht stehen; zudem gibt es heute Besseres, also bedienen Sie sich der «Profi»-Instrumente.

Energiekette und Stoffwechsel

Damit Sie die Testverfahren richtig verstehen und unterscheiden können, ist es sinnvoll, dass wir uns zunächst mit der Energiekette und dann mit den Stoffwechselvorgängen im Körper bei verschiedenen Belastungsintensitäten auseinander setzen. Dies ist zwar eigentlich recht trockener Stoff aus der Physiologie, aber beim näheren Betrachten ist es recht spannend, was in unserem Körper so alles passiert.

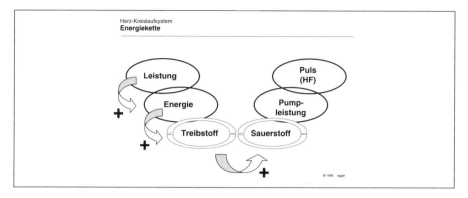

Energiekette

Eine physikalische Leistung erfordert Energie. Zur Energieproduktion wird Treibstoff gebraucht, der mit Hilfe von Sauerstoff verarbeitet (bzw. oxydativ verarbeitet = verbrannt) wird. Um den benötigten Sauerstoff vom Aufnahmeort (Lunge) in die Muskelzelle (Energiefabrik und Arbeitsort) zu transportieren, muss ein Pumpsystem vorhanden sein. Diese Funktion übernimmt das Herzkreislaufsystem mit dem Herzen als Pumpe und den Arterien (vom Herzen wegführende Blutgefässe) und den Venen (zum Herzen zurückführende Blutgefässe). Muss oder will der Körper eine grössere Leistung erbringen, steigt der Energiebedarf an. Um diesen Energiebedarf zu decken, wird mehr Treibstoff umgesetzt (höheres Tempo beim Autofahren äussert sich in einem erhöhten Benzinverbrauch). Damit aber diese grössere Treibstoffmenge auch verarbeitet werden kann, ist mehr Sauerstoff erforderlich. Durch eine gesteigerte Pumpleistung des Herzkreislaufsystems (schnelleres Pumpen) wird die grössere Transportleistung erreicht. Praktisch ist das am höheren Puls spürbar. Daher ist der Puls auch die sinnvollste Methode, um die Trainingsbelastung zu steuern.

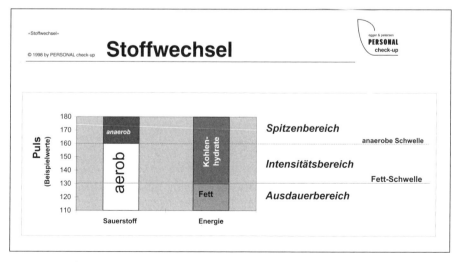

Anmerkung: Bei den angegebenen Pulswerten in der Grafik (y-Achse) handelt es sich um fiktive Pulswerte, Ihre Werte sind individuell und müssen durch eines der später genannten Testverfahren ermittelt werden.

Sauerstoff

Wenn Sie sich zunächst auf die linke Säule der Grafik konzentrieren, sehen Sie dort die zwei Zustände des Stoffwechsels in Bezug auf den Sauerstoff.

Aerober und anaerober Stoffwechsel:

Diese zwei Stoffwechselsysteme sind von zentraler Bedeutung für die Leistungsbereitstellung des Körpers.

- Aerob = *mit* Sauerstoff
  d.h. die Leistungsbereitstellung erfolgt mit ausreichender Sauerstoffversorgung in der Arbeitsmuskulatur.

- Anaerob = *ohne* (ausreichend) Sauerstoff
  d.h. bei steigender Leistung vermag die Arbeitsmuskulatur nicht mehr ausreichend Sauerstoffmoleküle aufzunehmen.

Im **aeroben** Bereich wird die benötigte Energie in einem Verbrennungsprozess produziert. Dabei werden abhängig von der Belastung Fettsäuren und/oder Kohlenhydrate (Zucker) mit Hilfe von Sauerstoff zu Wasser und Kohlendioxyd verbrannt (vergleichbar mit dem Verbrennungsmotor, Benzin und Sauerstoff). Als «Abfallprodukt» des Verbrennungsprozesses fallen kleine Mengen an Milchsäure/Laktat an (ähnlich der Schadstoffe beim Benzinmotor), die im aeroben Bereich vom Körper problemlos abgebaut werden können. Je höher die momentan erbrachte Leistung ist, desto höher ist der Verbrauch an Fettsäuren und/oder Kohlenhydraten (Zucker) und damit auch an Sauerstoff.

Ist bei steigendem Energiebedarf die Sauerstoffaufnahmekapazität der Muskulatur erschöpft, muss weitere Energie mit Hilfe eines Systems erzeugt werden, das nicht auf dem ökonomischen Verbrennungsprinzip beruht. Mit dem **anaeroben** (= ohne Sauerstoff) Stoffwechsel kann zusätzliche Energie bereitgestellt werden. Jetzt wird aber der energieliefernde Zucker nicht mehr verbrannt (wie der Automotor), sondern vergärt (wie saurer Most) und es entsteht *überproportional viel* Milchsäure, so dass diese nicht mehr abgebaut werden kann. Bei anhaltend hoher Leistung bricht der Stoffwechsel unter dieser «Übersäuerung» zusammen.

Erinnern Sie sich an das Beispiel aus der Einleitung (der typische Wiedereinstieg): Bereits ab der ersten Strassenecke «bedient» sich der ehrgeizige Einsteiger des anaeroben Stoffwechsels. Das geht einige Minuten gut, bis der Körper selber «drosselt» – unser Laufanfänger hat das Gefühl, nicht genügend Luft zu bekommen und muss daher langsamer laufen. Kaum hat er sich etwas erholt, wird wieder Gas gegeben, um der korpulenten Hausfrau folgen zu können. Es wird sich wieder einige Minuten des anaeroben Stoffwechsels bedient, bis die Kapazitäten dieses Systems erschöpft sind. Je nach «Leidensfähigkeit» (und die ist gerade bei Managern sehr ausgeprägt) dauert dies zwischen zwei und 20 Minuten. Anschliessend muss wieder zum aeroben System gewechselt werden. Dieses Hin und Her ober- und unterhalb der anaeroben Schwelle ist sehr typisch für eine(n) ungeübte(n) Laufanfänger(in). Er/sie hat nach kurzer Verschnaufpause das Gefühl, «es geht wieder», dann wird das Tempo wieder gesteigert, um kurz darauf festzustellen: «Jetzt geht nichts mehr.» Eine solche wechselhafte Belastung ist nicht geeignet, um dem Körper einen sinnvollen Trainingsreiz zu verschaffen – geschweige denn gesund. Daher sind auch Aussagen wie «Joggen kann ich gerade mal bis zur nächsten Ecke» zu verstehen.

Energie
Wenn Sie jetzt die rechte Säule der Grafik betrachten, sehen Sie dort die zwei Zustände des Stoffwechsels in Bezug auf den benutzten «Brennstoff».

Kohlenhydrat- und Fettstoffwechsel
Die zweite, sehr wichtige Unterteilung, die wir machen müssen, beschäftigt sich mit der Frage der Energiegewinnnung, d.h. «Was wird als Energiequelle genutzt?» Die zwei wesentlichen Energieträger in unserem Körper sind die Kohlenhydrate und die Fette. Dabei geht es nicht um das, was wir gerade gegessen haben, sondern um die Speicherformen dieser Energieträger (Depotfett und Glykogen). Genau wie die «anaerobe Schwelle» bei der Sauerstoffversorgung, so gibt es auch bei der Energieversorgung eine Schwelle/Grenze, wo der Körper von primär Fettverbrennung auf hauptsächlich Kohlenhydratverbrennung «umschaltet». Diese Grenze nennen wir «Fettschwelle». Unterhalb dieser Schwelle benutzen wir primär Fette und oberhalb der Fettschwelle primär Kohlenhydrate zur Energiegewinnung. Die Fettschwelle ist für ein präventives Training von grösster Bedeutung und weitaus wichtiger als die anaerobe Schwelle. Wir leiten aus der Fettschwelle den **FMF = Fettmobilisationsfaktor** ab. Er dient der Beurteilung Ihrer Fähigkeiten, mit dem Fettstoffwechsel Energie zu produzieren. Der FMF errechnet sich aus Ihrer Leistung an der Fettschwelle bezogen auf Ihre fettfreie Körpermasse.

FMF = Fettmobilisationsfaktor	– Bewertung
Schlecht bis mässig	bis 1,0
Mässig bis mittel	1,0 bis 1,7
Mittel bis gut	1,7 bis 2,8
Gut bis sehr gut	über 2,8

Verbessert sich der FMF von einem Test zum anderen, hat Ihr Körper «gelernt», mehr Energie mit dem Körperfett zu produzieren. In der Tat müssen die meisten von uns das im Körper abgespeicherte Programm «Fettstoffwechsel» erst wieder «wachrütteln». Es ist verkümmert, da wir nicht wie unsere Vorfahren die Nahrung erjagen müssen oder unregelmässiger Nahrungszufuhr ausgesetzt sind. Wir gehen einfach an die Kühlschrank- oder Restauranttüre und essen regelmässig nach Uhrzeit.

Was verstehen wir nun unter den «verschiedenen Trainingsbereichen»?
Betrachten wir die beiden relevanten Faktoren (Sauerstoffversorgung und Energieversorgung) in Kombination zueinander, dann ergeben sich daraus drei verschiedene Trainingsbereiche.

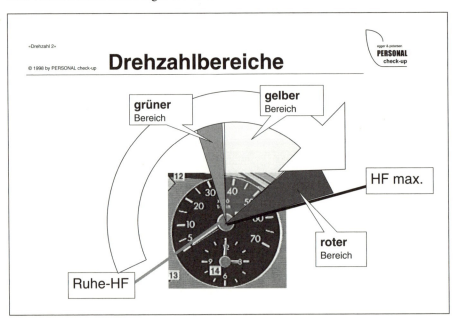

Der Ausdauerbereich für Gesundheit und Prävention
Im Leistungssport auch GA-Bereich oder Grundlagenausdauer genannt.

Der «grüne» Bereich unseres Drehzahlmodells. Wir nennen das Training in diesem Pulsbereich «Fettmobilisations- bzw. FM-Training».

Wie aus der Grafik «Stoffwechsel» ersichtlich ist, arbeitet der Körper mit ausreichender Sauerstoffversorgung in der Muskulatur (aerob) und bedient sich als Energiequelle primär der *Fette*! Ja, in diesem Pulsbereich wird bei gleichmässiger Ausdauerbelastung *Depotfett* verbrannt, und zwar so viel, dass Sie nach einigen Wochen Training gekoppelt mit entsprechenden Ernährungsmassnahmen (siehe Kapitel «Säule 2») wirklich eine Veränderung feststellen können. Die Bewegung unterhalb der Fettschwelle wird auch Fettstoffwechseltraining genannt, wenn sie entsprechend lang und nüchtern durchgeführt wird. Der Ausdauerbereich ist die wichtigste Trainingsintensität überhaupt. Nicht umsonst lässt man Patienten nach einem Herzinfarkt genau in diesem Bereich das Training zur Rehabilitation abwickeln. In diesem Bereich wird das Herzkreislaufsystem am effektivsten trainiert. Auch wenn Sie nicht unbedingt Körperfett loswerden möchten, hat die Trainingsform, sofern sie wirklich diszipliniert innerhalb der ermittelten Pulsgrenzen absolviert wird, äusserst positive Auswirkungen auf Körper und Geist.

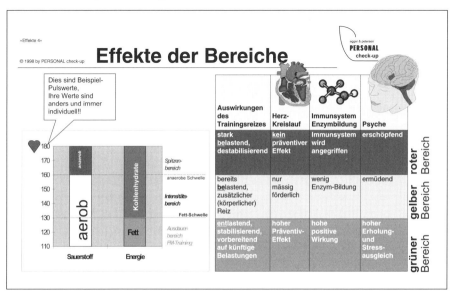

Ihr Herzkreislaufsystem wird auf zukünftige Belastungen vorbereitet, es vermag Stresssituationen besser zu verarbeiten. Ihr Immunsystem wird gestärkt und stabilisiert. Führende Präventivmediziner behaupten, dass dieses gemächliche Ausdauertraining unter Umständen sogar lebensverlängernde Wirkung haben kann.

> «Regelmässige körperliche Aktivität erhöht bei Männern mittleren Lebensalters (von 40 bis 60 Jahren) deutlich die Lebenserwartung. Das ist das Ergebnis einer Studie des norwegischen Wissenschaftlers Dr. Gunnar Eriksson. In der Untersuchung wurden 2014 Probanden über einen Zeitraum von 22 (!) Jahren beobachtet. Der Studie zufolge schützen körperliche Aktivitäten die Männer vor allem vor Herzkreislauferkrankungen.»

(Quelle: Wissenschaft in Die Welt vom Mai 1999)

Wenngleich es für die «Lebensverlängerung» durch körperliche Aktivität noch an weiteren Langzeitstudien fehlt, erhöht sich zumindest die Lebensqualität erheblich.

«Ein gesunder Lebensstil (d.h. Normalgewicht, Nichtrauchen und regelmässige körperliche Aktivität) im Alter von 43 bis 67 Jahren **reduziert** *die Behinderungen im hohen Alter (75 bis Tod)* **um die Hälfte** *und* **verzögert** *das Einsetzen der Behinderung* **um etwa sieben Jahre.***»*

(Quelle: Zentrum für Gerontologie an der Universität Zürich)

Das heisst im Klartext: sieben Jahre mit höherer Lebensqualität!

Leider treten alle diese wünschenswerten und positiven Effekte nur in der engen Bandbreite des «grünen Drehzahlbereiches» auf. Wird die Intensität nur leicht gesteigert, was für jeden von uns ohne grosse Anstrengung möglich ist, dann befinden wir uns im «gelben» oder sogar im «roten» Drehzahlbereich. Von unserer gesamten Drehzahlbandbreite (Ruheherzfrequenz bis Maximalpuls) erzielen wir also nur in einem verhältnismässig kleinen Bereich einen grossen präventiven Effekt. Dazu ein Beispiel: Mein Ruhepuls liegt um die 55 Schläge pro Minute, mein Maximalpuls ist etwa 180, somit beträgt meine Bandbreite 125 Schläge. Meine Pulswerte für den Ausdauerbereich betragen gemäss Check-up 105 bis 125 und somit gerade mal 16% der gesamten Bandbreite. Ausserhalb dieses engen Bereiches erziele ich nur einen Bruchteil der Effekte. Auch hier hat das berühmte Pareto-Prinzip seine Gültigkeit.

Der Intensitätsbereich für Spiel und Sport

Im Leistungssport auch KA = Kraftausdauer und EB = Entwicklungsbereich genannt.

Der «gelbe» Bereich unseres Drehzahlmodells. Wir nennen ihn auch den «Wohlfühlbereich».

Während die Sauerstoffversorgung immer noch ausreichend ist, bedient sich der Körper nun primär der Kohlenhydrate als Energiequelle. Es werden auch etwas Fette verbrannt, jedoch ist die Menge sehr gering und zu vernachlässigen.

Der Grossteil aller Freizeitsportler sowie Wiedereinsteiger – trainieren sie ohne Pulsvorgaben aus einem Check-up – befinden sich im Intensitätsbereich. Wir sprechen bei der Mitte des Intensitätsbereiches (bei mir Puls 150) auch vom «Wohlfühltempo». Beim Joggen z.B. läuft man nicht am Anschlag und kommt trotzdem einigermassen zügig vorwärts. Ohne grosse Anstrengung werden Sie Ihren Kreislauf auf diese Drehzahl bringen können. Sie haben in diesem Bereich auch nicht das Gefühl sich zu überlasten. Nur leider stellen sich die vielen positiven Effekte *nicht* ein, wie das im Grundlagenbereich der

Fall ist. Herzkreislauf- und Immunsystem werden bereits belastet und nicht selten tritt auch eine psychische Ermüdung auf. Natürlich schaffen Sie sich zu den meist psychischen Reizen des Arbeitstages einen physischen Ausgleich, aber mit gesundheitsförderndem Training hat das nichts zu tun. Auch benötigt der Körper nach diesem Training mehr Regenerationszeit als im Ausdauerbereich.

Als recht typisches Beispiel für eine sportliche Betätigung im Intensitätsbereich ist hier der Pulsverlauf eines 55-jährigen Freizeittennisspielers abgebildet, Spieldauer eine Stunde, gespielt wurde ein Satz (6:7).

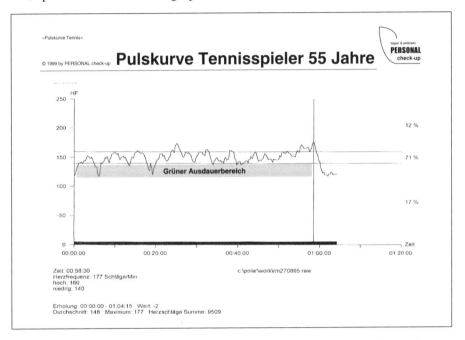

Der Hauptteil der Belastung spielte sich zwischen Puls 140 und 160 ab. Die ermittelten Trainingsbereiche der Testperson waren Grundlage 115–135 und Intensität 135–165. Recht deutlich ist auch der «Anstieg» kurz vor dem Schluss im entscheidenden Tiebreak.

Der Spitzenbereich für Sport und Leistung

Im Leistungssport ebenfalls SB = Spitzenbereich genannt.

Der «rote» Bereich unseres Drehzahlmodells.

In unserem höchsten Leistungsbereich «vergären» wir die Kohlenhydrate und gehen eine Sauerstoffschuld ein. Wir halten das zwischen einigen Sekunden und wenigen Minuten aus. Ein 100-m-Lauf findet ausschliesslich im Spitzenbereich statt. Das Training oberhalb der anaeroben Schwelle ist für einen Sprinter der Leichtathletik absolut notwendig. Für einen Berufstätigen ist ein Bewegungstraining in diesem Bereich nicht sinnvoll und unter Umständen sogar gesundheitsschädigend. Ein untrainierter Körper verkraftet Belastungen im Spitzenbereich nur schlecht. Leider stossen wir bei Führungskräften immer öfter auf Fälle, in denen, von falschem Ehrgeiz getrieben, z. B. Spielsportarten bis zur völligen Erschöpfung ausgeübt werden. Es stellen sich dann relativ schnell unerwünschte Nebeneffekte ein:

Negative Auswirkungen von intensivem Training

Herzkreislauf	Durch zu intensive Belastungen können Erschöpfung, Kollaps, Schock usw. auftreten. Gerade beim Intensitätstraining steigt das Herzinfarktrisiko.
Muskulatur (aktiver Bewegungsapparat)	Verletzungen (Risse, Zerrungen), aber auch Verkürzungen, Verhärtungen und Krämpfe werden durch hohe Trainingsintensität und mangelnde Regeneration verursacht.
Knochen, Knorpel, Sehnen, Bänder	Ein Mangel an regenerativen Massnahmen (Ruhetage, Dehnen, Massage usw.) führt oft zu langwierigen Problemen.
Psyche	Falsch angesetztes Training stellt einen weiteren Stressfaktor im Alltag dar, es kommt zu Frust und Demotivation.
allg. Leistung	stagniert oder wird schlechter.

Diese negativen Effekte sind das Resultat der zu hohen Intensität und nicht der Trainingsdauer oder des Trainings an und für sich. Ein prägnanter Satz aus der amerikanischen Sportszene verdeutlicht dies:

«It's intensity what kills you!»

Da Wiedereinsteiger und von falschem Ehrgeiz getriebene Hobbyläufer mindestens ein oder gleich mehrere der oben genannten Symptome aufweisen, trägt dies natürlich zum falschen Image des Sportes generell bei. Obwohl Sport, wenn er richtig betrieben wird, der Gesellschaft enorme präventive Dienste leistet, finden die «Inaktiven» genügend Argumente, um für sich festzustellen, dass man doch besser nichts tut. Schliesslich möchte man sich ja nicht dieselben Leiden zufügen wie der Bürokollege, der am Wochenende joggen geht, um dann am Montag erschöpft im Bürostuhl zu hängen und von seinen Verletzungen zu klagen.

Wie sagt der Volksmund so treffend: «Sport ist Mord.» Aber dies ist eben nur ein Teil der Wahrheit. Sie werden mit dem 3-Säulen-Programm und mit Ihrem Check-up die für Sie *gesunde* Trainingsform ohne Probleme finden können.

Die Testmethoden der Leistungsdiagnostik
Nach diesem Exkurs in das Stoffwechselgeschehen des Menschen und die sich daraus ergebenden Trainingsintensitäten können wir den zweiten Teil des Check-ups abschliessend behandeln. An dieser Stelle sei darauf hingewiesen, dass die Testverfahren, die Durchführung, die Protokollierung und die Belastungsfahrpläne leider nicht vereinheitlicht sind. Jedes Institut (siehe Anhang) wählt die Testmethoden, Messparameter und Auswertungen, die es für sinnvoll erachtet. Bei den Testmethoden haben wir jeweils die gebräuchlichsten Versionen beschrieben.

Der «Conconi-Test»

Entstehung
Der Conconi-Test ist eines der bekanntesten und meistdurchgeführten Leistungsdiagnoseverfahren. In den Siebzigern erstmals vom italienischen Biochemiker und Sportmediziner Francesco Conconi praktiziert und bekannt geworden durch den von ihm betreuten Stundenweltrekordler Francesco Moser.

Zeitbedarf
Mit Vorbereitung und Aufwärmen etwa 40 Minuten.

Durchführung
Auf dem Radergometer beginnt die Testperson nach einer Aufwärmphase mit einer relativ niedrigen Belastung (z.B. 60 Watt) zu treten. Die Zeit auf dieser Belastungsstufe beträgt z.B. zwei Minuten. Dann wird der Widerstand um z.B. 20 Watt gesteigert, wobei die Zeit der Stufe verkürzt wird, um die zu leistende Arbeit pro Stufe konstant zu halten. Nach der zurückzulegenden Zeit wird wieder um 20 Watt gesteigert usw. Die Testperson muss also einen immer grösseren Widerstand treten, bis sie an ihrem individuellen Leistungsmaximum angelangt ist. Während des gesamten Tests werden das EKG und die Herzfrequenz aufgezeichnet.

Auswertung
Die ermittelten Parameter, Belastung und Herzfrequenz, werden nun in ein Diagramm übertragen. Wenn wir nochmals die Energiekette in Erinnerung rufen, dann wird klar: Mit steigendem Widerstand steigt die Herzfrequenz.

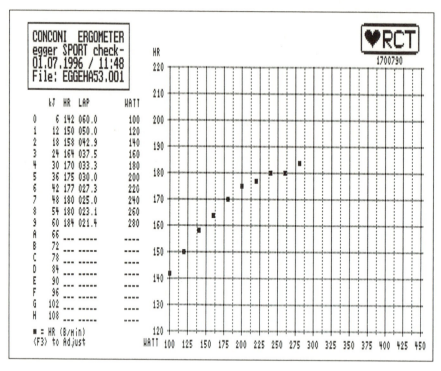

Bei der Auswertung wird nun von der Tatsache ausgegangen, dass im unteren und mittleren Leistungsbereich die Herzfrequenz sich linear zur geleisteten Arbeit verhält. Es wird daher eine Gerade durch die Punkte gelegt, die mehr oder weniger linear verlaufen.

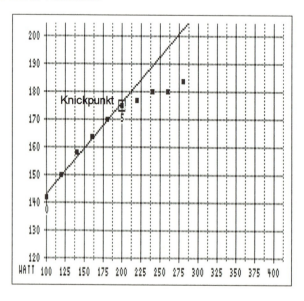

Steigt die zu erbringende Leistung dann weiter, verhält sich das Herzkreislaufsystem im oberen Bereich nicht mehr linear, sondern «knickt» rein grafisch gesehen ab.

Dr. Conconi stellte nun die These auf, dass dieser Knick die «anaerobe Schwelle» darstellt und die erbrachte Leistung unterhalb des «aeroben» Leistungsvermögens der Testperson entspricht und oberhalb des Knickes die «anaerobe» Kapazität darstellt.

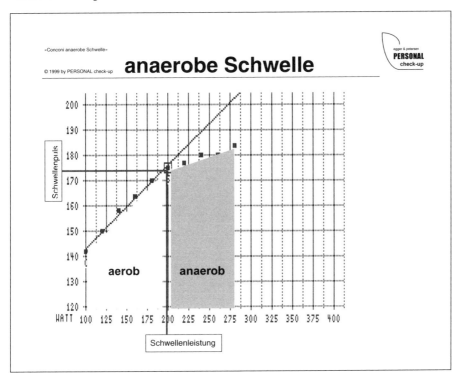

Die Leistung an der anaeroben Schwelle (und *nicht* die Maximalleistung) wird als «Referenzpunkt» zur Definition der Trainingsbereiche mit 100% gleichgesetzt. Nun werden rein mathematisch von diesem Referenzpunkt (= anaerobe Schwelle) die Trainingsbereiche prozentual heruntergerechnet (z.B. Grundlage bei 50 bis 70% des Schwellenwertes).

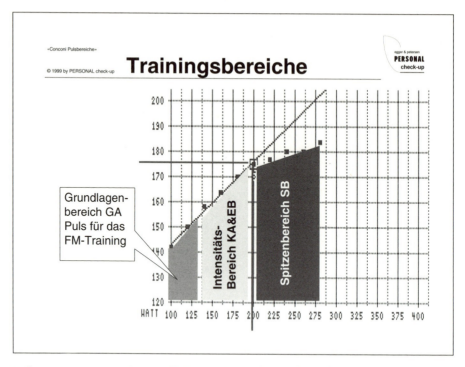

Exkurs Auswertung bzw. Ableitung der Trainingsherzfrequenzen beim Conconi-Test:

Die standardisierte Rückrechnung der Werte von der Schwelle, wie man sie in der Sportliteratur häufig noch findet (z.B. Grundlage bei 75 bis 80% des Schwellenwertes), ist nach unserer Erfahrung zu hoch. Wir raten daher dringend, die Werte wie folgt zu berechnen:

Grundlagenausdauer (GA): 50–70%

von der erbrachten Leistung an der anaeroben Schwelle.

Die ermittelten Leistungswerte und die Pulswerte für die Trainingssteuerung sollten in einer für Laien verständlichen Übersicht dargestellt werden:

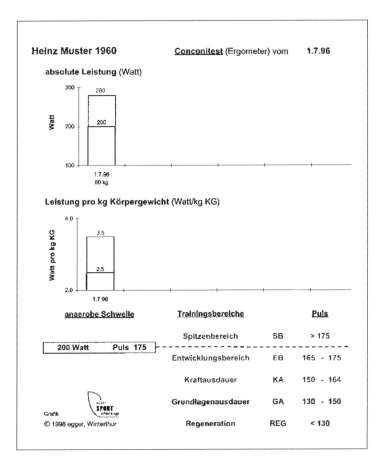

Vorteile des Conconi-Tests

Da keine weiteren Parameter wie z.B. Milchsäure erhoben werden, ist das Testlabor recht einfach einzurichten. Es braucht nur einen geeichten Radergometer, ein Steuerungsprogramm und das EKG.

Anwendung

Der Conconi-Test zielt primär darauf, die Grenze zwischen dem aeroben und anaeroben Stoffwechsel zu ermitteln. Er ist ein Test, bei dem Maximalleistung erforderlich ist. Somit sollte er auf keinen Fall ohne vorherige Abklärung der Risikofaktoren (siehe erster Teil des Check-ups) durchgeführt werden. Die Ableitung (prozentuales Herunterrechnen) der Trainingspulsfrequenzen ist stark interpretationsbedürftig. Da das von uns empfohlene Gesundheitstraining in direktem Zusammenhang mit dem Fettstoffwechsel steht, empfehlen wir, eher die nachfolgend beschriebene aufwendigere, aber genauere Testmethode für Einzelpersonen zu bevorzugen.

Der Laktatstufentest

Entstehung
Der Stufentest oder auch Laktatstufentest wurde 1956 in der ehemaligen DDR entwickelt. Es handelt sich um eine weiterführende und länger dauernde Testmethode als der Conconi-Test. Durch die Hinzunahme des Laktats (= Milchsäure, siehe anaerober Stoffwechsel) als ein weiterer Messparameter hat man im Spitzensport neue Erkenntnisse zur Trainingssteuerung erhalten. Interessant und wertvoll für den Berufstätigen ist die Tatsache, dass wir durch die Messung der Laktatkonzentration im Blut noch genauer bestimmen können, bei welcher Herzfrequenz die Testperson welches Stoffwechselsystem beansprucht.

Zeitbedarf
Mit Vorbereitung und Aufwärmen etwa eine Stunde.

Durchführung
Dieser Test wird ebenfalls auf dem Radergometer durchgeführt. Wie beim Conconi-Test wird bis zum momentanen Leistungsmaximum gefahren. Die einzelnen Belastungsstufen sind jedoch länger (in der Regel drei oder vier Minuten) und bleiben konstant, daher der Name «Stufentest». Gestartet wird meist bei 90 Watt. Nach vier Minuten erhöht sich der Widerstand um 30 Watt, nach weiteren vier Minuten nochmals um 30 Watt usw. Zusätzlich zur Aufzeichnung der Herzfrequenz wird am Ende jeder Stufe ein Tropfen Blut dem Ohrläppchen entnommen und mit diesem die Laktatkonzentration im Blut ermittelt.

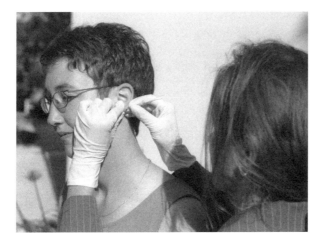

Auswertung

Die Werte werden ebenfalls in ein Diagramm übertragen. Statt des «Zurückrechnens» von einem einzigen Referenzpunkt (Conconi-Test) werden die **verschiedenen Trainingsbereiche** anhand der Laktatwerte bestimmt.

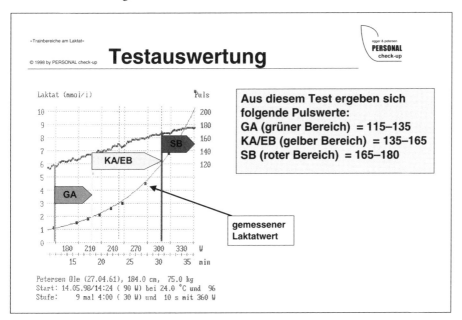

Exkurs «Leistungsvermögen im Vergleich»

Immer wieder werden wir von Kunden gefragt, wie die Ergebnisse im Vergleich mit anderen Personen liegen. Seit dem Tour-de-France-Sieg von Jan Ullrich sind dessen Belastungswerte im Frühjahr jeweils ein permanentes

Pressethema. Welcher Hobbysportler möchte sich nicht gerne damit vergleichen? Wie bereits mehrfach betont, ermitteln wir mit den Tests primär die jeweils idealen Trainingszonen. Ohne näher auf Veranlagung, Zielsetzung und Zeitbudget einzugehen, bringen solche Vergleiche allerdings eher wenig.

Dennoch folgen hier einige Daten, zusammengefasst in einem exemplarischen Vergleich: die **Leistungsvermögen** im Laktatstufentest zwischen

▶ einer untrainierten, berufstätigen Person,
▶ einem berufstätigen Freizeitsportler und
▶ einem teilzeittätigen Ausdauersportler

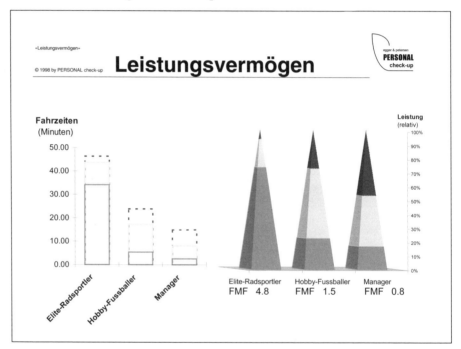

Bezeichnend ist auch hier wieder, dass der ausdauertrainierte Sportler nicht nur absolut ein mehrfaches Leistungsvermögen hat, sondern dass er fast 80% seiner Leistung mit dem «grünen» Drehzahlbereich und somit äusserst gesund «erledigt». Anders ausgedrückt: Er fährt 34 Minuten und in einer Belastung von 330 Watt, bevor er anfängt, sich halbwegs anzustrengen.

Bezeichnend ist ebenfalls das grosse (fast 50% der relativen Leistung) anaerobe Stehvermögen (roter Bereich) des Managers, welches von hoher Willenskraft und auch von ausgeprägter «Leidensfähigkeit» zeugt.

Vorteile
Der grösste Vorteil des Laktatstufentests ist sicher die hohe Genauigkeit, die dieses Testverfahren bietet. Durch die Laktatmessungen können die Pulswerte für alle Trainingsbereiche recht präzise bestimmt werden, es wird nicht wie beim Conconi-Test prozentual abgeleitet.

Weitere Messparameter
Der Vollständigkeit halber sei erwähnt, dass der Stufentest oft auch mit weiteren Messparametern durchgeführt wird.

Spiroergometrie (auch Gasaustauschanalyse)
Die Testperson wird zusätzlich mit einer Maske ausgestattet, die Nase und Mund abdeckt. Die Messfühler registrieren ausgeatmetes Kohlendioxid und aufgenommene Sauerstoffmenge. Diese beiden Werte werden in Verhältnis zueinander gesetzt, man erhält somit den so genannten Respiratorischen Quotienten (RQ). Er soll weitergehende Informationen über die anaerobe Schwelle liefern.

EKG
Während des gesamten Testverlaufs wird das Elektrokardiogramm aufgezeichnet. Dieses stellt dann ein ausführliches Belastungs-EKG dar. Somit erhält man Aufschlüsse über das Verhalten der Herzfunktionen unter Belastung. Dies ist für den Berufstätigen und Wiedereinsteiger unbedingt notwendig.

Anwendung
Der Laktatstufentest bietet eine hohe Genauigkeit bei noch vertretbarem Aufwand. Allerdings ist der Gang zu einem spezialisierten Anbieter nötig.

Check-up-Auswertung

Nach dem Check-up werden Ihnen die Untersuchungsergebnisse ausgehändigt und mit Ihnen erörtert. Die Unterlagen sollten folgende Daten beinhalten:

▶ Auswertung der Blutanalyse mit Interpretation der Laborwerte
▶ Eine Bewertung der Risikofaktoren
▶ Das Protokoll der Leistungsdiagnose mit Ihren Pulswerten für das Training

name vorname jahrgang
Check-up vom 15.07.99

Beurteilung der Blutanalysen

☑	Allgemeine und präventiv wichtige Kontrollwerte Eiweisse, Glukose (Blutzucker), Harnsäure Cholesterin, ev. HDL-Cholesterin, Magnesium Hämatokrit, Leukozyten (weisse Blutkörperchen) C-reaktives Protein	normal
☑	Eiweissstoffwechsel, Nierenfunktion Harnstoff	normal
☑	Muskuläre Belastung GOT, CK, Harnsäure	normal
☑	Leberenzyme GPT, τ-GT	normal
☑	Eisenreserve und Blutbildung Ferritin, Erythrozyten, Hämoglobin MCV, MCH, MCHC, Thrombozyten	knappe Eisenreserve, gute Blutbildung
☑	Weitere zusätzlich untersuchte Werte	keine

name vorname jahrgang
Check-up vom 15.07.99

Risikofaktoren für eine Herz-Kreislauferkrankung

	17.01.97	26.03.98	15.07.99
Blutdruck (mm Hg)	120/85	130/80	120/80
Risikopunkte	0	0	0
Nikotin (Päckli/Tag x Jahre)	1 x 25	NR	NR
Risikopunkte	2	0.5	0.5
Bewegungsmangel	ja	keinen	keinen
Risikopunkte	1	0	0
Cholesterin (mmol/l)	6.5	5.9	5.7
HDL-Cholesterin (mmol/l)	1.1	1.5	1.4
Chol.-Quotient (Soll < 5)	5.9	3.9	4.1
Risikopunkte	1	0	0
Blutzucker (mmol/l)	6.0	5.3	5.2
Risikopunkte	0	0	0
Harnsäure (mmol/l)	288	283	259
Risikopunkte	0	0	0
Übergewicht (kg zuviel)	7	4	1
Körperfett (% zuviel bezüglich "gut")	27	14	4
Risikopunkte	1	0.5	0
familiäre Belastung	(keine)	----- >	----- >
Risikopunkte	0	0	0

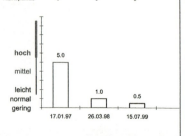

Gesamtrisiko: hoch / mittel / leicht / normal / gering — 17.01.97: 5.0, 26.03.98: 1.0, 15.07.99: 0.5

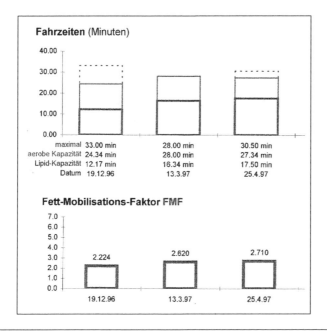

In die folgenden Tabellen können Sie die *Eckdaten* Ihrer Check-ups eintragen und erhalten so eine Übersicht Ihrer Entwicklung über die Jahre. In den Spalten «±» tragen Sie die Bewertung der jeweiligen Faktoren ein, die Sie mit dem Arzt besprechen.

© 1998 by PERSONAL check-up

Meine Entwicklung

Check-up vom:	±	±	±	±
Risikofaktoren				
Blutdruck in mm Hg				
Blutfett in mmol/L (Norm: 3,4–6,7)				
Blutzucker in mmol/L (Norm: 3,3–6,1)				
Harnsäure in µmol/L ♂150-420, ♀120-340				

Körperdaten	±	±	±	±
Körpergewicht in kg				
Fettanteil in %				
Fettmasse in kg				

Leistungsfähigkeit	±	±	±	±
Geleistete Arbeit in Watt bei Laktat 2 mmol				
Geleistete Arbeit in Watt bei Laktat 4 mmol				
FMF = Fettmobilisationsfaktor				

Check-up-Häufigkeit

Wir empfehlen, einen umfassenden Check-up alle zwei Jahre durchzuführen. Dies ist ein sinnvoller Zeitrahmen, um Veränderungen zu überprüfen. Die von uns betreuten Unternehmen entsenden Ihre leitenden Angestellten in der Regel alle zwei Jahre.

Nebenbei sei erwähnt, dass immer mehr Unternehmen medizinische Untersuchungen (25%) und Leistungstest (17%) zur Auswahl von Führungskräften heranziehen. (Quelle: Umfrage von 1995 des Instituts für Organisation & Personal an der Universität Bern)

Nach der Aufnahme eines Gesundheitstrainings erfolgt in den ersten Monaten die grösste Anpassung des Körpers, so dass in der ersten Phase ein Re-Check mit lediglich dem zweiten, leistungsdiagnostischen Teil bereits nach sechs Monaten Sinn macht, um die nunmehr veränderten Pulswerte zu ermitteln (daher folgende Tabelle «Persönliche Pulswerte»). Später sind die Anpassungen nicht mehr so gross, so dass die turnusmässigen kompletten Check-ups ausreichend sind.

Persönliche Pulswerte

Datum				
Maximalpuls				
Spitzenbereich				
Anaerobe Schwelle				
Intensitätsbereich				
Fettschwelle				
Grundlagenbereich				
Unterer Grundlagenpuls				

Kosten für einen Check-up

Ein kompletter medizinischer Check-up inklusive der erforderlichen Leistungsdiagnose kostet zwischen 900.– und 1400.– DM/sFr.

Kernaussagen zum Check-up

- ▷ Jedes Herzkreislaufsystem ist so individuell wie ein Fingerabdruck.
- ▷ Für ein effektives Gesundheitstraining ist ein persönlicher Check-up erforderlich.
- ▷ Dieser sollte aus einem Gesundheitsstatus und einer sportmedizinischen Leistungsdiagnose bestehen.

- Die Auswertung sollte Ihre Pulswerte zur Trainingssteuerung und Trainingsempfehlungen enthalten.
- Das **FM-Training** hat positive Auswirkungen auf Herzkreislauf, Organe, Immunsystem und Psyche.

Einsatz im Unternehmen

Testmethoden für Gruppen

Ein sinnvolles Gesundheitsmanagement richtet sich an *alle* Mitarbeiter und Mitarbeiterinnen eines Unternehmens. Im Gegensatz zum vorher beschriebenen Check-up, der quasi ein «Einzelcoaching» darstellt, sollen bei einem Gesundheitsförderungsprogramm mit ähnlichen Testmethoden möglichst viele Personen erreicht und zu einem Gesundheitstraining motiviert werden. Da die Belastungsstrukturen von z.B. Programmierern, Aussendienstmitarbeitern und Geschäftsleitern recht unterschiedlich sind, macht es durchaus Sinn, gruppenspezifisch vorzugehen.

Nicht selten werden zuerst die Führungskräfte in einem Pilotkurs betreut und geschult, da diese letztlich das Thema Gesundheit bei den Mitarbeitern vorleben müssen, wenn das Programm nicht zur Alibiübung mutieren soll.

Erprobte Programme und deren Ablauf finden Sie im Kapitel «Umsetzung im Unternehmen». Nachfolgend werden zunächst geeignete Testingelemente für Gruppen vorgestellt.

«Lauf-Conconi» für sportliche Mitarbeiter

Durchführung

Auf einer 400-m-Laufbahn werden alle 20 m Markierungen angebracht. Jeweils eine Testperson nimmt an einer Markierung Position. Nach einer vorangegangenen Aufwärmphase müssen die Testpersonen nach dem Ertönen eines Startsignals loslaufen und jeweils zu dem nächsten Signalton der Steuerungsanlage an der nächsten Markierung angelangt sein. Für 200 m wird die Anfangsgeschwindigkeit konstant gehalten. Bei trainierten Läufern wird mit 10 km/h begonnen. Damit würde man aber mässig trainierte Berufstätige und Nichtläufer von Beginn an überfordern, daher ist ein Start bei 7 km/h sinnvoller. Danach wird jeweils nach 200 m der Speed um 0,5 km/h erhöht. Die Testpersonen müssen also immer schneller laufen, bis sie jeweils an ihrem individuellen Leistungsmaximum angelangt sind.

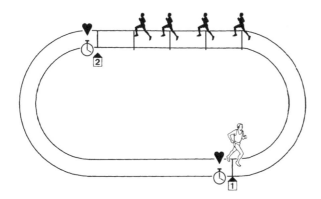

Zur Datenerfassung werden spezielle Herzfrequenzmessgeräte verwendet, um während des Laufens die Herzfrequenz der Läufer zu speichern. Würden die Personen anhalten und den Puls abtasten, so würden zu tiefe Herzfrequenzen gemessen. Der Test würde somit verfälscht. Die Daten werden nach dem Test von der Pulsuhr in ein Auswertungsprogramm übertragen.

Exkurs « Faustformeln mit effektiven Werten im Vergleich»
Ich möchte an dieser Stelle nochmals auf die Faustformeln eingehen und Ihnen mit einem weiteren Beispiel belegen, wie unsinnig diese sind. In der folgenden Tabelle sind die Daten von 13 Personen, die einen Lauf-Conconi absolvierten, den Berechnungen mit einer der gebräuchlichsten Faustformeln (220 minus Lebensalter sei die maximale Herzfrequenz) gegenübergestellt.

Name	Alter	Max. HF nach Formel	Max. HF effektiv	Differenz
BÜPA	27	193	206	13
DHJE	25	195	193	–2
ISRA	24	196	194	–2
JUMI	25	195	188	–7
LUSI	24	196	200	4
DELA	24	196	187	–9
OBRE	24	196	**186**	**–10**
SCPA	24	196	196	0
STJA	24	196	**206**	**10**
STJA	26	194	194	0
TADO	24	196	**211**	**15**
ZENI	27	193	**217**	**24**
ZIPI	27	193	**203**	**10**
Summen	325	2535	2581	
Durchschnitt	25	195	198,5	**3,5**

Quelle: LMT, D. Zwyssig

Von 13 Läufern stimmte bei 2 Teilnehmern (15%) die theoretische max. HF genau überein, bei weiteren 5 Personen (38%) war die Abweichung kleiner als 10 Schläge. Bei 6 Teilnehmern (46%) war die Abweichung 10 oder mehr Schläge, die grösste Abweichung lag bei 24 Schlägen! Interessant ist jedoch, dass das Mittel über die 13 Personen nur gerade 3,5 HF-Schläge (1,8%) höher war als die vorgegebene Faustformel.

Also noch einmal: Für ein effektives Training sind Faustformeln nicht geeignet, da sie nur einen rechnerischen Durchschnitt präsentieren. Die individuellen Abweichungen können, wie auch das vorherige Beispiel belegt, zum Teil erheblich sein. Leider sieht man es Ihnen von aussen nicht an, ob sich Ihr Kreislauf eher wie der Durchschnitt verhält oder ob Sie z. B. einen «untertourigen» oder einen «hochtourigen» Motor haben.

Gruppengrösse

Der Test kann mit 20 Personen (400-m-Bahn) gleichzeitig durchgeführt werden. Es macht durchaus Sinn, mehr als eine Gruppe zu testen, da der Aufwand zur Vorbereitung (Anmieten der Bahn, Installation der Steuerungsanlage, Markierungen setzen usw.) grösser ist als der zur Testdurchführung.

Zeitaufwand

Für die Durchführung eines Lauf-Conconi müssen mit Vorbereitungszeit und Durchführung ungefähr zwei Stunden veranschlagt werden. Das Auswerten und Übertragen der Daten in verständliche Testprotokolle mit Trainingsempfehlungen für eine Gruppe von 15 bis 20 Personen dauert nochmals eine gute Stunde.

Materialien und Organisatorisches
Für die Durchführung sind nötig:

- 400-m-Laufbahn mit Lautsprecheranlage
- Umkleideräume mit Duschen
- Markierungen
- Steuerungs- und Auswertungsprogramm
- Zwei Notebooks
- 20 speicherfähige Pulsmesser und ein Interface
- Zwei erfahrene Tester

Auswertung
Diese ist identisch mit der bereits beschriebenen Methodik vom Conconi-Test auf dem Radergometer (siehe Kapitel «Check-up»).

Zielgruppe
Der Lauf-Conconi empfiehlt sich für Sportgruppen eines Unternehmens wie die Fussballmannschaft, den firmeneigenen Tennisklub oder die Radsportgruppe. Der Test ist ein *Maximalbelastungs*-Test, die Testpersonen werden *ausbelastet*. Daher sollte ein Lauf-Conconi nur mit trainierten Personen bzw. unter ärztlicher Aufsicht durchgeführt werden. Sollten die Testpersonen und deren Gesundheitszustand nicht im Einzelnen bekannt sein, ist die Abklärung der Risikofaktoren mittels einer Bewertung ratsam:

Alter	– älter als 45 Jahre	8
	– älter als 35 Jahre	4
	– jünger als 35 Jahre	0
Geschlecht	– weiblich	0
	– männlich	2
Familie	– falls Eltern und/oder Geschwister Herzinfarkt oder Angina pectoris	
	– vor dem 60. Lebensjahr gehabt haben	16
	– nach dem 60. Lebensjahr gehabt haben	6
	– falls keine Herzkrankheiten bekannt sind	0
Persönlich	– falls bei Ihnen eine Herzkrankheit bekannt ist (Herzinfarkt, Angina pectoris, Herzrhythmusstörungen, Herzfehler, Herzschrittmacher)	40
	– falls keine Herzkrankheiten bekannt sind	0

Herzrhythmus-störungen	– Herzrhythmusstörungen vorhanden	40
	– falls Ihr Herz manchmal «stottert» oder bei Ihnen ein Herzfrequenzmessgerät nicht funktioniert	20
	– normaler Herzrhythmus	0
Blutdruck	– hoher Blutdruck bekannt	8
	– Blutdruck nicht bekannt	4
	– normaler Blutdruck bekannt	0
Rauchen	– mehr als 2 Pakete pro Tag	20
	– 1 bis 2 Pakete pro Tag	15
	– weniger als 1 Paket pro Tag	5
	– Nichtraucher	0
Gewicht	– falls Sie übergewichtig sind	4
	– falls Sie ein normales Körpergewicht haben	0
Körperliche Bewegung	– falls Sie seit Jahren keinen Sport mehr betreiben	10
	– wöchentlich 1 Ausdauertraining von mindestens 15 Minuten	2
	– wöchentlich regelmässig 2x20 Minuten Ausdauertraining	0
	Total Punkte	

Interpretation der Risikopunkte:

40 und mehr Punkte
Ohne ärztliche Überwachung dürfen Sie keine Leistungstests absolvieren.

18 bis 39 Punkte
Vor einem Leistungstest oder einem Neueinstieg in ein sportliches Training sollten Sie Ihre Belastungsfähigkeit durch einen Arzt abklären lassen.

Unter 18 Punkte
Ihr Risiko ist bei einer sportlichen Betätigung nicht erhöht.

Vor- und Nachteile
Nachteilig sind der relativ grosse Aufwand und die örtliche Gebundenheit an eine geeignete Laufbahn. Auch ist der Test ohne entsprechende Erfahrung mit den Fehlerquellen und der Interpretation nicht problemlos durchzuführen.

Von Vorteil ist die Ermittlung von zumindest zwei Messparametern (Leistung und Herzfrequenz) über das gesamte Leistungsspektrum der Testpersonen.

«Smart-Test» – die Testmethode *ohne* Schweiss

Entstehung
Diese Testmethode ist noch recht neu (seit Anfang 1998 auf dem Markt) und beruht auf langjährigen Forschungen der Polar Elektro OY, Finnland, des führenden Herstellers von Pulsuhren.

Durchführung
Es sind keine Vorkenntnisse nötig. Der Ablauf ist denkbar einfach. Die dafür benötigten Pulsuhren (POLAR M-Serie) ermitteln die idealen Trainingsfrequenzen für das FM-Training während fünf verschiedener Belastungsstufen von je zwei Minuten Dauer. Zuerst werden die persönlichen Daten (Alter, Geschlecht, Gewicht) in die Uhr eingegeben. Man wählt eine ebene Geh-/Laufstrecke und startet die Uhr.

Die ersten zwei Minuten **geht** man mit langsamer Geschwindigkeit (langsames Schrittempo).

Die zweiten zwei Minuten **geht** man mit normaler Geschwindigkeit (Wandertempo).

Die dritten zwei Minuten **geht** man mit forschem Tempo (zügiges Walkingtempo).

Die vierten zwei Minuten wird mit langsamer Geschwindigkeit **leicht gejoggt.**

Die letzten zwei Minuten wird im normalen Tempo **gejoggt** (Wohlfühltempo, evtl. sogar etwas schneller).

Die jeweilige Stufe wird auf dem Display der Uhr angezeigt, der Übergang zur nächst intensiveren Stufe erfolgt nahtlos und wird durch einen Piepston signalisiert. Während der Stufen sucht die Uhr nun einen bestimmten Referenzpunkt, der dann der Trainingssteuerung dient. Die Uhr signalisiert das Finden des Referenzpunktes, der Test ist somit beendet. Dies kann bereits in der zweiten, dritten oder vierten Belastungsstufe der Fall sein.

Auswertung
Was ist nun der Referenzpunkt und was misst die Uhr eigentlich?

Der Messparameter, auf dem dieses Testverfahren basiert, nennt sich Herzfrequenzvariabilität. Unser Herz schlägt entgegen allgemeiner Annahme nicht regelmässig. Dabei handelt es sich nicht um Herzrhythmusstörungen, sondern um eine ganz normale Erscheinung. Die Abstände zwischen den einzelnen Schlägen sind im ausgeruhten/relaxten Zustand regelmässig unregelmässig, d.h. mal erfolgt eine Reihe von Schlägen eher kurz hintereinander, gefolgt von einer Reihe mit eher längeren Zeitabständen zwischen den Herzschlägen.

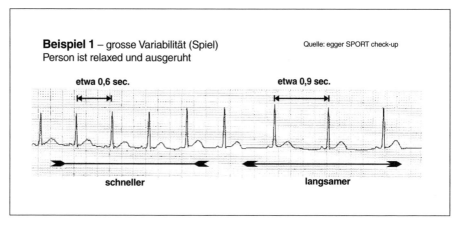

Dieses Spiel nennt man Herzvariabilität. Je ausgeruhter Sie sind, umso grösser ist das Spiel des Herzens. Beginnen Sie sich körperlich anzustrengen, nimmt das Spiel ab und Ihr Herz schlägt nunmehr regelmässig.

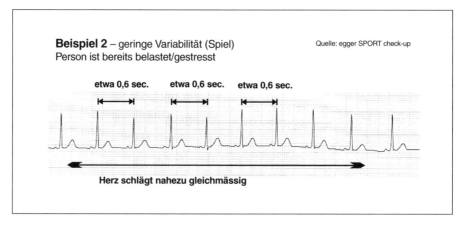

Die Herzfrequenzvariabilität (das Spiel) verschwindet beinahe, wenn die Belastung ungefähr 65 % der individuellen maximalen Herzfrequenz beträgt. Genau diesen Punkt sucht die Uhr. Sie ist so präzise, dass sie die wenigen Millisekunden Unterschied registriert. Der ermittelte Referenzpunkt entspricht der unteren Grenze des Grundlagenbereiches.

Zu dieser unteren Grenze werden dann 20 Schläge addiert. Somit haben wir einen Pulsbereich für Ihr FM-Training definiert, hier in diesem Beispiel GA♥ = 132 bis 152 Schläge pro Minute. Über die anderen Trainingsbereiche (gelber und roter Drehzahlbereich) kann keine Aussage gemacht werden.

Gruppengrösse
Der Test kann mit einer Gruppe von 10 bis 20 Personen gleichzeitig abgewickelt werden. Die Durchführung wird von einer oder zwei mit dem Test vertrauten Personen geleitet.

Zeitbedarf
Mit Vorbereitung, Einführung und Eingabe der persönlichen Daten in die Pulsuhr etwa 30 Minuten.

Materialien und Organisatorisches

Für die Testpersonen entsprechende Anzahl an Pulsuhren Marke: Polar, Typ: M-Serie (Preis pro Uhr DM 298.– bzw. sFr. 288.–). Der Test ist überall durchführbar, es sind keine örtlichen oder räumlichen Notwendigkeiten zu beachten. Bei den 5 × 2 Minuten kommt man nicht ins Schwitzen und Sportbekleidung ist nicht notwendig.

Vor- und Nachteile

Der Test besticht durch seine Einfachheit. Man kann ihn überall und zu jeder Zeit und ohne grossen Aufwand durchführen. Es ist wenig Equipment nötig und er ist auch für eine Einzelperson jederzeit wiederholbar.

Dem Test fehlt es an Leistungsparametern, insofern ist kein Vergleich untereinander oder in Bezug auf die Veränderung der eigenen Form möglich.

Zielgruppe

Der Smart-Test ist besonders für Untätige und Nichtsportler geeignet. Da bei diesem Test eine Ausbelastung bis an das Leistungsmaximum nicht nötig ist, kann er bedenkenlos mit *jeder* Person durchgeführt werden. Wir haben bei Bewegungsanfängern und Wiedereinsteigern mit diesem Test sehr gute Resultate erzielt. Die ermittelten Pulswerte werden von Testpersonen als niedrig, die daraus resultierende Lauf- bzw. Walkinggeschwindigkeit als angenehm langsam empfonden. Der Test ersetzt natürlich nicht den vorher erläuterten Gesundheitsteil eines Check-ups. Für den Einstieg in ein gesundheitsförderndes Training ist der Smart-Test mit einer vorgängigen Untersuchung bei einem Arzt eine geeignete Alternative zu einem kompletten Check-up.

Körperfettmessung

Eine weitere sinnvolle Testing-Methode für ein firmeninternes Gesundheitsförderungsprogramm ist die schon vorher beschriebene Fettmessung. Auch diese Messung lässt sich bei einer Gruppengrösse von 10 bis 20 Personen problemlos in ein Tagesseminar integrieren. In der Kombination mit dem Smart-Test sind neben dem theoretischen Stoff (z.B. Stoffwechselgeschehen im Körper) genügend *aktive* Elemente vorhanden, um ein interessantes und abwechslungsreiches Programm zu gestalten. Bei grösseren Gruppen (40 bis 60 Personen) werden zwei Gruppen gebildet, die abwechselnd Fettmessung und Smart-Test durchlaufen.

Mini-Fitness-Profil

Die dabei ermittelten Daten werden noch während des Seminars für jeden Teilnehmer in einem persönlichen Mini-Fitness-Profil zusammengefasst. Dadurch wird ein hoher Identifikationsgrad erzielt:

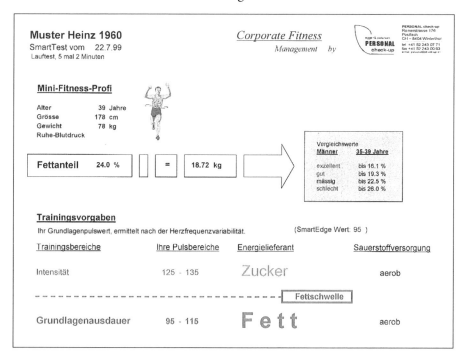

Kernaussagen zu Testing-Methoden für Gruppen
- Ein Gesundheitsförderungsprogramm richtet sich idealerweise an alle Mitarbeiter und Mitarbeiterinnen eines Unternehmens.
- Durch «sanfte» Testing-Methoden können auch für unsportliche und/oder fettleibige Personen Werte ermittelt werden, ohne diese blosszustellen.
- Über ein individuelles Fitnessprofil wird eine hohe Identifikation mit dem Thema erreicht.

Zielsetzung 3

Zielsetzung

Die Gesundheitszielsetzung

Sie haben als Basis den Ist-Zustand durch einen Check-up ermittelt bzw. die Teilnehmer eines Kurses verfügen nach den Tests über ein Fitnessprofil. Nun stellt sich die Frage «Quo vadis?»

Ihre persönliche Zielsetzung im Bereich Gesundheit ist der wichtigste Meilenstein zum Erfolg. Die Parallelen zum Geschäftsleben sind vielfältig:

- Nur wer weiss, wohin er will, wird auch dort ankommen.
- Je konkreter das Ziel, umso höher der Grad der Umsetzung.
- Die Konzentration auf ein Ziel führt zum Erfolg, viele Ziele führen zur «Verzettelung».
- Ein Ziel muss messbar/überprüfbar/kontrollierbar sein.

Die Unterschied von Erfolg und Misserfolg in Verbindung mit der Zielsetzung wird uns im Berufsleben sehr prägnant vor Augen geführt:

Da sind die erfolgreichen Unternehmer, denen fast alles gelingt, was sie in die Hand nehmen. Im intensiven Gespräch mit ihnen fällt auf, dass sie es verstehen, ihre Energie auf jeweils das Ziel zu lenken, das ihnen im Moment am wichtigsten erscheint. Sie haben auch keine Probleme, ihre Ziele exakt zu formulieren. Die selbst gesteckten Ziele liegen ihnen «am Herzen», sie kommen von *innen* und sind selten von *äusserlichen* Sachzwängen bestimmt.

Die zweite Gruppe, die zu beobachten ist, versucht ebenfalls erfolgreich zu sein. Jedoch fehlt es an Konzentration auf sich selber (Unternehmer und Unternehmen), auf Stärken und Fähigkeiten. Vielmehr wird permanent versucht, die vermeintlichen Rezepte der Erfolgreichen und der Branchenleader zu kopieren, ohne dass man sich selber darüber im Klaren ist, wo die Reise hingehen soll. Bereits auf die Frage «Was ist das Ziel des Unternehmens?» gibt es Artikulationsprobleme. Ziele, Projekte und Massnahmen werden von *aussen* angenommen und selten wirklich «gelebt». Hierzu bedient man sich der Managerzeitschriften, Managerseminare und Managementberater. Die Ziele und Projekte unterliegen somit den vorherrschenden Modetrends im Management. Trends der vergangenen Jahre waren unter anderem

- Total Quality Management
- Lean Management
- Benchmarking

- ISO-Zertifizierung
- Megafusionen und Shareholder Value

In einigen Jahren werden andere kommen und die oben genannten sind damit «Schnee von gestern» bzw. man versieht «alte Hüte» mit moderneren Bezeichnungen. So haben sich erfolgreiche Unternehmen in der Nachkriegszeit intensiv nach den Wünschen ihrer Kunden ausgerichtet, 20 Jahre später nannte man dies im Marketing «customer driven company» und heute ist die «Kundenorientierung» wieder in aller Munde. Häufig werden solche Programme in Unternehmen eingeführt, ohne zu prüfen, ob der Zeitpunkt passend ist. Durch das Projekt selber wird von der Führung in den meisten Fällen die Lösung der vorhandenen Markt- und/oder Organisationsprobleme erhofft, die sich leider selten einstellt, weil eben die «**Zielsetzung von innen**» fehlt. Das Programm «verpufft», weil es mangels Identifikation der Mitarbeiter/Mitarbeiterinnen nicht «gelebt» wird.

Was bedeutet dies alles nun für Ihre persönliche Gesundheitszielsetzung?
Ein Ziel formuliert wie «Ich möchte gerne gesund sein» ist genauso wenig geeignet wie die Formulierung eines Geschäftsziels «Unser Unternehmen soll erfolgreich sein». Es ist nicht fassbar, wenig konkret, sozusagen «heisse Luft», eine «Wolke».

Wir sind es nicht gewohnt, für den Bereich Gesundheit greifbare Ziele zu definieren und tun uns da genauso schwer wie bei den Begriffen Zufriedenheit, Glück, Erfolg, erfüllte Partnerschaft usw.

In aller Deutlichkeit: Solange Sie nicht wissen, *wie* Ihr **Erfolg** aussehen soll und *wann* Sie ihn erlangen, werden Sie auch keinen **Erfolg** haben!

Solange Sie nicht wissen, wie Ihre **Gesundheit** genau aussieht, werden Sie **Gesundheit** nicht erreichen!

Es geht also darum, die weichen Begriffe «mit Leben» zu erfüllen. Wie bereits in der Einleitung festgestellt, verbindet jeder mit dem Begriff «Gesundheit» etwas anderes, jeder hat seine eigenen, individuellen Erfahrungen und Prägungen. Eine der wichtigsten Aufgaben ist es, «in sich zu gehen» und nachzuschauen, worum es einem beim Thema Gesundheit wirklich geht. Andere Personen sind nicht massgebend, es geht nur um Sie. Um Sie in Ihrer Zielfindung etwas zu inspirieren, haben wir aus den Hunderten von Gesundheitszielen, die unsere Kursteilnehmer für sich erarbeiteten, vier Gruppen gebildet:

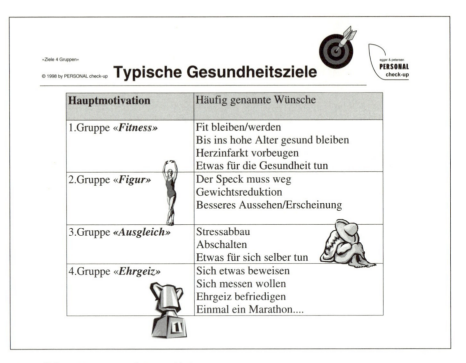

Zu welcher Gruppe gehören Sie?

Ich weiss, es ist von allen vier Gruppen etwas dabei und am liebsten hätten Sie gerne das ganze Programm – Sie wollen alles! Aber …

Wie war das noch gleich? Viele Ziele führen zur Verzettelung!

Hierzu eine Erfahrung aus meinem Berufsleben:

Beim Aufbau zweier Kleinunternehmen habe ich es auf zwei Arten probiert:

a) *Die erste,* bei der ich versuchte, möglichst viele Ziele auf einmal zu erreichen. Ich arbeitete Tag und Nacht an mehreren Projekten, wovon keines den entscheidenden Fortschritt brachte.

b) *Die zweite,* bei der ich nur eine Zielrichtung bearbeitete und diese zum entscheidenden Abschluss brachte, bevor ich das nächste Ziel anging. Aus Aktionismus wurde zielgerichtete Projektarbeit und aus Verlust wurde Gewinn.

Also: Worum geht es Ihnen beim Thema Gesundheit primär, hauptsächlich und im Moment? Was ist Ihnen das Wichtigste? Hier müssen Sie «Farbe bekennen», sich entscheiden. Denn nur wenn die Hauptstossrichtung klar ist, können effektive Massnahmen bestimmt werden. Daher notieren Sie:

Meine Hauptrichtung zurzeit ist _____

Natürlich kann Ihre Zielrichtung mit der Zeit wechseln, nämlich dann, wenn Sie merken, was alles mit der von uns empfohlenen Trainingsmethode möglich ist. Sie werden nach einiger Zeit feststellen, dass eine Zielrichtung die andere nicht ausschliesst, aber zur Mobilisation Ihrer Kräfte die Konzentration auf ein Ziel hilfreich ist.

So gehörte ich am Anfang meines Trainings in die zweite Gruppe (Figur). Seit einigen Jahren, als der Speck verschwand, gehöre ich nun mit meinen Wettkampfaktivitäten ganz klar zur vierten Gruppe (Ehrgeiz).

Exakte Zieldefinition

Wenn einmal die Richtung klar ist, können Sie Ihr ganz persönliches Gesundheitsziel definieren. Vermeiden Sie Formulierungen wie:

1. Gruppe (Fitness)
- «Ich möchte gerne alt werden.»
- «Ich will gesund sein.»

2. Gruppe (Figur)
- «Ich möchte gerne schlank sein.»
- «Ich will abnehmen.»

Konkretisieren Sie vielmehr Ihr Gesundheitsziel in drei Schritten, wie Sie es aus dem Business gewohnt sind:

Motivation

Formulierungen wie   «**Ich möchte** …»
oder wie   «**Ich würde** gerne …»
und   «**Ich will** …»

sind nicht dienlich, Ihre Motivation zu fördern. Das liegt daran, dass eine solche Wahl der Wörter Sie nicht in die Pflicht nimmt. Sie lässt Ihnen die Möglichkeit auszuweichen bzw. es nicht zu tun.

Beispiel: «Ich möchte gerne …, **aber ich habe keine Zeit.**»

Ausserdem steckt in den oben genannten Formulierungen immer auch die Möglichkeit des Scheiterns, des Versagens.

Beispiel: «Ich möchte gerne …, **aber es klappt ja doch nicht.**»

Die motivierende Formulierung muss den definitiven Zustand beschreiben, d.h. Sie unterstellen, dass es so sein wird, wie Sie es sich heute wünschen:

- «Ich **werde** schlank sein.»
- «Ich **werde** mit 90 Jahren noch fit und beweglich sein.»

Nur so nehmen Sie sich selbst in die Pflicht und verankern den *Erfolg* in Ihrem Unterbewusstsein.

Präzision

Die nächste wichtige Komponente Ihres Zieles ist die Präzisierung. Je klarer Sie sich Ihr Ziel und den Endzustand vorstellen können, umso einfacher wird die Umsetzung. Im Umkehrschluss bedeutet dies allerdings auch: Ein vages, unkonkretes und nebulöses Ziel führt meist zu einem vagen, nicht berechenbaren Ergebnis.

Sie müssen Ihr Ziel so präzise wie möglich formulieren – wenn Sie es nicht klipp und klar definieren/aussprechen/aufschreiben können, wie wollen Sie es dann erreichen?

Bleiben wir bei den oben genannten Beispielen:

1. Gruppe (Fitness)

- «Ich werde 95 Jahre alt.»
- «Ich werde mit 70 Jahren rüstig sein und eine Tageswanderung mit meinen Enkelkindern unternehmen können.»

Wenn Sie bei Gesundheit eher langfristig und an das hohe Alter denken, dann ist es für Sie besonders wichtig, ein Sinnbild zu finden, welches Ihr Gesundheitsziel widerspiegelt. Stellen Sie sich bildlich vor, was Sie mit Ihrer Fitness und Rüstigkeit später anfangen werden. Mehr dazu im Abschnitt «Visualisierung».

Eine weitere Möglichkeit für das Ziel ist die Definition und Konkretisierung über den Fitnessgrad. Hierzu können Messwerte des Check-ups wie z.B. der FMF (Fettmobilisationsfaktor) dienen:

- «Ich werde meinen FMF um 0,5 verbessern.»
- «Ich werde mit meinem FM-Puls in 30 Minuten 6 km zurücklegen können.»

2. Gruppe (Figur)

Für die zweite Gruppe ist es am einfachsten, messbare Ziele zu definieren. Der bekannteste und gebräuchlichste Parameter ist das Gewicht. Somit könnte ein Gesundheitsziel lauten:

«Ich werde 78 kg wiegen.»

Personen mit Figurproblemen stellen sich täglich auf die Waage – in der Hoffnung auf ein Wunder. Dabei ist das Gewicht des Körpers nur ein Ausdruck dafür, mit welcher Kraft dieser von der Erdanziehung auf die Erde gedrückt wird. Wenn man weiter bohrt, ist es nicht die eigentliche Zahl auf der Anzeige der Waage, die uns stört, sondern die Ausmasse, die Form, der Umfang unseres Körpers. Bei gleicher Grösse und gleichem Gewicht können Personen recht unterschiedliche Körperformen aufweisen. Dies ist in hohem Masse abhängig vom Körperfettanteil unseres Körpers:

Je mehr Fett sich unter der Haut im Bindegewebe ansammelt, umso mehr wird der Körper weicher, voluminöser und «dicker». So ist es möglich, dass wir über Jahre hinweg unser Gewicht stabil halten, aber dennoch ganz allmählich, fast schleichend, mehrere Zentimeter an den bekannten Problemstellen zulegen. Es geschieht eine interne Umlagerung, die primär durch körperliche Inaktivität und auch durch die Verlangsamung unseres Stoffwechsels im Alter hervorgerufen wird.

> *«Mit zunehmendem Alter verändert sich tatsächlich die Körperzusammensetzung derartig, dass die fettfreie Masse abnimmt, die Fettmasse hingegen zunimmt.*
>
> *Diesem Trend kann durch vermehrte körperliche Aktivität **zusammen** mit einer bedarfsgerechten und fettreduzierten Ernährung entgegengewirkt werden.»*
>
> (Quelle: Fettverteilung in einer schweizerischen Population, AIR94-Studie)

Wir verlieren Muskelmasse, da wir diese weniger brauchen, und legen mehr Fett zu, obwohl unser Gewicht konstant bleibt. Wenn diese Symptome erstmalig von einer Person realisiert werden, ist neben Frust die häufigste Reaktion der Beginn einer Diät. Dass damit leider genau das Gegenteil bewirkt wird, beweisen wir im Kapitel «Säule 2» (Ernährung).

Es leuchtet also ein, dass ein anderer Messparameter für ein Gesundheitsziel der Gruppe 2 gefunden werden muss. Die Lösung ist einfach: Wir messen das, was uns wirklich stört – den Körperumfang!

Zur Zieldefinition und zur eigenen Kontrolle dient die Tabelle «persönliche Figurkontrolle»:

©1999 by PERSONAL check-up

Persönliche Figurkontrolle von:

egger & petersen
PERSONAL
check-up

Figurkontrolle:

Datum:								Zielwerte:
Bizep (entspannt) in cm								
Brustumfang (ausgeatmet)								
Bauch (locker)								
Gesäss (grösster Umfang)								
Oberschenkel (mittig)								
Wade (mittig)								

Fettanteil- und Gewichtskontrolle:

Datum:								Zielwerte:
Fettanteil in %								
Gewicht in kg								
Cholesterin in mmol/L (Norm: 3,5–6,7)								

Leistungsfähigkeit:

Datum:								Zielwerte:
Distanz bei 15 Min. Joggen mit Obergrenze FM-Puls								

Ein sinnvolles Ziel lautet z. B.: «Ich werde einen Bauchumfang von 85 cm haben.»

Entscheidend aus gesundheitlicher Sicht ist der bereits erwähnte Körperfettanteil. Da unser Depotfett **inaktive** Masse darstellt, die permanent mitgeschleppt werden muss, stellt es einen weiteren wertvollen Parameter dar. Daher finden wir die Körperfettmessung in jedem umfassenden Check-up. Ein Gesundheitsziel kann daher wie folgt lauten: «Ich werde einen Körperfettanteil von 15% erreichen.»

3. Gruppe (Ausgleich)

Für diesen Bereich ist die Findung eines überprüfbaren Zieles nicht ganz so einfach gelagert. Als Massstab für unseren Stresszustand benötigen wir fast immer die Reflexion unserer Mitmenschen. Eine periodische Befragung der uns nahe stehenden Personen nach ihrem Eindruck wäre eine Möglichkeit, ist aber eher umständlich und wenig objektiv.

Auch wären periodische Blutmessungen mit den Stresshormonen Testosteron, Cortisol, Adrenalin u. a. möglich; sie sind jedoch zu kostenintensiv und schwer zu standardisieren.

«Mein Ruhepuls wird im Schnitt um drei Schläge pro Minute sinken.»

Mit morgendlicher Messung des Ruhepulses und des Blutdrucks als Eigendiagnose kann dieser Bereich auf ein praktikables und messbares Niveau gebracht werden. Hierfür ist allerdings die *tägliche* Protokollierung der Werte notwendig.

Morgendlicher Ruhepuls

Dieser ist ein Indikator für den Zustand unseres Organismus. Nachdem der Schock vom Klingeln des Weckers verdaut ist, hält man, noch in der Horizontalen, den Gurt des Pulsmessers an die Brust, schaltet die Uhr ein und liest die Herzfrequenz ab. Daher sollte der Aufbewahrungsort für den Pulsmesser der Nachttisch sein. Das Abtasten mit den Fingern an der Halsschlagader ist zu ungenau.

Datum	Tag	Ruhepuls am Morgen	gut	mittel	schlecht	Bemerkungen
24.01.00	Montag	67		x		
25.01.00	Dienstag	70		x		
26.01.00	Mittwoch	68		x		
27.01.00	Donnerstag	67		x		
28.01.00	Freitag	65	x			AM JOB ALLES i.O.
29.01.00	Samstag	63	x			
30.01.00	Sonntag	69		x		
31.01.00	Montag	68		x		SCHLECHT GESCHLAFEN
01.02.00	Dienstag	73		x		LEICHT VERSCHNUPFT
02.02.00	Mittwoch	75			x	LEICHTES FIEBER
03.02.00	Donnerstag	75			x	BIS ~10°° GESCHLAFEN
04.02.00	Freitag	68		x		ES GEHT BESSER
05.02.00	Samstag	66		x		
06.02.00	Sonntag	64	x			SEHR AUSGERUHT ERWACHT
07.02.00	Montag	62	x			GUTES VKL-MEETING
08.02.00	Dienstag	64		x		

Der gemessene Wert wird in Ihrem persönlichen «Wohlfühlprotokoll» (siehe Beispiel) notiert. Nach einigen Wochen kennen Sie Ihren durchschnittlichen Ruhepuls. Abweichungen von drei bis vier Schlägen vom durchschnittlichen Ruhepuls sind als normal zu bezeichnen. Weicht der Ruhepuls jedoch um acht und mehr Schläge ab, kann dies folgende Gründe haben:

▶ Zu wenig Schlaf
▶ Alkoholgenuss am Vorabend
▶ Nicht verarbeitete körperliche Anstrengung
▶ Der Körper arbeitet an einem Infekt (z.B. Grippe)
▶ Stresssymptome machen sich bemerkbar

Zur direkten Umsetzung dient Ihnen das leere Wohlfühlprotokoll (letzte Seite des Buches), das Sie für Ihre eigenen Zwecke nach Belieben kopieren.

Massgebend beim Thema Stress wird also immer das eigene Empfinden sein. Als Hilfsanker bei der Zielsetzung können auch die Massnahmen selber dienen:

«Ich werde ausgeglichener und stressfrei. Zu diesem Zwecke meditiere ich pro Woche zweimal und gehe einmal in die Sauna.»

4. Gruppe (Ehrgeiz)

Auch für diese Gruppe kann ein konkretes Ziel ohne grosse Mühe definiert werden. Im sportlichen wie auch im Adventure- und Outdoor-Bereich gibt es eine Fülle an Herausforderungen, die keinen Wunsch offen lassen. Wenn Sie

Ihre Motivation für ein Gesundheitstraining aus Ihrem Ehrgeiz schöpfen, dann empfehle ich Ihnen auch meine Bücher aus dem Sportbereich «Ironman» und «Marathon», die sich ebenfalls mit *gesunden* Trainingsformen beschäftigen.

▶ «Ich werde den New-York-Marathon erfolgreich beenden.»
▶ «Ich werde einen Ironman finishen.»
▶ «Ich werde das Matterhorn besteigen.»

Zeitkomponente
Das dritte Element in Ihrer Zielsetzung ist die Zeit, das Datum, an dem Sie Ihr Ziel erreichen. Wie heisst es so treffend:

«Ein Ziel ist ein Traum mit Deadline.»

Daher gehört der Zeitpunkt auch mit zu Ihrem Gesundheitsziel, z. B.:

▶ «Ich werde im August 2001 einen Körperfettanteil von 15% haben.»
▶ «Ich werde im März 2002 mit meinem FM-Puls in 30 Minuten 6 km zurücklegen können.»
▶ «Ich werde 2001 beim New-York-Marathon die Ziellinie überqueren.»

Über eine realistische Zeitspanne, die nötig ist, um Ihr Ziel zu erreichen, berät Sie auch der Arzt, der den Check-up mit Ihnen durchführt.

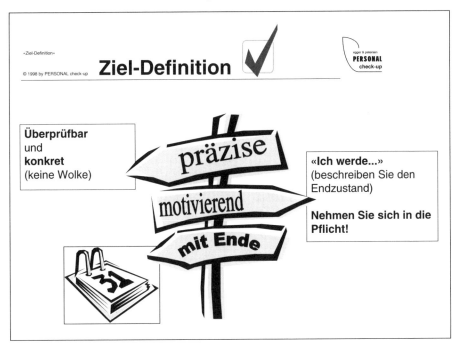

Ihr Ziel

Ich bitte Sie nun, Ihr Gesundheitsziel schriftlich zu formulieren. Die Zielformulierung ist mit der wichtigste Schritt, den Sie machen. Nehmen Sie sich daher genügend Zeit und machen Sie dies in entspannter und angenehmer Atmosphäre. Gehen Sie in sich, das Ziel sollte wirklich von Herzen kommen und nicht nur eine fiktive Idee sein. Ihr Ziel wird Ihnen auch helfen, sich auf das Wesentliche zu konzentrieren und Wichtiges von Unwichtigem zu unterscheiden.

Beachten Sie dabei die drei Elemente zur Konkretisierung:

- Motivation
- Präzision
- Zeit

«Mein Ziel»
© 1998 by PERSONAL check-up

Mein Gesundheitsziel

egger & petersen
PERSONAL check-up

Ich werde..... _____

_____

_____

Kernaussagen zur Zielsetzung

- Die Hauptmotivation für ein Gesundheitstraining finden Sie in Ihrem «Inneren».
- Ohne ein konkretes Gesundheitsziel kann kein effektiver Trainingsplan erstellt werden.
- Ihr Gesundheitsziel wird durch drei Elemente konkretisiert: Motivation, Präzision und Zeit.

Visualisierung

Jetzt steht Ihr Ziel und Sie können anfangen damit zu arbeiten. Bevor Sie jedoch Ihren Massnahmenplan aufstellen, sollten Sie Ihr Gesundheitsziel in Ihrem **Unterbewusstsein** verankern. Wir haben bereits die «klare Zielvorstellung» erörtert und wie wichtig dabei Ihre bildliche Vorstellungskraft ist.

Sie haben «Ihr» Bild von dem Zustand, den Sie erreichen wollen – pardon – **werden**. Zum Beispiel ein Bild,

- wie Sie im Alter noch voller Vitalität und Tatkraft sind,
- wie Sie eine schlanke Taille haben,
- wie Sie bei Ihrem ersten Marathon durch das Ziel laufen.

Als Beispiele einige «Sinnbilder» zu Gesundheitszielen:

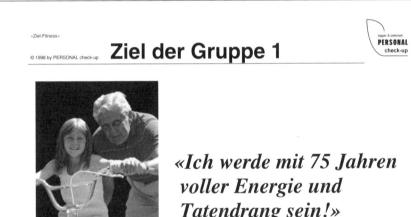

«Ziel-Figur»

© 1998 by PERSONAL check-up

Ziel der Gruppe 2

«Ich werde am 20. 8. 2001 einen Fettanteil von 15% haben!»

«Ziel-Ausgleich»

© 1998 by PERSONAL check-up

Ziel der Gruppe 3

«Ich werde in 18 Monaten meinen Ruhepuls senken und frei von Erschöpfungssymptomen sein»

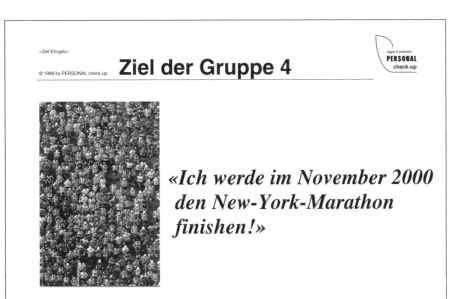

Durchführung der Visualisierung

Nutzen Sie Ihre Fähigkeiten zum «Tagträumen» systematisch zur Mobilisierung Ihres Unterbewusstseins und erschliessen Sie sich so einen weiteren Grossteil Ihrer Energie.

Sie benötigen:

- 20 Minuten Zeit
- Die beiliegende Audio-CD
- Einen bequemen Sessel/eine Couch
- Einen ruhigen, störungsfreien, eventuell abgedunkelten Raum

Vorgehen

Setzen Sie sich bequem in den Sessel. Lesen Sie zuerst Ihr Gesundheitsziel zweimal laut und deutlich, um Ihre «Programmierung» aufzufrischen. Starten Sie nun die **Übung 2** der Audio-CD. Zuerst erfolgen einige entspannende Atem- und Muskelübungen. Die Sprecherin wird Sie weiter durch die Übung führen. Dabei spielt *das Bild* Ihres Gesundheitsziels eine zentrale Rolle. Es muss kein reales Bild sein, auch ein Phantasiebild ist gut. Wichtig ist, das dieses Bild für Sie den Begriff Gesundheit symbolisiert.

- Beobachten Sie sich, wie Sie voller Energie durch das Leben gehen.
- Beobachten Sie sich, wie Ihre (neue) Figur aussieht.
- Spüren Sie, wie sich Ihre Gesundheit anfühlt.

- Spüren Sie, wie Sie sich in Ihrem Körper wohl fühlen.
- Geniessen Sie den Zustand. Spüren Sie die innere Zufriedenheit, die sich einstellt.

An Ende der Übung wird die Sprecherin Sie auffordern, die Augen zu öffnen. Strecken und recken Sie Ihren nunmehr entspannten Körper.

Was bringt die Technik der Visualisierung?
Uns sind Aussagen bekannt wie:

- «Im Kopf muss es stimmen.»
- «Wenn der Wille da ist, geht alles.»
- «Der ist mental gut drauf.»

Der Umgang mit mentaler und emotionaler Energie beschäftigt seit längerer Zeit auch das Management. Man erhofft sich einen weiteren Erfolgs- und Motivationsschub in den teilweise recht festgefahrenen Gleisen der rationalen Managementtechniken. Leider wird dieses komplexe Themengebiet entweder sehr einseitig oder so kompliziert behandelt, dass es für die Mitarbeiter eines Unternehmens, die sich schliesslich täglich mit sehr rationalen Problemen beschäftigen, nicht «greifbar» ist.

Die Gesamtenergie, die uns zur Verfügung steht, teilt sich auf in **bewusste** bzw. rationale und **unbewusste,** auch emotionale Kapazität. Früher stützte sich die gängige Lehre der Psychologie auf die Annahme, dass sich das gesamte Potenzial etwa gleich, d.h. zu 50 : 50 % aufteilt.

Heute geht man aufgrund der Ergebnisse in der Hirnforschung davon aus, dass sich unsere gesamte Energie wie folgt aufteilt:

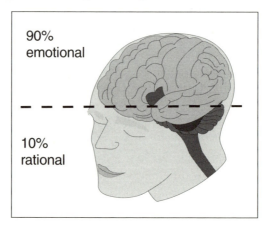

Den Unterschied bewusst/unbewusst möchte ich Ihnen an einem einfachen Beispiel verdeutlichen:

Erinnern Sie sich kurz zurück, als Sie Autofahren lernten. In Ihrer ersten Fahrstunde sind Sie sehr bewusst Auto gefahren, Sie haben sehr genau überlegt, welchen Gang Sie einlegen mussten, wann Sie welches Pedal treten mussten, um den Wagen in Bewegung zu setzen. All dies haben Sie *bewusst* gedacht, Sie haben sozusagen mit Ihrem Arbeitsspeicher gearbeitet.

Heute – nach einigen Jahren Fahrpraxis – denken Sie nicht mehr bewusst über die einzelnen Vorgänge nach, es fährt Ihr Unterbewusstsein. Sie können es auch als Festplatte Ihres Biocomputers bezeichnen. Alle Vorgänge laufen automatisch und unbewusst ab. Sie denken nicht mehr darüber nach, sondern «es» fährt einfach. Sie haben ein Programm auf Ihrer Festplatte abgespeichert und es kann ohne Ihr Zutun im Hintergrund ablaufen.

Bewusstsein und Unterbewusstsein sind natürlich eng miteinander verknüpft. So wird z.B. beim Autofahren das Bewusstsein wieder aktiviert, wenn eine «nicht standardisierte» Situation (Hindernis, Gefahr usw.) auftritt.

Da unser Unterbewusstsein nur bedingt zwischen Realität und Phantasie unterscheiden kann, haben wir die Möglichkeit, mit der Visualisierungsübung (gedankliche Verbildlichung) unser Unterbewusstsein zu programmieren. Sie erreichen somit, dass ein Grossteil Ihrer Energie an der erfolgreichen Verwirklichung Ihres Zieles mitarbeitet.

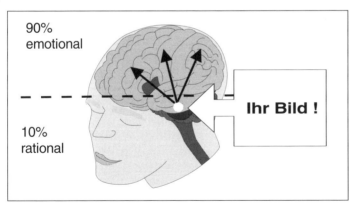

Im Sport werden ähnliche Übungen unter dem Begriff «Mentaltraining» eingesetzt, um z.B. schnelle Bewegungsabläufe einzuprägen und zu verbessern. Typische Beispiele sind das Einstudieren von Abfahrtspisten im alpinen Skisport, Bewegungsabläufe im Eistanz sowie Abstoss- und Abwurfbewegungen von Speerwurf, Kugelstossen, Hoch- und Weitsprung. Alle diese Bewegungen sind im Moment der Durchführung wegen ihrer hohen Geschwindigkeit nicht mehr *bewusst* zu beeinflussen.

Gerade weil wir in Alltag und Berufsleben (zumindest) versuchen, alles Handeln und Tun, alle unsere Massnahmen und Projekte ausschliesslich auf der **bewussten/rationalen** Ebene zu halten, sind wir es nicht gewohnt, mit unserer **unbewussten** Energie umzugehen. Doch es ist primär **der** Teil unserer Energie, der über Erfolg und Misserfolg entscheidet. In vielen Führungskursen wird dieser Umstand mit dem «Eisbergmodell» beschrieben:

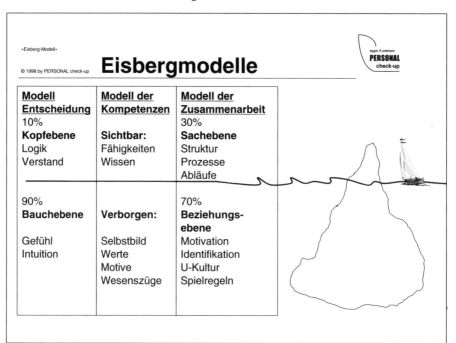

Häufigkeit

Wir empfehlen Ihnen, diese Übung alle 14 Tage durchzuführen. Wenn Sie bisher noch nie ein Training dieser Art durchgeführt haben, wird es anfangs noch etwas ungewohnt sein. Diese Methode ist ein einfach gehaltenes Mentaltraining, die jedoch bei regelmässiger Durchführung sehr effektiv ist. Denken Sie daran: Steter Tropfen höhlt den Stein!

Übrigens können Sie sich mit dem gleichen Vorgehen auch für wichtige Geschäftsereignisse mental vorbereiten. Oder auch einfach nur entspannen; zu diesem Zweck stellen Sie sich Bilder Ihres Lieblingsortes vor. Weitere Angaben hierzu finden Sie im Kapitel «Mentales Entspannungstraining» in Verbindung mit der Übung 1 der CD.

Das Motivationsloch

Sollte Ihnen trotz Ihrer Zielsetzung und der Visualisierung im Alltag einmal die Motivation fehlen, finden Sie einen Motivationsleitsatz, mit dem Sie sich identifizieren können.

Einige Beispiele:

- Du kannst es nicht wissen, wenn Du es nicht versuchst!
- You **do** or you **don't**!
- Erfolg ist einmal mehr Aufstehen als Umfallen!
- Just do it!
- Es gibt kein Müssen, nur ein Wollen!

Kernaussagen zur Visualisierung
- Kreieren Sie ein Bild zu Ihrem Gesundheitsziel.
- Durch Visualisierung wird auch Ihr Unterbewusstsein aktiviert.

Zielsetzung des Unternehmens

Ein Gesundheitsförderungsprogramm sollte ebenfalls mit einer entsprechenden Zielsetzung durchgeführt werden. Mögliche Zielbereiche, die mit dem Thema Gesundheitsförderung in Verbindung stehen, sind:

- Senkung der Fehltage und Krankheitskosten
- Senkung der Risikofaktoren
- Steigerung der Leistungsfähigkeit der Mitarbeiter
- Steigerung der allgemeinen Motivation
- Stärkung des Wir-Gefühls
- Steigerung der Identifikation mit dem Unternehmen
- Prägung von «Corporate Culture»

Ähnlich wie die **Energiekette**, die die Wirkungszusammenhänge von körperlicher Arbeit und Stoffwechselgeschehen beschreibt, kann die **Wirkungskette** eines Gesundheitsförderungsprogramms im Unternehmen dargestellt werden:

Natürlich spielen auch wirtschaftliche Aspekte bei der Zielsetzung eine Rolle. Schätzungen beziffern den durch Stressbelastung am Arbeitsplatz entstandenen Schaden in der amerikanischen Wirtschaft auf jährlich 300 Milliarden Dollar. Hochgerechnet wurden reduzierte Produktivität, erhöhte Fehlzeiten, Krankenversicherungen und Entschädigungen. Die europäischen Werte dürften im Verhältnis dazu ähnlich sein. Ein US-Gesundheitsziel für das Jahr 2000 lautet daher: Mindestens 40% der Unternehmen mit mehr als 50 Mitarbeitern bieten Stressbewältigungstrainings an. (Quelle: Prof. Dr. med. Paul J. Rosch, American Institute of Stress, New York)

Laut SUVA (Schweizerische Unfall- und Versicherungsanstalt) entstehen der Schweizer Wirtschaft durch Unfälle und Betriebskrankheiten jährlich mehr als 12 Milliarden Franken an Kosten. (Quelle: Tages-Anzeiger vom 29. Juli 1999 mit dem Titel «**Gute Firmen haben gesunde Leute**»)

Ist-Analyse und davon abgeleitete Zielsetzung

Die Basis für die Unternehmenszielsetzung im Bereich Gesundheit bildet ebenfalls eine Bestandesaufnahme. Sie dient dazu, Gesundheitszustand und Stressbelastung der Mitarbeiter zu quantifizieren und darauf aufbauend ein messbares Ziel zu definieren.

Nehmen wir als Beispiel aus obiger Liste den Bereich «**Fehltage und Krankheitskosten**», so sind in der Ist-Analyse z. B. zu erheben:

- Unternehmensdaten über Absentismus und Arbeitsunfähigkeit
- Routinedaten der Krankenversicherung über Arbeitsunfähigkeiten und Krankheitsarten
- Vergleichsdaten branchenähnlicher Betriebe

Solche Erhebungen sind eher für grössere Unternehmen geeignet, da hierzu entsprechende Personaladministrationen mit ausreichend Kapazitäten vorhanden sein müssen.

Eine aus den Ergebnissen abgeleitete Zielsetzung könnte lauten:

«Wir werden die Arbeitsunfähigkeitsquote innerhalb von fünf Jahren von 12,5 % auf 9 % senken.»

Dieses Ergebnis wurde erzielt von der Pinneberger Verkehrsgesellschaft mbH.

Daten für den Zielbereich «**Risikofaktoren**» werden idealerweise über eine Screening-Aktion ermittelt. Erhoben werden geeignete Risikofaktoren wie Blutdruck, Lungenfunktion, Blutwerte (z.B. Cholesterin, Stresshormone usw.). Die Daten werden in der Regel gruppenweise und anonym ausgewertet. Bei grösseren Betrieben erlaubt eine Kombination mit einer Befragung zu Alter, Geschlecht, Tätigkeit und Gesundheitsverhalten Rückschlüsse auf eventuelle statistische Auffälligkeiten. Screening-Aktionen sind eine gute Gelegenheit, im gleichen Atemzug die Mitarbeiter und Mitarbeiterinnen über die zukünftigen Gesundheitsmassnahmen des Unternehmens zu informieren.

Eine aus den Ergebnissen abgeleitete Zielsetzung könnte lauten:

«Durch unser Gesundheitsförderungsprogramm werden in zwei Jahren weniger als 20 % unserer Mitarbeiter und Mitarbeiterinnen einen Bluthochdruck aufweisen.»

Dieses Ergebnis wurde erzielt von der BKK Betriebskrankenkasse Carlswerk mit den angeschlossenen Betrieben Felten & Guilleaume AG, Philips Kommunikations AG und Trefil-ARBED GmbH am Standort Köln. Im Erst-Screening wurde bei fast 30 % der Mitarbeiter Bluthochdruck festgestellt.

Durch entsprechende Re-Screenings kann eine effektive Erfolgskontrolle für den einzelnen Mitarbeiter wie auch für das gesamte Unternehmen erreicht werden. Screening-Aktionen sind gerade für kleinere und mittlere Betriebe ein guter und motivierender Einstieg in das Thema, da der Aufwand überschaubar ist und alle Mitarbeiter aktiv angesprochen werden. Es wird nicht nur Statistik betrieben, sondern über die persönlichen Ergebnisse das Interesse jedes Einzelnen geweckt.

Daten für die Zielbereiche «**Leistungsfähigkeit der Mitarbeiter**» und «**Identifikation mit dem Unternehmen**» werden über Befragungen evaluiert. Erhoben werden z. B.

- Erlebte Belastungen und Stresssymptome
- Gesundheitliches Befinden
- Arbeitsbedingte Gesundheitsrisiken
- Verbesserungsvorschläge
- Wünsche nach Angeboten zur Gesundheitsförderung

Befragungen sind das beste Instrument, um die Betroffenen selbst zu Wort kommen zu lassen. Entscheidend für die Aussagekraft sind die Formulierungen der Fragen und der Antwortmöglichkeiten sowie der Beteiligungsgrad an der Befragung. Hier bedienen Sie sich am besten erprobter Fragebögen (Bezugsquellen sowie Adressen von Fachleuten für Durchführung und Auswertung finden Sie im Serviceteil). Im Besonderen, wenn es um die Themenbereiche Identifikation, Zusammenarbeit und Arbeitszufriedenheit geht, sind Anonymität und Datenschutz strikt zu beachten. Die Befragungsergebnisse müssen *zeitnah* allen Mitarbeiterinnen und Mitarbeitern, am besten zusammen mit ersten Schritten des geplanten Gesundheitsförderungsprogramms, kommuniziert werden, um die Akzeptanz zu fördern und um zu signalisieren, dass das Unternehmen Mitarbeiter und deren Gesundheit schätzt und fördert. Beispiele von Zielen aus diesem Bereich:

«Der Anteil der Mitarbeiter, die sich ständig belastet und gestresst fühlen, wird innerhalb von zwei Jahren von 42 % auf unter 30 % sinken.»

«Mehr als 80 % der Belegschaft kennt die relevanten Faktoren einer gesunden Lebensweise und achtet vermehrt auf die Elemente Bewegung und Ernährung.»

Eine weitere Befragung am Ende der jeweiligen Projekte gibt Aufschluss, ob die gewünschten Effekte erreicht worden sind.

Einzelaktionen

Neben solchen Zielsetzungen, die das gesamte Unternehmen betreffen, gibt es immer wieder Projekte, die sich nur an einzelnen Gruppen und deren Bedürfnissen orientieren. Häufige Zielgruppen sind Verkaufsmannschaften und Kadermitglieder. In einem solchen Fall wird sehr punktuell und kurzfristig agiert. Hier geht es dann meist um ein «Soforthilfeprogramm», da die betreffenden Mitarbeiter oder Teammitglieder sprichwörtlich «am Anschlag laufen» oder ein Motivationsschub jenseits der klassischen Verkaufs- und Managementtechniken nötig ist. Dazu zwei Beispiele aus unserer Seminartätigkeit:

Bereich Verkauf
Ein achtköpfiges Team von nationalen Key-Account-Managern (Nahrungsmittelbranche) beklagte sich bei der Geschäftsleitung über vermehrt auftretende Stresssymptome. Insbesondere die Gegebenheiten durch die Reisetätigkeit (Gebiet: ganze Bundesrepublik Deutschland) wie unregelmässige Mahlzeiten, lange Wegstrecken sowie «Mammut-Meetings» mit den Kunden (Ausdruck eines der Teilnehmer) wurden als besonders belastend angegeben.

Mit dem Team wurde ein zweitägiges Seminar mit dem Titel «Key-Fitness für Key-Account-Manager» durchgeführt. Durch die Module erarbeitete das Team einen sinnvollen Massnahmenplan, der sich auch wirklich in den Arbeitsalltag integrieren liess. Neben einfachen Ernährungspraktiken und einem gezielten Bewegungstraining wurde ein Dehnungs- und Gymnastikprogramm erlernt, das auf den Touren praktiziert wird.

Bereich Projektmanagement
Ein Ingenieurunternehmen der Baubranche hat in den jeweiligen Projektphasen bei den verantwortlichen Ingenieuren einige hundert Überstunden zu verzeichnen. Durch personelle Verstärkung versucht man mittelfristig das Problem zu lösen, ist aber durch die Einarbeitung der neuen Mitarbeiter noch zusätzlich belastet. Die Projektleiter sind motiviert, beklagen aber den fehlenden Ausgleich.

Als Ist-Analyse wurden über ein Blutscreening die Stresshormone und die Risikofaktoren erhoben. Danach erlernten die Projektleiter in zwei halbtägigen Seminarblöcken eine einfache Entspannungstechnik, die sie später selbstständig ohne weitere Schulungen mit einer CD im Arbeitsalltag ausüben konnten.

Um es nochmals zu betonen: Bei den zwei authentischen Beispielen handelte es sich um Sofortmassnahmen, die nicht den Anspruch erheben, ein firmenumfassendes Gesundheitsförderungsprogramm darzustellen. Die Zielsetzung solcher Einzelaktionen ist einfach und klar: «Es muss Hilfe zur Selbsthilfe her – und zwar sofort.»

Aber nicht selten sind sie der Einstieg in ein längerfristig angelegtes Projekt, das dann alle Mitarbeiter mit einbezieht.

Zielgruppe «Inaktive» und Abbau der Vorbehalte
Die lohnendste Gruppe für ein Gesundheitsförderungsprogramm sind die inaktiven und unsportlichen Mitarbeiter eines Unternehmens. Hier gilt es, Vorbehalte abzubauen, denn nicht sofort werden Begeisterungsstürme ausbrechen, viel eher werden eine gesunde Skepsis und Vorbehalte präsent sein.

Will man trotzdem echte **Verhaltensänderungen** bewirken, dann muss man sich zunächst mit den Gründen der bisherigen Inaktivität beschäftigen, bevor man Zielsetzung und Massnahmen angeht. Inaktivität wird häufig wie folgt begründet:

«Ich habe keine Zeit für Bewegung oder Sport.» – Die Mitarbeiter sind meist dem Irrtum erlegen, dass sie viele Stunden investieren müssen, um ein Gesundheitstraining erfolgreich durchzuführen. Hier gilt es, Aufklärung zu betreiben und klar zu machen, dass mit der richtigen Methode viele Stunden gespart werden können. Durch diejenigen, die Sport intensiv treiben, sind natürlich die Inaktiven abgeschreckt. Lassen Sie sich nicht irreführen, zwei Stunden pro Woche sind für die meisten Gesundheitsziele ausreichend.

«Ich habe noch gar nie Sport betrieben.» – Kein Problem, denn Sie finden im Kapitel «Herzkreislauftraining» ein effektives Programm für Nichtsportler, das mit Schwitzen nicht viel zu tun hat.

«Ich habe es schon mal mit Joggen versucht, aber nach wenigen hundert Metern war ich fix & foxi.» – Das ist völlig normal, denn niemand ist mit einer Kondition und Ausdauer auf die Welt gekommen, jeder muss sich diese antrainieren und das können Sie auch. Extrem wichtig ist gerade am Anfang die Steuerung der Intensität, wie im Kapitel «Check-up» beschrieben. Sie werden sich wundern, wie *wenig* anstrengend ein gutes und wirkungsvolles Gesundheitstraining in Wirklichkeit ist.

«Ich bin viel zu dick und habe schon alles ausprobiert.» – Über die Hälfte aller Gesundheitssportler fangen gerade deshalb mit einem Bewegungstraining an, da es unumstritten ist, dass eine langfristig stabile und gesunde Gewichtsreduktion nur mit mässigem Ausdauertraining zu erreichen ist. Das Kapitel «Ernährung» wird Ihnen wertvolle Hinweise geben, wie Essen und Bewegung zu kombinieren sind, damit Ihr Fett wirklich «verbrennt».

«Ich bin bereits zu alt.» – «Menschen werden nicht alt, weil sie eine Anzahl Jahre leben, sondern weil sie ihre Ideale aufgeben» – soweit die neuzeitliche Philosophie zu dem Thema. Rein medizinisch gesehen gibt es keinen Grund, warum Sie nicht auch im höheren Alter mit einem gesunden Bewegungstraining beginnen sollten. Dass das funktioniert, beweisen Hunderte von Senioren und Seniorinnen. Hierzu ein Beispiel aus dem Volkssport: Der älteste Finisher am Frankfurt-Marathon 1998 hatte das «zarte» Alter von 93 Jahren!

Aber es geht auch ohne Sport – das 3-Säulen-Programm wird Ihnen helfen, zu der Gruppe von Senioren zu gehören, die noch aktiv und bewusst am Leben teilnehmen.

«Ich habe gesundheitliche Probleme, Bewegung ist nichts für mich.» – Vielfach verstecken sich Inaktive hinter Gebrechen wie z.B. Knie-, Hüftgelenk- oder Atemproblemen, die tatsächlich vorhanden sind, aber gerade durch ein gezieltes und moderates Herzkreislauftraining erfolgreich therapiert werden könnten. Tipps und Massnahmen bei Gelenkproblemen erhält man von Ärzten und Orthopäden, die selber Bewegungstraining betreiben.

«Mein Gesundheitsziel ist ja ganz schön und gut, aber das schaffe ich nie.» – Sie können es ja gar nicht wissen, bevor Sie es nicht probiert haben! Die Grenzen setzen wir uns im Kopf und meist sind viel grössere Veränderungen möglich, als wir in den Gesundheitszielen definieren.

Es wird noch Hunderte an Einwänden und Bedenken geben, um persönlich dem vom Unternehmen geplanten Gesundheitsförderungsprogramm mit Skepsis entgegenzutreten.

Wir nennen es das «**Killer-Modul**» in unserem Hirn. Es wird immer dann aktiv, wenn wir eine gute Idee haben oder uns einen Traum erfüllen wollen, der tief in unserer innersten Gefühlswelt verborgen ist. Sicher ist es Ihnen auch schon einmal passiert, dass Sie einen Geistesblitz hatten, für Millisekunden stellte sich ein tolles Gefühl ein, das kurz darauf wieder verschwindet, weil sich alle möglichen «Wenn und Aber» in ihrem Gehirn breit machen.

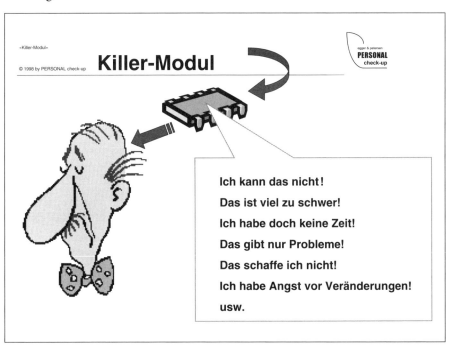

Das Killer-Modul ist sehr kreativ und hat nur eine Aufgabe:

Sie davon abzuhalten, etwas zu tun.

Es beschäftigt Sie so lange mit den Risiken, mit den Pros und Kontras und mit den Problemen, die auf Sie zukommen könnten, wenn Sie eine Herausforderung annehmen, bis Sie die Idee in Ihrem Hirn begraben. Da diese Vorgänge sich unbewusst und innert Millisekunden abspielen, haben wir eine geringe Chance, diese zu beeinflussen. Gerade deshalb ist eine verpflichtende Zielsetzung so wichtig, um eine Verhaltensänderung herbeizuführen.

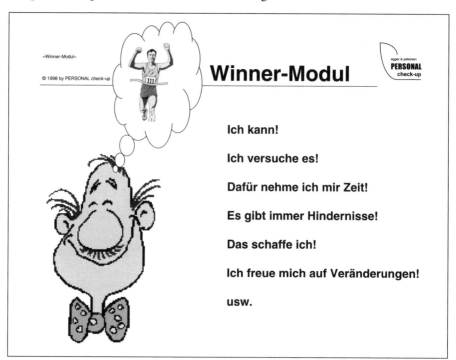

Ein gut vorbereitetes Programm wird die Aufmerksamkeit der Mitarbeiter und Mitarbeiterinnen finden und ein erfahrenes Ausbildungsteam wird die Bedenken und Vorbehalte mit den Teilnehmern zusammen aus dem Weg räumen können.

Kernaussagen zur Zielsetzung des Unternehmens

▶ Die Hauptmotivation zu einem Gesundheitsförderungsprogramm für das Unternehmen ergibt sich aus Steigerung der Leistung und Produktivität, höherer Identifikation der Mitarbeiter mit dem Unternehmen und demzufolge weniger Fluktuation.

- Da letztlich alle Beteiligten (Unternehmen, Mitarbeiter, Inhaber/Aktionäre und Kunden) profitieren, kann von einer echten Win-Win-Situation gesprochen werden.
- Um den Erfolg eines Gesundheitsförderungsprogramms greifbar zu machen, ist es nötig, das Ziel/die Ziele möglichst konkret zu formulieren.
- Neben einem längerfristigen und firmenumfassenden Programm kommen vermehrt auch Einzelaktionen in Betracht.

Säule 1

Säule 1

Herzkreislauftraining

Im Kapitel «Check-up» wurden bereits die positiven Auswirkungen eines Herzkreislauftrainings im «grünen» Pulsbereich beschrieben. Nunmehr wären noch folgende Fragen zu klären:

- Wie häufig, wie lange und wann sollten Sie sich bewegen?
- Wie wird die Intensität gesteuert?
- Welche Bewegungs- bzw. Sportarten eignen sich dafür?
- Wie können die Fortschritte kontrolliert werden?
- Welche Massnahmen kann das Unternehmen unterstützend ergreifen?

Häufigkeit und Dauer

Die nötige Anzahl an Bewegungseinheiten ergibt sich aus dem gewünschten Gesundheitsziel und der individuelle Ausgangslage. Leider werden in Life-Style- und Freizeitmagazinen häufig pauschale Empfehlungen für Bewegungsprogramme abgegeben. Die Empfehlungen sind sehr oft konträr und führen nicht selten zur Verwirrung, da es versäumt wird, eine konkrete Zielsetzung als Ausgangslage zu definieren. Vielmehr gehen die Autoren davon aus, dass es ihren Lesern um eine allgemeine, nicht näher definierte Fitness geht.

Wir beziehen uns mit unseren Angaben auf die recht repräsentativen Beispiele im Kapitel «Zielsetzung» und auf einen Personenkreis, der sich die Zeit für ein Bewegungsprogramm erst mühsam «freischaufeln» muss. Wir reden also zunächst vom absoluten Minimum. Es sei an dieser Stelle vorweggenommen, dass bereits mit zwei Stunden pro Woche im 3-Säulen-Programm viele Gesundheitsziele zu erreichen sind. Dennoch: Ganz ohne Bewegung geht es leider nicht.

Aus der gängigen Trainingslehre ist bekannt, dass die gewünschten Anpassungseffekte nach einigen Tagen ohne die nächste Bewegung wieder abklingen.

Als Minimum für Ziele aus den Gruppen 1 bis 3 sind **zwei Bewegungseinheiten pro Woche** nötig, da bei nur einem Training wöchentlich der zeitliche Abstand zu gross ist. Eine Bewegungseinheit bedeutet **mindestens 40 Minuten** gleichmässige Belastung im grünen Bereich. Bei geringerer Trainingsdauer kommen die gewünschten Anpassungseffekte nur mässig in Gang. Es leuchtet ein, dass unser Körper ähnlich wie ein Motor auch eine gewisse Zeit braucht, um warm zu werden und seine Leistung zu entfalten.

Gruppe 1 (hohes Alter, Prävention Herzkreislaufkrankheiten usw.)

Präventivmediziner raten zu täglichem Bewegungstraining, welches primär über Umstellung der Lebensgewohnheiten (Treppe statt Lift, Auto etwas entfernt parken und laufen, Gartenarbeit usw.) herbeigeführt werden soll.

Nach unseren Erfahrungen sind diese sicher gut gemeinten Ratschläge jedoch wenig geeignet, um eine lang anhaltende Verhaltensänderung herbeizuführen. Für das Bewusstsein einer bisher inaktiven Person ist ein gezieltes Bewegungstraining motivierender. Die Reservation und Durchführung zweier wöchentlicher Bewegungseinheiten bedarf gesamthaft weniger Disziplin, als Tag für Tag nach kleinen Bewegungsmöglichkeiten zu suchen und diese dann auch unter dem gewohnten Termindruck wahrzunehmen. Unter Zeitnot ist ein Zurückfallen in die alten Gewohnheiten (Lift, Parkplatz möglichst nah am Ziel usw.) fast schon vorprogrammiert. Dagegen stellen im Terminkalender fest reservierte Bewegungstrainings eine Verpflichtung dar, die langfristig eher aktiviert werden als die guten Vorsätze, sein jahrelang angeeignetes Verhalten nunmehr zu ändern. Mit diesem Umstand haben auch die meisten nationalen Bewegungskampagnen (wie z.B. Trimming 130, Allez Hop!, Better health is your choice) zu kämpfen.

Für Personen mit einem Gesundheitsziel der Gruppe 1 geht es nicht nur des engen Terminkalenders wegen darum, den zeitlichen Aufwand möglichst niedrig zu halten. Es wird ein langfristiges Ziel verfolgt, Leistung und Sport haben keine Priorität. Schenken wir in diesem Zusammenhang führenden Altersforschern Glauben, dann wird klar, dass der Einsatz an körperlicher Aktivität so gering wie möglich gehalten werden muss, denn:

«Einmal ausgegebene Energie ist für immer weg und kann nicht wiedererlangt werden.» (Hofmann/Prinzinger: Das Geheimnis der Lebensenergie, Campus-Verlag)

Jedoch empfehlen auch die Gerontologen ein regelmässiges und moderates Herzkreislauftraining, um ein möglichst hohes Alter zu erreichen. Wir raten Ihnen zu zwei (gelegentlich auch drei) gezielten Bewegungseinheiten pro Woche mit einer Mindestdauer von 40 Minuten.

Gruppe 2 (Gewichtsreduktion, Fettabbau usw.)

Für Personen, die zunächst Figürliches mit einem Gesundheitstraining verbinden, ist das im Kapitel «Check-up» beschriebene FM-Training das Mass der Dinge. Hier ist ebenfalls ein Minimum an Trainingsdauer von entscheidender Bedeutung. Bisher haben wir nur die Trainingsintensität betrachtet und mit dem Stoffwechselgeschehen und den Pulswerten eine Momentaufnahme gemacht. Jetzt müssen wir noch die zeitliche Betrachtung hinzufügen. Die Energiebereitstellung des Körpers aus den Depotfetten läuft leider nicht von der ersten Minute des Trainings, selbst wenn wir uns sehr diszipliniert im grünen Pulsbereich bewegen. Unser Körper braucht etwa 20 bis 25 Minuten, bis er statt der zuerst benutzten Kohlenhydrate primär auf Fette umsteigt. **Daher muss die Trainingsdauer wenigstens 40 Minuten betragen.**

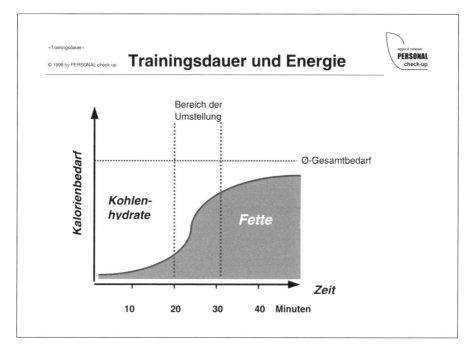

Damit jedoch noch nicht genug: Das Bewegungstraining im «grünen» Pulsbereich muss auch noch gekoppelt werden mit kurzfristigem Nahrungsverzicht und wird so erst zur echten Fettmobilisation.

Das heisst konkret:

Beginnen Sie das Training *nüchtern*, am besten morgens vor dem Frühstück.

Haben Sie vor Ihrem Training Nahrung zu sich genommen, dann wird der Körper immer bestrebt sein, aus dem, was Sie gerade gegessen haben, die kurzkettigen Kohlenhydrate zu resorbieren und diese für die Energiebereitstellung zu nutzen. Den für ihn als Notsystem fungierenden Fettstoffwechsel wird er nur geringfügig brauchen. Also *vor* dem Frühstück den Tag mit einem lockerem FM-Training beginnen. Sie können so die einzige längere Nüchternphase, die wir unserem Körper gönnen, die Nacht, nutzen. Der Körper hat dann eine sehr hohe Bereitschaft, die Enzyme zu bilden, die für die Fettverbrennung nötig sind.

Bei der Vorstellung, morgens früh ohne Nahrung zu «trainieren», wird es vielen Menschen angst und bange. Jedoch wird hier wieder an Leistung und Sport gedacht. Die meisten Personen sind aber, zumindest am Anfang, mit den «grünen» Pulswerten nicht viel schneller als ein Fussgänger. Das «Training» ist nicht belastend und Sie werden auch keinen «Hungerast» erfahren.

Exkurs Hungerast

Einen Hungerast bekommen Sie nur dann, wenn Sie im gelben Trainingsbereich unterwegs sind und somit Ihre Kohlenhydratspeicher entleeren. Während wir über **mehrere Kilos** an Depotfett verfügen, ist die Menge an Kohlenhydraten, die uns zur Verfügung steht, *begrenzt*. Wir haben etwa 300 Gramm Kohlenhydrate in der Muskulatur und nochmals 150 Gramm in der Leber abgespeichert. Diese Menge reicht je nach Trainingszustand für etwa eine bis maximal zwei Stunden und kann während der körperlichen Betätigung nur bedingt nachgefüllt werden. Dies ist auch der Grund, warum z. B. viele Marathonläufer berichten, nach ungefähr 30 bis 35 km förmlich «gegen eine Wand» zu laufen bzw. einen «Einbruch» haben: Die Kohlenhydratspeicher sind erschöpft, der Körper muss auf Fettverbrennung umschalten, der Läufer hat das Gefühl, «nichts geht mehr», da ihm sein mässig entwickelter Fettstoffwechsel nur wenig und langsam Energie liefert. Daher macht das FM-Training auch für einen Marathoni durchaus Sinn.

In unseren Seminaren ist es immer wieder eine schöne Erfahrung, dass die Teilnehmer, denen ein morgendliches Nüchterntraining extreme Vorstellungsschwierigkeiten bereitet, hinterher die grösste Begeisterung dafür zeigen.

Sollten Sie Ihr Training aus zeitlichen Gründen mittags oder abends durchführen müssen, dann können Sie nahezu den gleichen Effekt erreichen, wenn **Sie drei Stunden vor Beginn keine Nahrung mehr zu sich nehmen.**

Nehmen Sie auch *während* des Trainings keine Nahrung und/oder Getränke zu sich, damit die Fettverbrennung optimal weiter läuft. Dies gilt auch für Säfte, Limonaden und Sportlerdrinks. Bei der Aufnahme auch nur weniger Schlucke eines kohlenhydrathaltigen Getränkes oder eines Stückes Frucht wird dem Körper bereits über den Speichel die Nahrungsaufnahme signalisiert. Die Prozesse der Fettverbrennung (Enzymbildung u. a.) werden unterbrochen, da der Körper nunmehr versucht, die Energie aus der zugeführten Nahrung, insbesondere aus kurzkettigen Kohlenhydraten (Einfachzucker), zu gewinnen.

Neutral verhält sich hier nur reines Wasser, welches Sie unbedingt vor, eventuell während und direkt nach Ihrem Bewegungstraining zu sich nehmen sollten.

Nehmen Sie auch die erste Stunde *nach* dem Training keine Nahrung zu sich und beginnen erst dann wieder zu essen. Somit läuft die Energiebereitstellung über die Fette weiter, auch wenn Sie nicht mehr die gleiche Energiemenge benötigen.

In Bezug auf diese wichtigen Details eines Fettmobilisationstrainings werden in der Praxis, primär aus Unkenntnis, viele Fehler gemacht. Das Training wird zu intensiv, mit wechselnden Intensitäten oder zu kurz durchgeführt und/oder es werden vor, während und danach Nahrung/Getränke zugeführt. Es ist so kaum verwunderlich, dass viele Fitnesswillige ihre figürlichen Ziele selten erreichen.

Mit diesen einfachen Massnahmen in Kombination mit Ihrem individuellen Puls für das FM-Training wird es Ihnen möglich, mit wenig Zeit dennoch Körperfett zu verlieren. Wieviel Training es braucht, um z. B. ein Kilo Depotfett abzubauen, hängt auch von der individuellen Fähigkeit ab, Fett zu mobilisieren. Theoretisch lassen sich Rechenbeispiele aufstellen:

Fettverbrennung

Berechnung der Fettmenge bei 1h lockerem Radeln

100 Watt x 3600 sec = 360000 Joule = 360 kJ Arbeit/h

Wirkungsgrad des Körpers ist etwa 25%
(75% ist Wärme, innere Reibung usw.) d.h.
360 kJ extern geleistete Arbeit entsprechen 1440 kJ intern produzierter Arbeit, 1440 kJ ≈ 360 kcal

Die Energie gewinnt der Körper im GA-Bereich (nach ca. 20 Min.) zu
~12% aus Eiweiss = 43 kcal (4,1 kcal = 1g Eiweiss)   ⇒ 10g
~18% aus Kohlenhydraten = 65 kcal (4,1 kcal = 1g KH)   ⇒ 16g
~70% aus Fetten = 252kcal (9,3 kcal = 1g Fett)   ⇒ 27g

Diese Berechnung beruht auf der Annahme, dass die Person mit ihrem «grünen» Puls eine Leistung von 100 Watt auf die Pedale bringt. Bei 200 Watt Leistung wäre die verbrannte Menge Fett ungefähr doppelt so gross. Dass heisst: Bei grösserer Leistungsfähigkeit im Grundlagenbereich kann in gleicher Zeit mehr Fett verbrannt werden. Dies erklärt auch, warum es für untrainierte Personen am Anfang ungleich schwieriger ist, sichtbar Fett loszuwerden.

Nach obigem Rechenbeispiel würde es bei zwei FM-Trainings pro Woche etwa 20 Wochen dauern, um ein Kilo Körperfett abzubauen. Da jedoch unsere Körper unterschiedlich gute bzw. schlechte Fettstoffwechselfähigkeiten besitzen und unterschiedlich schnell auf ein FM-Training reagieren, sind diese Berechnungen ähnlich ungenau wie die Faustformeln für den Puls.

Sicher ist auf jeden Fall, dass die **Regelmässigkeit** zum Erfolg führt. Mit zwei bis drei gezielten FM-Trainings pro Woche stellen sich dauerhafte Erfolge ein.

Fettverbrennen ohne Bewegung?
Der sich allmählich einstellende, aber lang anhaltende Erfolg ist noch einer weiteren Tatsache zuzuschreiben, die wir bisher nicht betrachtet haben: Es

gibt primär zwei Arten von Muskelfasern, die **schnell** kontrahierenden (fast twitch) Fasern für die Schnellkraft und die **langsam** kontrahierenden (slow twitch) Fasern für die Ausdauer. Die Letzteren, werden sie mit dem FM-Training regelmässig angesprochen, haben dreimal mehr Kapillaren als untrainierte und dadurch mehr und grössere Mitochondrien (die eigentlichen Verbrennungskammern der Muskeln). Damit können sie auf Zeit gesehen mehr Fettsäuren umsetzen und dadurch mehr Energie produzieren. Die Menge an Enzymen, die für den Fettstoffwechsel nötig ist, steigt. Dies führt langsam, aber stetig dazu, dass Sie auch Stunden nach dem Training mehr Energie aus den Depotfetten gewinnen als in den Zeiten der körperlichen Inaktivität. Sie verbrennen im Sitzen und Liegen mehr Körperfett als vorher!

Exkurs Evolution
Wieso speichern wir Körperfett und müssen es verbrennen, um es wieder loszuwerden?

Die Evolution hat uns das Depotfett beschert. Unsere Vorfahren lebten in Höhlen, jagten Mammuts und waren einer unregelmässigen Nahrungszufuhr ausgesetzt. War das Mammut erlegt, wurden die Stosszähne zu Werkzeug verarbeitet, die Felle waren gut zur Bekleidung und man hatte kurzzeitig genug (zu viel) zu essen. Das Fleisch wurde gegessen, so lange es geniessbar war. Das Zuviel an Nahrungsaufnahme lernte der Körper in Form von Depotfett abzuspeichern.

In der Zeit, wo kein Mammut zu finden war, wurde das Depotfett als Energiequelle benötigt für die teils tagelange Aktivität «Nahrungssuche», da keine andere Quelle vorhanden war. Unsere Vorfahren «erarbeiteten» uns somit auch die Fettverbrennung. Allerdings müssen wir uns heute für die Nahrungssuche kaum noch bewegen, der Gang zum Kühlschrank bzw. die Fahrt zum Restaurant kann nicht als Bewegung bezeichnet werden. Das Abspeichern des Zuviels als Fett funktioniert bei uns noch bestens. Allerdings benötigen wir das Fettverstoffwechseln heute nicht mehr und beschränken uns auf das Auffüllen und Entleeren unserer Kohlenhydratspeicher. Hungerphasen (Fastenzeiten) sind in unserer Kultur eher die Seltenheit. Wir gehen bei den kleinsten Hungersignalen einfach an die Kühlschrank- bzw. Restauranttüre oder essen gar, weil eine bestimmte Uhrzeit erreicht ist, ungeachtet, ob wir wirklich Hunger haben oder nicht. Durch das FM-Training werden Sie ebenfalls Ihre körpereigenen Signale wie Hunger- und Sättigungsgefühl wieder vermehrt wahrnehmen.

Gruppe 3 (Stressabbau)
Für Ziele aus diesem Bereich ist es nicht unbedingt notwendig, die Bewegung nüchtern durchzuführen, schaden tut es aber auch nicht. Durch das Herzkreislauftraining wird eine erhöhte Stressresistenz erlangt. Die im Körper ablaufenden Reaktionen entstehen nicht mehr im gleichen Ausmass. Die Ausschüttung der Stresshormone ist deutlich geringer. Ausgeglichenheit und Abstand werden erhöht. Dadurch können viele der **chronischen** Stressfolgen vermieden werden. Zwei bis drei Trainingseinheiten pro Woche sind dafür ausreichend.

Die ruhige Bewegung im «grünen» Pulsbereich ist jedoch *kein* effizientes Mittel, um den **akuten** Stress einer Stresssituation zu bewältigen. Hierzu sind besser geeignet:

- Schnelles Rennen im Bereich der anaeroben Schwelle
- Lautes Schreien
- Einschlagen auf einen Gegenstand (z. B. Sandsack, Punching-Ball)
- Aggressives Spielen von Tennis oder Squash
- Holzhacken

Gruppe 4 (Ehrgeiz, Sport, Leistung)
Sportart, Dauer und Häufigkeit des Trainings ergeben sich aus der gewünschten Herausforderung. Mit einer guten Grundlagenausdauer lassen sich nahezu alle sportlichen Freizeitabenteuer bewältigen. Jeder ambitionierte Sportler profitiert von einer guten Kondition, wobei er eine (individuell) hohe Leis-

tung länger aufrecht halten kann. Durch das Training im «grünen» Pulsbereich werden die sportlichen Aktivitäten von Berufstätigen auf eine gesunde Basis gestellt. Die Liste der möglichen Prüfungen ist beliebig lang:

▸ Turniere und Meisterschaften (z. B. Tennis und Fussball)
▸ Berg- und Skitouren
▸ Rad- und MTB-Marathons
▸ Marathon und Triathlon
▸ Trophy- und Raid-Veranstaltungen (z. B. Camel-Trophy, Raid Gauloises)
▸ und vieles mehr

Häufig herrscht die Meinung vor, dass für solche sportlichen Herausforderungen ungleich viel Training nötig sei. Lassen Sie sich nicht täuschen: Jedermann/frau ist in der Lage, mit z. B. vier Stunden Training pro Woche einen Marathon (42,2 km) erfolgreich zu absolvieren. Für einen Triathlon über die Ironman-Distanz (3,8 km Schwimmen, 180 km Radfahren und abschliessend einen Marathon laufen) sind im Schnitt acht Stunden nötig.

Zeitpunkt

Die Tage, an denen Sie Ihr Bewegungstraining durchführen werden, können Sie frei wählen. Zu beachten ist nur, dass Sie die zwei Einheiten nicht an unmittelbar aufeinander folgenden Tagen durchführen. Also: **mindestens ein Tag Pause dazwischen.**

Sollten Sie gar drei Einheiten pro Woche absolvieren können oder wollen, dann ist es wiederum möglich, zwei Trainings hintereinander zu absolvieren:

Montag	
Dienstag	Walking 45 Min.
Mittwoch	
Donnerstag	
Freitag	
Samstag	Walking 40 Min.
Sonntag	Biken 1 Stunde 20 Min.

Die Zeitplanung

Aus eigener Erfahrung weiss ich, dass eine Trainingseinheit, die nicht fest in den Tagesablauf eingeplant ist, das Erste ist, das gestrichen wird. Es hat dann halt doch nicht geklappt. Nun, Sie können es drehen und wenden, wie Sie wollen, aber es führt kein Weg dran vorbei: Die zwei Termine pro Woche müssen Sie sich «freischaufeln».

Geschäftlich führen Sie ja auch eine Zeitplanung durch. Sie haben ein time/system, Psion oder ein Palmtop, in dem alle Ihre Termine eingetragen sind.

Wenn Sie Ihre zwei Trainingseinheiten pro Woche nicht in den gleichen Kalender eintragen, wo Ihre anderen Termine auch stehen, dann werden Sie diese auch nicht oder nur selten durchführen. Reservieren Sie sich also die Trainings – **Sie haben einen Termin mit Ihrer Gesundheit!**

Nachfolgend ein Trainingsplan als Beispiel, der Ihnen helfen soll, Ihren eigenen Plan zu erstellen:

Zur Person und Ausgangslage: ein 42-jähriger Firmeninhaber. Seine letzten sportlichen Aktivitäten liegen über 15 Jahre zurück. Durch den Firmenaufbau hatte bisher die Gesundheit das Nachsehen und er wurde leicht übergewichtig. Nun möchte er seinen Gesundheits- und Fitnesszustand entscheidend verbessern. Wegen der geringen Vorbereitungszeit und der örtlichen Unabhängigkeit für das Training fällt seine Wahl auf das Laufen, welches er zweimal pro Woche durchführen wird. Er hat sich mit seiner Frau und seinem 8-jährigen Sohn darauf geeinigt, alle 14 Tage am Wochenende eine mehrstündige Wanderung zu unternehmen. Sein Ziel: «Ich werde bis Ende August 2000 ein Kilo Körperfett abbauen.»

Als eine Art Unterziel möchte er gezielt auch etwas für die Entspannung in seinen Arbeitsalltag einbauen und wird eine entsprechende Übung zweimal pro Woche durchführen.

TRAININGSPLANUNG ©1998, OLE PETERSEN

Name: Dr. F. Schneider   erstellt am: 16.08.99

Datum	Tag	Puls	Gewicht	Trainings-Plan	Training-Ist	Bemerkungen
8.05.2000	Mo			Entspannungsübung		
9.05.2000	Di			Laufen 0:50		
10.05.2000	Mi					
11.05.2000	Do			Laufen 0:50		
12.05.2000	Fr			Entspannungsübung		
13.05.2000	Sa					
14.05.2000	So					
15.05.2000	Mo			Entspannungsübung		
16.05.2000	Di			Laufen 0:50		
17.05.2000	Mi					
18.05.2000	Do			Laufen 0:50		
19.05.2000	Fr			Entspannungsübung		
20.05.2000	Sa					
21.05.2000	So			**Wanderung 3-4h**		Bachtel
22.05.2000	Mo			Entspannungsübung		
23.05.2000	Di			Laufen 0:50		
24.05.2000	Mi					
25.05.2000	Do			Laufen 0:50		
26.05.2000	Fr			Entspannungsübung		
27.05.2000	Sa					
28.05.2000	So					
29.05.2000	Mo			Entspannungsübung		
30.05.2000	Di			Laufen 0:50		
31.05.2000	Mi					
1.06.2000	Do			Laufen 0:50		
2.06.2000	Fr			Entspannungsübung		
3.06.2000	Sa					
4.06.2000	So			**Wanderung 3-4h**		Hörnli

TRAININGSPLANUNG ©1998, OLE PETERSEN

Name:	Dr. F. Schneider				erstellt am:		16.08.99
Datum	**Tag**	**Puls**	**Gewicht**	**Trainings-Plan**	**Training-Ist**	**Bemerkungen**	
5.06.2000	Mo			Entspannungsübung			
6.06.2000	Di			Laufen 0:50			
7.06.2000	Mi						
8.06.2000	Do			Laufen 0:50			
9.06.2000	Fr			Entspannungsübung			
10.06.2000	Sa						
11.06.2000	So						
12.06.2000	Mo			Entspannungsübung			
13.06.2000	Di			Laufen 0:50			
14.06.2000	Mi						
15.06.2000	Do			Laufen 0:50			
16.06.2000	Fr			Entspannungsübung			
17.06.2000	Sa			**Messebesuch**			
18.06.2000	So			**Messebesuch**		1h über Mittag laufen	
19.06.2000	Mo			**Messebesuch**			
20.06.2000	Di			**Messebesuch**			
21.06.2000	Mi						
22.06.2000	Do			Laufen 0:50			
23.06.2000	Fr			Entspannungsübung			
24.06.2000	Sa						
25.06.2000	So						
26.06.2000	Mo			Entspannungsübung			
27.06.2000	Di			Laufen 0:50			
28.06.2000	Mi						
29.06.2000	Do			Laufen 0:50			
30.06.2000	Fr			Entspannungsübung			
1.07.2000	Sa						
2.07.2000	So			**Wanderung 3-4h**		Sihlsee	

TRAININGSPLANUNG ©1998, OLE PETERSEN

Name:	Dr. F. Schneider			erstellt am:		16.08.99
Datum	**Tag**	**Puls**	**Gewicht**	**Trainings-Plan**	**Training-Ist**	**Bemerkungen**
3.07.2000	Mo			Entspannungsübung		
4.07.2000	Di			Laufen 0:50		
5.07.2000	Mi					
6.07.2000	Do			Laufen 0:50		
7.07.2000	Fr			Entspannungsübung		
8.07.2000	Sa					
9.07.2000	So					
10.07.2000	Mo			Entspannungsübung		
11.07.2000	Di			Laufen 0:50		
12.07.2000	Mi					
13.07.2000	Do			Laufen 0:50		
14.07.2000	Fr			Entspannungsübung		
15.07.2000	Sa					
16.07.2000	So			**Wanderung 3-4h**		
17.07.2000	Mo			Entspannungsübung		
18.07.2000	Di			Laufen 0:50		
19.07.2000	Mi					
20.07.2000	Do			Laufen 0:50		
21.07.2000	Fr			Entspannungsübung		
22.07.2000	Sa					
23.07.2000	So					
24.07.2000	Mo			Entspannungsübung		
25.07.2000	Di			Laufen 0:50		
26.07.2000	Mi					Besprechung neuer Trainingsplan
27.07.2000	Do			Laufen 0:50		
28.07.2000	Fr			Entspannungsübung		
29.07.2000	Sa					
30.07.2000	So			**Wanderung 3-4h**		

Zeitbedarf für ein 3-Säulen-Programm

In diesem Zusammenhang behandeln wir gleich den gesamten Zeitbedarf für Ihr persönliches Gesundheitsförderungsprogramm, das alle drei Säulen (**Bewegung – Ernährung – Entspannung**) beinhaltet. Oben erwähntes Beispiel ist recht typisch und entspricht dem **Minimal-Programm**, das Ihnen einen guten Einstieg und eine Basis für Ihr «health management» bietet.

Ihr *zeitlicher* Aufwand pro Woche stellt sich wie folgt dar:

- Ihr FM-Training schlägt mit 2 × 40–60 Minuten zu Buche = 80–120 Min.
- Ihr Entspannungstraining mit 2 × 20 Minuten = 40 Min.

Ihre Ernährungsmassnahmen kosten *keine* Zeit: Essen müssen Sie sowieso. Bestenfalls sind einmalig rein organisatorische Massnahmen (Beschaffung und Bevorratung von Wasser und Zwischenmahlzeiten im Auto und am Arbeitsplatz) im Bereich von einer Stunde nötig.

Somit liegt Ihr zeitliches Engagement bei 2 bis 2:40 h pro Woche. Wenn Sie mehr machen können/möchten, ist das auch in Ordnung, denn im grünen Pulsbereich werden Sie so schnell keine Überlastungssymptome davontragen.

Die Sport- bzw. Bewegungsarten

Unser Herzkreislaufsystem, auf welches wir es mit dem Bewegungstraining primär abgesehen haben, reagiert auf eine ruhige und lange Ausdauerbelastung mit dem grössten Anpassungseffekt. Es ist dafür notwendig, dass die Belastung konstant innerhalb der individuell ermittelten «grünen» Pulswerte gehalten wird. Somit kommen sämtliche Spielsportarten **nicht** in Betracht, da hier der Rhythmus und die Intensität durch das Spiel quasi von aussen diktiert werden. Für die meisten Gesundheitsziele ebenfalls **ungeeignet** und ineffizient sind die gängigen Angebote der Fitnesswelle wie:

- Klassisches Krafttraining an den Geräten
- Sämtliche Formen des Aerobic, Step-Aerobic, Body-Forming
- Spinning usw.

Ideal sind die klassischen Ausdauersportarten wie:

- Laufen/Joggen/Walking
- Wandern
- Radfahren
- Rollerskating
- Skilanglauf
- (mit Vorbehalten) Schwimmen
- (unter bestimmten Voraussetzungen auch) Golf

Ausser den rein physischen Aspekten kommen natürlich auch andere Faktoren bei der Auswahl einer geeigneten Bewegung in Betracht wie z. B. Vorbereitungszeit, Orts- und Wetterabhängigkeit sowie die Kosten.

Sportarten im Vergleich

«Sportarten 2»
© 1998 by PERSONAL check-up

egger & petersen
PERSONAL check-up

	Surfen	Fussball	Ski alpin	Squash	Rad	Swim	Run
Technikbetonung	3	2	2	2	1	3	1
Wetterabhängig	3	1	3	1	2	1	1
Vorbereitungszeit	3	2	3	2	2	2	1
Ortsgebunden	3	2	3	2	1	2	1
Allg. Zeitbedarf	3	2	3	1	3	1	2
Kosten/Material	3	1	3	2	3	1	2
Verletzungsgefahr	1	3	3	3	2	1	2
Summe	**19**	**13**	**20**	**13**	**15**	**11**	**10**

Legende:
1=gering/niedrig/gut
2=mittel
3=hoch/lang/schlecht

Auch bei dieser einfachen Bewertung schneiden die Ausdauersportarten, allen voran das Laufen, gut bis sehr gut ab.

Die idealen Bewegungsformen im Einzelnen

Laufen – der Favorit

Das Laufen bzw. Jogging besticht durch seine Einfachheit – jeder und jede kann es ohne grosse Schulung mit wenig Aufwand und vor allem überall tun. Nicht nur die Natur bietet Reize, auch das morgendliche Joggen in Grossstädten übt seinen Reiz aus. Während meiner Tätigkeit als Exportleiter lernte ich viele europäische Städte beim «Morgen-Jogg» kennen und hatte ausreichend Gesprächsstoff neben dem reinen Business. Seit dieser Zeit sind Joggingschuhe und Pulsmesser immer im Reisegepäck – viel Platz nehmen die «Laufsachen» nicht in Anspruch.

Gehen, Walking oder Jogging?

Gehen

Walking

Jogging

Grundsätzlich spielt es keine Rolle, wie Sie Ihren «grünen» Pulsbereich im Training erreichen. Für viele Anfänger und Wiedereinsteiger ist ein Joggen zunächst nicht möglich, da der Puls selbst beim leichten «Traben» noch zu hoch ist. Somit ist zunächst zügiges Gehen bzw. Walking das geeignete Mittel.

Auch ist ein Abwechseln zwischen leichtem Joggen und Gehen durchaus möglich. Wechseln Sie zunächst alle zwei Minuten und steigern Sie den Joggingteil bis auf fünf Minuten. Oft kommt es auch vor, dass man eine Zeit lang genau zwischen Walking und leichtem Joggen liegt. Beim Joggen ist der Puls etwas zu hoch und beim Walken etwas zu niedrig. Wählen Sie die Gangart, die Ihnen vom Gefühl her am besten liegt.

Wandern – das Geheimnis des gesunden und langen Lebens

Speziell längere Wanderungen haben extrem positive Auswirkungen auf die Ausdauer und die Gesundheit, selbst wenn die Intensität an der Untergrenze des «grünen» Pulsbereiches liegt. In unserer langjährigen Arbeit sind wir immer wieder auf folgendes Phänomen gestossen: Personen, die im hohen Alter (ab 70 Lebensjahren) noch über eine ausserordentliche Fitness verfügen, gaben an, früher nie oder nur sporadisch Sport betrieben zu haben, aber Sie seien immer regelmässig Wandern gewesen. Da die Personen dies in den meisten Fällen nicht mit einem Pulsmesser getan haben, liegt die Vermutung nahe, dass sie sich unbewusst einen Grossteil der Wanderzeit in dem gesunden und präventiven Pulsbereich bewegt haben.

Das Wandern scheint die ideale Bewegungsform zu sein, um ein präventives Training mit Natur und Partnerschaft zu verbinden.

Radfahren – die gelenkschonende Alternative

Es ist durchaus sinnvoll, FM-Training mit dem Fahrrad zu machen. Gerade dann, wenn Sie ein paar Kilos zu viel haben. Rad fahren schont die Gelenke; bereits am Anfang ist es möglich, längere Einheiten zu absolvieren. Bei einer bis zwei Stunden auf dem Rad im flachen Gelände tut einem bestenfalls der Hintern etwas weh. Aber untrainiert eine bis zwei Stunden joggen kommt nicht gut. Auch Kombinationen, Laufen/Rad oder Rad/Laufen, bieten sich an. Es muss absolut kein Rennrad sein. Welches «Stahlross» Sie benutzen, spielt überhaupt keine Rolle. Ein City-Bike, ein Mountain-Bike, ein Hollandrad, ob rostig oder neu – gefragt sind zwei Räder und zwei Pedale zum Treten. Ihr Herzkreislaufsystem sieht nicht, womit Sie durch die Landschaft radeln, **aber bitte fahren Sie mit Helm.**

Rollerskating – die moderne Alternative

Das Skaten stellt eine gute Ganzkörperübung dar, auch hier gilt: mindestens 40 Minuten, nüchtern und mit dem richtigen Puls.

Skilanglauf – für die Winterzeit

Abseits der überfüllten Skilifte offenbart sich in vielen Wintersportgebieten eine Märchenlandschaft und lädt ein zum gesunden Training.

Schwimmen – nur für geübte Schwimmer

Ein gezieltes, präventives Herzkreislauftraining lässt sich im Wasser nur bei einwandfreier Technik realisieren. Für ehemalige Wettkampfschwimmer kein Problem, aber normale «Landratten» haben bereits mit der Atemtechnik so viel zu tun, dass sich die gewünschten Effekte nicht einstellen. Dennoch ist das Schwimmen eine gute Ganzkörperübung. Bevorzugen sollten Sie die Crawltechnik oder das Rückencrawlen, aber das Brustschwimmen vermeiden, da der Bewegungsablauf für Knie und Rücken orthopädisch eher ungünstig ist.

Golf – ohne Caddy

Beim Golfspielen auf dem Platz kann beim Gehen von Loch zu Loch durchaus ein präventives Training realisiert werden. Für Golfspieler heisst das: Pulsmesser anziehen und Intensität in den «grünen» Bereich steuern.

Ratschläge zum Bewegungstraining

Welche Fortbewegungsart Sie auch wählen – beherzigen Sie folgende Ratschläge:

Machen Sie sich frei von jeglichem Leistungsgedanken, achten Sie nicht auf Ihren Kilometerschnitt beim Laufen oder Radfahren. Ebenfalls unwichtig ist die zurückgelegte Strecke. Es geht darum, dass Sie Ihren «Motor» über eine festgelegte Zeitdauer konstant in einem festen «Drehzahlbereich» auf Touren halten.

Die anzustrebende Geschwindigkeit bezeichne ich als «Oma-Tempo», da ich bei meinem Grundlagentraining so langsam unterwegs bin, dass jedes Familienmitglied mithalten kann. Lassen Sie sich nicht von anderen, schnelleren Läufern dazu verleiten, aus Ihrem Pulsbereich zu gehen.

Wenn Sie alles richtig gemacht haben, sollten Sie nach dem Training das Gefühl haben, es hätte Sie überhaupt nicht belastet und **Sie könnten noch mal die gleiche Distanz absolvieren**. Fühlen Sie sich jedoch müde, schlapp und ausgelaugt, dann war die Intensität zu hoch.

Dass das präventive Bewegungstraining **nur im flachen Gelände** möglich ist, liegt in der Natur der Sache. Suchen Sie sich möglichst «topfebene» Strecken aus, da Ihnen bei den geringsten Steigungen der Puls «davonläuft».

Es ist unter Umständen ziemlich langweilig, «Stein für Stein» auf Ihr Ausdauerfundament zu setzen. Nutzen Sie die Gelegenheit. Geniessen Sie die Natur und lassen Sie Ihren Gedanken freien Lauf. Überlegen Sie sich neue Herausforderungen für Ihre anderen Lebensbereiche.

Versuchen Sie möglichst den **mittleren Bereich** anzustreben (in meinem Beispiel grüner Bereich von 110 bis 130 wäre dies um etwa 120 Pulsschläge pro Minute). Eine Trainingseinheit, bei der permanent an der oberen Grenze (und vielleicht teils auch knapp darüber, hier bei Puls 130) trainiert wird, ist unter Umständen bereits ein «verstecktes» Intensitätstraining. Machen Sie sich bei all den Betrachtungen von Pulsgrenzen, Bereichen und «Schwellen» frei von exakten Werten, wie wir es aus der linearen Algebra gewohnt sind. Unser Körper funktioniert nicht so und die Werte müssen eher als Übergangsbereiche betrachtet werden.

Alleine oder in Gemeinschaft?
Ein Bewegungstraining lässt sich am problemlosesten alleine absolvieren. Sie bestimmen den Zeitpunkt und das Tempo. Eine Trainingspartnerschaft kann sehr motivierend, aber auch hinderlich sein (eine Person fühlt sich unter- oder überfordert) oder als Ausrede dienen (wenn der Partner nicht kann, geht man selbst auch nicht).

Häufig berichten Teilnehmer unserer Seminare, dass sie ein Bewegungstraining am Wochenende zusammen mit ihrer Familie absolvieren, sei es mit Wandern, Radfahren oder Rollerskating.

An einem Seminar nahm ein Ehepaar teil, das seit Jahren dreimal pro Woche joggte. Da der Mann, ein erfolgreicher Manager, als vermeintlich Schnellerer sein Tempo laufen wollte, trennte sich das Paar morgens immer an der Haustüre und joggte getrennt. Nachdem beide einen Leistungstest absolvierten, stellte sich heraus, dass sie ihr Training zusammen durchführen können, wenn er eher an der unteren Grenze und sie an der oberen Grenze ihrer individuellen Pulsbereiche laufen. Beide schöpften aus dem nunmehr gemeinsamen Training neue Motivation.

Haben Sie den Mut, Ihre Familie in das Thema Gesundheit mit einzubeziehen.

Steuerung der Intensität/Geschwindigkeit

Hier gibt es keine Diskussion: **Ohne Pulsmesser gehts nicht!** Ein gezieltes Training, bei dem aus der investierten Zeit ein Optimum an Effektivität herausgeholt werden soll, ist nur mit diesem technischen Hilfsmittel möglich. Lassen Sie sich nicht verwirren von Personen, die auch ohne den Einsatz von Pulsmessern einen hohen Fitnessgrad erreicht haben, denn es geht um die Erreichung *Ihres* Gesundheitszieles mit einem möglichst kleinen Zeitaufwand.

Also: Herzkreislauftraining – immer mit Pulsmesser!

Bezugsadressen finden Sie im Serviceteil.

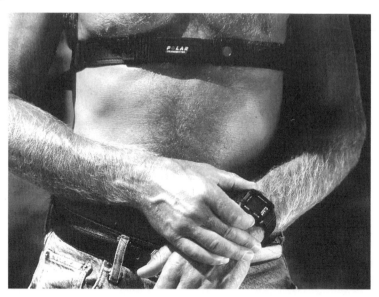

Einige Bemerkungen zu Ihrem ständigen Trainingsbegleiter:

Es gibt auf dem Markt eine Vielzahl von Pulsmessgeräten. Die Funktionsweise ist immer die gleiche – das Gerät besteht aus einem Brustgurt mit integriertem Sender und einer Uhr mit dem dazugehörigen Empfänger. Der Gurt wird um die Brust gelegt (knapp unterhalb derselben). Über zwei Elektroden wird der elektrische Impuls vom Herz erfasst und drahtlos an die Uhr übermittelt. Die jeweils aktuelle Herzfrequenz wird im Display der Uhr angezeigt.

Warnsignal für Ober- und Untergrenze

Damit Sie nicht ständig auf die Uhr schauen müssen, sind die meisten Modelle mit einem akustischen Warnsignal ausgestattet. Sie können die Ober- und Untergrenze Ihres «grünen» Pulsbereiches einstellen und werden durch einen Piepston automatisch gewarnt, wenn Sie den angestrebten Pulsbereich verlassen.

Pulsuhren mit Speicher

Es werden auch Modelle angeboten, bei denen die ermittelten Werte im Verlauf einer Trainingseinheit gespeichert werden. Die Daten können per Interface in einen PC geladen werden und dann als Grafik ausgedruckt bzw. weiter ausgewertet werden.

Es ist sicher interessant, seine Pulskurve anzuschauen, jedoch nicht notwendig, sich eingehend damit zu beschäftigen, um Ihr Gesundheitsziel zu erreichen. Die Zeit am Computer ist im Training besser angelegt.

Tipps zum Gebrauch

Das drahtlose Übertragungsprinzip ist zum Teil störanfällig und führt zu Fehl- oder Falschmeldungen bei

- Hochspannungsleitungen
- Bahnschienen
- In der Gruppe, wenn mehrere Läufer mit Pulsmessern eng zusammen laufen (auch hier ist die Technik weiter fortgeschritten, so ist z.B. das Modell POLAR Smart Edge mit codierten Sendern ausgestattet).

Die Fehl- bzw. Falschmeldungen sind leicht zu erkennen. Es werden dann unsinnige Werte wie 228 oder 00 angezeigt.

Der Brustgurt sollte recht stramm sitzen, so dass er nicht bei jedem Schritt rutscht, aber auch nicht so eng, dass Sie «Beklemmungsgefühle» bekommen. Feuchten Sie die Flächen der beiden geriffelten Elektroden auf der Innenseite des Gurtes mit etwas Wasser oder Speichel an, um gleich zu Beginn des Trainings einen guten Kontakt zu haben.

Die Erfolgskontrolle

Ob das Training zum Erfolg führt, wissen Sie, wenn Sie Ihr Gesundheitsziel erreicht haben. Es ist aber vor allem aus Sicht der Motivation sinnvoll, eine gewisse Erfolgskontrolle während des Trainings durchzuführen. Dazu stehen mehrere Möglichkeiten zur Verfügung.

Ruhepuls (Selbstkontrolle)

Im Kapitel «Effekte» wird als eine der Auswirkungen des Bewegungstrainings die mögliche Senkung der Ruhepulsfrequenz beschrieben. Sollte nach mehreren Monaten regelmässigen Trainings bei Ihnen ein solcher Effekt eintreten, d.h. im Ruhezustand macht Ihr Herz jetzt weniger Schläge pro Minute, dann haben Sie den effektiven Beweis, dass Ihr Training zu einer der gewünschten Veränderungen (hier Ökonomisierung des Herzkreislaufsystems) am Körper geführt hat. Hier gilt allerdings zu beachten: Diese Selbstkontrolle erfordert die *tägliche* Erfassung und Protokollierung des morgendlichen Ruhepulses, denn nur so lässt sich ein langfristiger Trend feststellen.

Man muss etwas Geduld mitbringen, da die Anpassung mehrere Monate dauert. Bei mir senkte sich der Ruhepuls nach 15 (!) Monaten FM-Training von durchschnittlich 68 auf 55 Schläge pro Minute. Dieses Spiel setzt sich allerdings nicht beliebig nach unten fort. Wenn man ein bestimmtes Plateau erreicht hat, wird sich der Ruhepuls dort einpendeln.

Wenn Sie bereits über eine ausgeprägte Grundlagenausdauer verfügen (entweder über Ihre genetische Veranlagung oder weil Sie unbewusst sich diese z.B. durch lange Wanderungen angeeignet haben), dann kann es sein, dass keine bzw. nur eine geringe Veränderung eintritt.

Standard-Lauftest
Eine weitere gute Möglichkeit ist ein standardisierter Lauftest, den Sie in regelmässigen Abständen selber durchführen. (Den Test können Sie unter gleichen Bedingungen auch mit dem Rad machen.) Bei richtig angewandtem Bewegungstraining tritt eine Verbesserung der Leistungsfähigkeit des Herzkreislaufsystems ein. Um diese zu überwachen und den Zeitpunkt für eine neue Leistungsdiagnose zu definieren, wird quartalsweise ein «Selbsttest» durchgeführt.

Die Durchführung ist denkbar einfach: Wählen Sie eine flache Laufstrecke ohne Störeinflüsse von etwa 5 km Länge. Es ist wichtig, dass Sie immer exakt die gleiche Strecke nehmen!

Laufen Sie die gesamte Strecke mit Ihrem mittleren Wert Ihres «grünen» Bereiches mit einer maximalen Abweichung von fünf Schlägen nach unten (in meinem Beispiel Puls 110 bis 130, d.h. Testbereich 115 bis 120).

Notieren Sie hier die benötigte Zeit für Ihre Teststrecke:

Datum				
Zeit				
Bemerkung				

Interpretation
Sie sollten immer **weniger** Zeit brauchen, um die Strecke mit gleicher «Drehzahl» zu bewältigen. Bei einer Veränderung von mehr als ±1:30 Minuten ist eine Neudefinition der Pulswerte durch einen leistungsdiagnostischen Test ratsam.

Laktatstufentest
Auch eine Leistungsdiagnose ist zum Vergleich sinnvoll und aufschlussreich. Wenn alles nach Plan läuft, wird Ihr gesamtes Leistungsvermögen besser. Entscheidend für Ihre Gesundheit ist, welche Leistung Sie in den unteren Drehzahlbereichen Ihres Motors zustande bringen. Diese Leistungsfähigkeit kommt bei der Berechnung Ihres FMFs = Fettmobilisationsfaktors zum Ausdruck. Der Wert sollte von einem zum anderen Test steigen.

Berechnung und Interpretation siehe Kapitel «Check-up».

Wie eine solche Leistungsverbesserung im Testdiagramm aussieht, verdeutlicht folgende Darstellung:

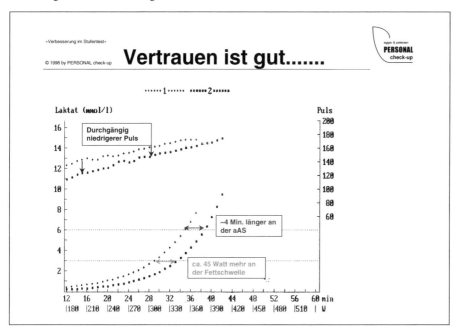

Der Pulsverlauf im zweiten Test ist bei vergleichbarer Leistung durchwegs niedriger, das Laktat steigt erst sehr viel später an. Oberste Priorität sollte immer die aktuelle Ableitung der Herzfrequenzen für die Trainingsgestaltung haben. Eine gute Beratung Ihres Testinstitutes schliesst immer auch eine Interpretation Ihrer Entwicklung mit ein. Profitieren Sie von den Erfahrungen der Fachleute.

Kernaussagen zum präventiven Herzkreislauftraining
- Bewegen Sie sich zweimal pro Woche für mindestens 40 Minuten in Ihrem grünen Pulsbereich.
- Trainieren Sie immer mit Pulsmesser.
- Führen Sie Ihr Training nüchtern durch.
- Üben Sie eine ausdauerorientierte Sportart aus.
- Reservieren Sie Ihre «Gesundheitstermine» in Ihrem gewohnten Zeitplaninstrument.
- Die Regelmässigkeit bringt den Erfolg.

Unterstützende Massnahmen im Unternehmen

Die Einführung eines **Programmes** zur Gesundheitsförderung, das alle drei Säulen behandelt, wird später im Kapitel «Umsetzung in Unternehmen» behandelt. Hier geht es zunächst um **einzelne** Massnahmen, die das Unternehmen ergreifen kann, um die individuellen Bewegungsaktivitäten der Mitarbeiter zu unterstützen. Folgende Möglichkeiten bieten sich an:

Sanitäre Einrichtungen/Arbeitszeitenreglement

Als eine der einfachsten Massnahmen sind die sanitären Einrichtungen im Betrieb so auszulegen, dass die Ausübung eines Bewegungstrainings auch in den Arbeitspausen, z. B. mittags, möglich ist. Hierzu gehören Duschen, Umkleideraum und abschliessbare Kleiderschränke.

Einher geht somit auch die Regelung der Arbeitszeiten. Ein flexibles Gleitzeitreglement ermöglicht längere Mittagspausen und somit auch ein effektives Training.

Anrechnung Arbeitszeit

Zwei von uns betreute Unternehmen vergüten die Trainingszeit in der Mittagspause mit 50% Anrechnung als Arbeitszeit. Über Sinn und Zweckmässigkeit kann man sicher geteilter Meinung sein, jedoch lag es den Unternehmen sehr daran, einen Anreiz für das Bewegungstraining zu schaffen. Bei den erwähnten Unternehmen handelt es sich um Betriebe mit über 200 Mitarbeitern. Es scheint typisch, dass aufgrund der strukturellen Unterschiede eine Freistellung bzw. Vergütung in Arbeitszeit eher bei Grossbetrieben möglich ist, wogegen bei Betriebsgrössen bis 30 Mitarbeiter solche Massnahmen kaum möglich sind.

Arbeitsweg
Einige Unternehmen bieten ihren Mitarbeitern eine finanzielle Vergütung, wenn der Arbeitsweg zu Fuss oder mit dem Rad zurückgelegt wird. Auch hier steht die Motivation im Vordergrund. Bekannt sind solche «Anreiz»-Modelle speziell in Skandinavien.

Aufklärung
Eine weitere Möglichkeit besteht darin, interessierte bzw. sportliche Mitarbeiter über gesunde Trainingsformen zu informieren. Dies kann auch in Kombination mit einer der bereits beschriebenen Testverfahren für Gruppen geschehen. Wir empfehlen hierzu den Ratgeber für effizientes und gesundes Ausdauertraining der Krankenkasse KBV. Die Bezugsadresse finden Sie im Serviceteil.

Pulsmesser
Als motivierend hat sich auch die leihweise Abgabe bzw. der vergünstigte Bezug von Pulsmessgeräten erwiesen.

Laufgruppen
Die Einrichtung einer Laufgruppe im Unternehmen ist eine gute Institution, um auch langfristig das Thema Bewegung im Unternehmen präsent zu machen. Als Unterstützung bieten sich an:

- Ein versierter Lauftrainer
- Die Vergütung von Startgeldern zu Laufveranstaltungen
- Die Unterstützung mit Material (Pulsmesser, Bekleidung usw.)

Einrichtungen wie Fitnessraum oder Fitness-Parcours
Bei solchen Investitionen ist die dauerhafte Benutzung der Mitarbeiter der bestimmende Erfolgsfaktor. Allzu schnell wird in der Evaluierungsphase Interesse bekundet, aber wenn die Investition getätigt und die Anfangseuphorie verflogen ist, dann «verwaisen» die Einrichtungen. Wenn der «Spirit» stimmt, die Vorbildfunktion vom Management erfüllt wird und spezielle Aktivitäten periodisch durchgeführt werden, dann lohnt sich eine Investition, die ja nicht gerade billig ist.

Hierzu zwei Beispiele:

1. Bei unser beratenden Tätigkeit mussten wir in der Projektphase zu einem Krafttrainings- und Fitnessraum am Firmensitz der Unternehmensleitung anraten, das Projekt fallen zu lassen und die Mittel in andere Massnahmen zu investieren, da es an glaubhaftem Interesse der Mitarbeiter fehlte und ähnliche, öffentliche Angebote in unmittelbarer Umgebung vorhanden waren. Wenn unter anderen Bedingungen die Entscheidung für einen Fit-

nessraum positiv ausfällt, sollte auf jeden Fall darauf geachtet werden, dass die Geräte zum Herzkreislauftraining (Ergometer, Rudermaschine, Stepper, Laufband usw.) mindestens in gleicher Anzahl vorhanden sind wie reine Kraftmaschinen.

2. Nach der Durchführung eines Ausbildungsprogrammes beschloss die Geschäftsleitung einer führenden Keramikmanufaktur, auf dem Dach des Produktionsgebäudes einen Jogging-Track anzulegen. Dies macht durchaus Sinn, da viele Mitarbeiter in der Mittagspause sportlich aktiv sind. Das Industriegebiet, in dem sich das Unternehmen befindet, ist nicht gerade eine attraktive Gegend zum Joggen und so begaben sich die Mitarbeiter mit dem Auto woanders hin, um ihre Aktivität durchzuführen. Bei der Begehung des Gebäudedaches stellte sich heraus, dass sich von oben ein durchaus schöner und motivierender Anblick auf das entfernte Bergmassiv bietet. Es stellte sich geradezu ein «erhebendes» Gefühl ein.

Wenngleich auch solche Projekte im Moment noch eher selten sind, zeigen sie doch auf, dass mit Kreativität und Engagement einiges bewegt werden kann.

Säule 2

Säule 2

Ernährungsmassnahmen

Dieses Kapitel heisst absichtlich «Ernährungsmassnahmen» und nicht «Ernährung», da wir dieses sehr umfassende Thema etwas eingrenzen möchten. Es gibt nicht umsonst an den Universitäten die Fakultät der Ernährungswissenschaft. Die Fachbereiche Biochemie und orthomolekulare Medizin basieren auf sehr detaillierten Denkmodellen und Annahmestrukturen, die nur Versuche sind, die äusserst komplexen Vorgänge im menschlichen Körper etwas anschaulicher darzustellen. Täglich kommen neue Erkenntnisse hinzu; wir werden wohl immer nur Teilaspekte des Ganzen begreifen können.

Das Thema Ernährung ist immer aktuell und seit Jahren für mehrere Seiten in Illustrierten, Trendmagazinen und Reportagen gut. Aber woran sollen Sie denn nun glauben, wenn Sie heute lesen «Essen Sie viel Spinat, aber bloss keine Karotten» und morgen heisst es «Die Karottendiät unter Verzicht auf Spinat ist der absolute Hit»? Gerade der Laie wird durch die teilweise extremen Standpunkte und wissenschaftlichen Diskussionen erheblich verunsichert.

Wir möchten Sie nicht noch zusätzlich verwirren und den Grundgedanken des ökonomischen Prinzips aufgreifen:

Wie können Sie mit einem Minimum an Aufwand einen maximalen Effekt (in Bezug auf Ihr persönliches Gesundheitsziel) erreichen?

Bei den vorgestellten Massnahmen handelt es sich um solche, die Sie ohne grossen Aufwand im Berufs- und Familienalltag umsetzen können. Sie müssen weder Kalorien zählen noch zum Diätassistenten mutieren. Genauso wenig macht es Sinn, Ihre Essgewohnheiten plötzlich vollkommen zu ändern.

Menge und Qualität
Beim Thema Ernährung verhält es sich wie mit Rohstoffen und Handelswaren – neben dem Preis sind Menge und Qualität die relevanten Faktoren. Wir wollen uns zunächst mit dem Faktor **Menge** beschäftigen.

Das Mengenproblem
Die «Gewichtsprobleme» unserer Gesellschaft sind meistens Mengenprobleme, d.h. die dem Körper zugeführte Kalorienmenge ist grösser als der Energiebedarf. Unser Körper reagiert hier wie manche Grossmutter mit ihrem Geld – er spart für «schlechte Zeiten» und speichert die **zu viel** zugeführten Nährstoffe als Depotfett an den von uns so gehasst-liebten Problemzonen ab. Dabei spielt es kaum eine Rolle, woraus die Nährstoffe bestehen, **denn es wird**

fast alles in Fett umgewandelt. Dies ist nicht etwa ein geringfügiges Problem, denn weltweit leiden 250 Millionen Menschen unter schwerer Fettleibigkeit (Adipositas) und weitere 500 Millionen sind extrem übergewichtig. In den Industriestaaten sprechen die Experten von einer «Volksseuche». Die Kosten aus direkten und indirekten Folgen der Adipositas werden in der Schweiz mit 3872 Mio. sFr. beziffert. (Quelle: Praxis 1999/Infostelle Adipositas)

Das Bundesamt für Gesundheitswesen (BAG) errechnete, dass das durch übermässiges Essen und Trinken angelegte Fettpolster in der Schweiz rund 5000 Tonnen erreicht hat. (Quelle: Tages-Anzeiger 27. Mai 1998)

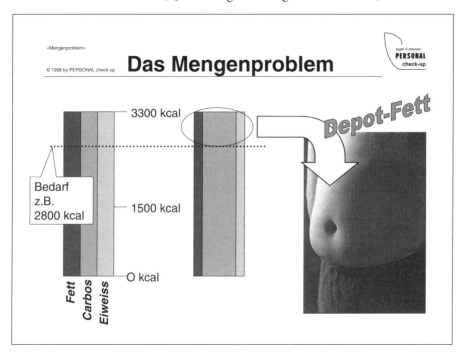

Unser Körper ist eine geniale «Umwandlungsmaschine» (siehe Exkurs «Evolution»). Wer das einmal begriffen hat, dem wird auch klar, weshalb es müssig ist, über Diäten zu diskutieren. Wenn sie (kurzfristig) funktionieren, dann nur, weil die Kalorienmenge reduziert wird und nicht, weil die Nährstoffe in einer bestimmten Art und Weise zusammengestellt sind.

Exkurs Diäten
Da das Fett und der dazugehörende Fettstoffwechsel für unseren Körper immer noch ein Notsystem darstellen, lässt sich auch erklären, warum Diäten nicht funktionieren können. Je weniger Nahrung wir dem Körper zuführen, umso höher wird der Anteil an Nahrung, den der Körper als Fett abspeichert. Es gibt auch dicke Menschen, die nicht häufig genug (nur ein- oder zweimal

pro Tag) und zudem die falschen Nahrungsmittel essen. Der Körper läuft bei unregelmässiger Nahrungszufuhr wie auch bei einer Diät auf Sparflamme. Die Stoffwechseltätigkeit ist auf ein Minimum heruntergefahren. Wird dann nach einer Diät wieder einigermassen normal gegessen, füllt der Körper seine Fettspeicher überproportional auf für eine noch schlimmere Hungerperiode, die da kommen könnte. Ergo nimmt man wieder zu und ist abermals davon überzeugt, noch weniger essen zu müssen – der berühmte «JoJo-Effekt». Die nächste Diät fällt noch radikaler aus, der Körper verliert jedesmal primär Wasser und Muskelmasse. Aktive Fettverbrennung wird umso schwieriger.

Exkurs Fasten
Auch das Fasten oder Heilfasten wird von vielen Personen unter der falschen Hoffnung betrieben, sie könnten damit abnehmen oder gar Fett verlieren. Das Heilfasten ist sehr sinnvoll und dient dem Ausscheiden von Schlacken und Rückständen, die sich im Körper über Jahre angesammelt haben. Die Organe werden entgiftet und entlastet. Das Gewicht, das zunächst verloren wird, setzt sich primär aus Wasser, Muskeleiweiss und etwas Körperfett zusammen. Der Körper fährt aufgrund der fehlenden Nahrung sämtliche Stoffwechselvorgänge auf ein Minimum herunter. Nach dem Fasten läuft er zunächst weiter auf Sparflamme und wird erst einmal bestrebt sein, die Fettdepots wieder aufzufüllen für weitere bevorstehende Hungersnöte. Wenn die Fettmasse dann wieder im Lot ist, fehlt uns immer noch die aktive Muskelmasse. Da wir nur mit dieser das Körperfett verbrennen können, wird das nunmehr schwieriger als vorher. Aus dieser Erkenntnis heraus kombiniert man heutzutage ein gutes Programm zum Heilfasten mit täglicher Bewegung im grünen Pulsbereich.

Was hilft denn dann?
Wenn also die Lösung nicht in Diäten und Fasten liegt, wie sehen Ihre Ernährungsmassnahmen aus, wenn Sie sich zur Gruppe 2 zählen und Körperfett loswerden möchten? Nun, wir haben es schon mehrmals angedeutet:

Sie müssen Ihren Stoffwechsel über Bewegung ankurbeln (siehe Säule 1), um

- ▶ Depotfett zu verbrennen und
- ▶ Ihre körpereigenen Hunger- und Sättigungsgefühle wieder zu erlangen.

Das unterdrückte Sättigungsgefühl
Hier wirkt ein weiteres Programm, das Sie in früher Kindheit auf Ihrer Festplatte (in Ihrem Unterbewusstsein) abgespeichert haben:

- ▶ «Kind, iss den Teller leer, sonst gibt es schlechtes Wetter.»
- ▶ «Du stehst erst auf, wenn der Teller leer gegessen ist.»
- ▶ «Iss den Teller leer, sonst wird nichts aus dir.»

Sicher kennen Sie auch hier ähnliche Versionen aus Ihrer Kindheit. Auch haben Sie sich als Erwachsener sicher schon öfters beobachten können, dass Sie Ihren Teller leer assen, obwohl Sie eigentlich schon längst satt waren – Sie haben Ihr natürliches Sättigungsgefühl mit einem Programm aus frühester Kindheit unterdrückt.

Es ist einerseits faszinierend, dass dieses Programm Sie heute noch steuert, obwohl Sie volljährig und ein gestandener, erfahrener Mensch mit eigenem Willen sind. Auf der anderen Seite können die Folgeerscheinungen recht «quälend» sein.

Hier hilft nur eins: regelmässiges FM-Training (das hatten wir schon, aber man kann es nicht oft genug betonen) und

Massnahme 1 – Essen Sie langsamer!
Das Sättigungsgefühl hinkt dem wirklichen Sättigungsgrad *hinterher*. Ihr Körper braucht ein paar Minuten, um Ihnen klar zu machen: Es reicht. In dieser Zeit können Sie sich als Schnellesser über die Jahre ein schönes Fettpolster aneignen.

Wenn Sie Ihre Nahrung gut kauen und bereits im Mund (zu einem Brei) stark zerkleinern, machen Sie es Ihrem Körper auch wesentlich einfacher, die Nahrung zu verdauen.

Haben Sie den Mut, Ihren halbvollen Teller zurückgehen zu lassen!

Essen Sie Ihren Teller nur so weit leer, wie Sie Hunger haben. Sie werden jetzt vielleicht denken, «das gehört sich doch nicht», aber Ihr Körper sollte Ihnen wichtiger sein als gesellschaftliche Etiketten.

Das unterdrückte Hungergefühl
Bei diesem weit verbreiteten Phänomen handelt es sich *nicht* um ein unbewusstes Programm aus unserer Kindheit, sondern ist eine negative Begleiterscheinung unseres Arbeitsalltages. Dazu ein Beispiel: Stellen Sie sich vor, Sie hatten wie üblich zwei Tassen Kaffee als Frühstück und erarbeiten am Vormittag ein wichtiges Angebot oder machen Abschlussbuchungen Ihrer konsolidierten Steuerbilanz. Ihr Körper sendet Ihnen nach zwei Stunden unüberhörbar Hungersignale. Sie möchten jedoch die Sache zum Abschluss bringen und arbeiten weiter. Nach weiteren 40 Minuten stellen Sie fest, dass Sie doch länger brauchen als erwartet, da einige Details noch zu recherchieren sind. Sie beschliessen, die Mittagspause «durchzuzuackern», da Sie endlich das lang ersehnte Ende herbeiführen möchten. Ihr Magen bäumt sich nochmals auf, hält dann aber still. Nun schwindet Ihre Konzentrationsfähigkeit und es schleichen sich Flüchtigkeitsfehler ein. Genervt arbeiten Sie noch weiter, bis schliesslich gar nichts mehr geht. Sie erheben sich endlich von Ihrem Bürostuhl, um die um-

liegenden Schreibtischschubladen Ihrer Kollegen und Kolleginnen nach Nahrung zu durchsuchen. Diese finden Sie dann meist in Form von Süssigkeiten. Ein kurzer Energieschub mit gutem Geschmack, von einer ausgewogenen Mahlzeit keine Spur, und Sie fallen etwas später in ein noch grösseres Konzentrationsloch.

Sicher kennen Sie ähnliche Situationen aus Ihrem Berufsleben. Auch hier hilft Ihnen das Bewegungstraining, dass die Heisshunger-Attacken nicht so extrem ausfallen. Wenn nämlich Ihr Fettstoffwechsel erst einmal richtig angekurbelt ist, liefert er Ihnen mehr Energie und Sie fallen nach mehrmals übergangenen Hungersignalen nicht mehr in so tiefe Löcher.

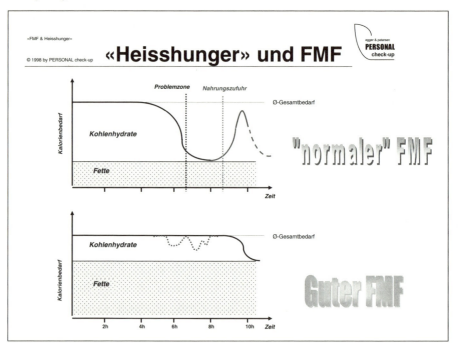

Dieser Nebeneffekt des FM-Trainings entbindet Sie jedoch *nicht* von der Pflicht, Ihren Körper gleichmässig mit Nahrung zu versorgen. Ihr Körper sagt Ihnen bestimmt, wenn er Nahrung braucht. Also:

Massnahme 2 – Respektieren Sie Ihr Hungergefühl!
Dies bedingt eine praktische Vorkehrung: **Sie müssen geeignete Nahrungsmittel an Ihren Arbeitsplatz mitbringen bzw. parat haben.**

Empfehlenswerte Zwischenmahlzeiten sind:

- Sämtliche Früchte
- Rohes Gemüse

- Fettarme Joghurt, Kefir, Quark o. Ä.
- Vollkornbrötchen
- Energieriegel (mit geringem Einfachzuckeranteil und einem Fettgehalt unter 25%)
- Eine **kleine** Schale Reis, Nudeln oder Müsli

Ungeeignet sind:

- Traubenzucker
- Süssigkeiten
- Limonaden, Cola usw.

Die Verteilung

Die nächste Massnahme, die Sie ergreifen können in Bezug auf das Mengenproblem, bezieht sich auf die Verteilung der Hauptmahlzeiten. Häufig finden wir folgendes «Bild» vor:

Morgens wird wenig bis gar nichts gegessen. Eine bis zwei Tassen Kaffee zum Aufwachen. «Ich kriege so früh am Morgen einfach nichts runter» ist die gängigste Aussage.

Mittags häufig ein mitgebrachtes Sandwich oder etwas von der Fastfood-Bude um die Ecke. Wichtig: Es muss schnell gehen, denn Zeit für eine richtige Pause gibt es keine.

Abends wird dann nach dem Alltagsstress endlich mal durchgeatmet. Der müde und erschlaffte Körper braucht Erholung und endlich was Rechtes zum Essen. Die liebende Ehefrau weiss um die Sorgen und Nöte des Gatten und kredenzt ein schönes Mahl mit mehreren Gängen, damit er wieder zu Kräften kommt. Was mit dem späten und üppigen Mahl passiert, erahnen Sie bereits.

Ist der Geschäftsmann auf Reisen, Schulungen oder Messen unterwegs, gesellt sich zu dem späten und übermässigen Nahrungskonsum am Abend in der Regel der Genuss von Alkohol, der die «Habenseite» der Kalorienbilanz noch zusätzlich belastet.

Der Verbrauch

Die Arbeitsleistung muss unser Körper primär morgens bis spät nachmittags erbringen. Für eine optimale Bereitstellung der Energie ist eine gleichmässige Verteilung der Nahrungsaufnahme in Form von mehreren kleinen Portionen über den Tag nötig. Meist erfolgt aber erst am Abend die mengenmässig grösste Zufuhr an Kalorien. Diese werden dann wiederum hauptsächlich den Fettdepots zugeführt, da sie nicht unmittelbar gebraucht werden. Der Volksmund hat hier eine passende Weisheit parat: «Frühstücke wie ein Kaiser, esse zu Mittag wie ein Edelmann und am Abend wie ein Bettler.»

Wenn Sie es also schaffen, einen Teil Ihre Nahrungsmenge von abends auf mittags und morgens zu «shiften», dann ist bereits ein grosser Schritt getan:

Massnahme 3 – Verlagern Sie einen Teil Ihrer Nahrungsaufnahme von abends auf mittags und morgens.

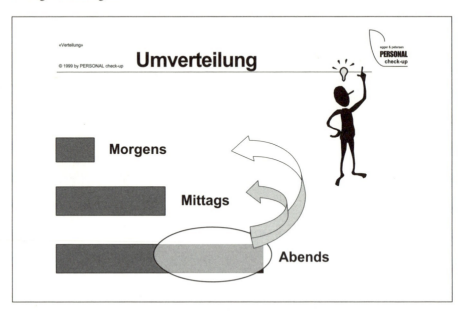

Die Qualität

Neben Menge und Verteilung der Nahrung ist es für Ihre Leistungsbereitschaft ebenfalls entscheidend, *welche* Nahrungsbestandteile Sie Ihrem Körper zuführen. Es lohnt sich daher, diese Elemente und ihre unterschiedlichen Aufgaben etwas genauer zu betrachten.

Die Basis

Folgende vier Hauptbestandteile unserer Nahrung bilden sozusagen die Basis:

- Wasser
- Kohlenhydrate
- Eiweiss (Proteine)
- Fette (Lipide)

Wasser ist Leben

Wasser ist das wichtigste Nahrungsmittel überhaupt. Wir können ohne die anderen Nahrungsbestandteile ein paar Wochen überleben, ohne Wasser jedoch nur wenige Tage. Es ist an den meisten Prozessen im Körper beteiligt und die ausreichende Versorgung eng mit unserem körperlichem Wohlbefinden verbunden.

Originaltext aus dem Race-Briefing des STRONGMAN:

«...hydrate heavily until your urine is clear!» ▶ Selbsttest

Minimum: 2 Liter
Leistung: 3 Liter
Sport: 4 Liter

Die normale Tageszufuhr sollte **zwei Liter** betragen. Warum eigentlich? Weil wir jeden Tag

- mit dem Urin etwa 1,5 Liter
- durch Schwitzen etwa 0,6 Liter
- durch Atemluft etwa 0,3 Liter
- mit dem Stuhl etwa 0,1 Liter
- gesamt etwa 2,5 Liter Wasser ausscheiden.

An heissen Tagen und in schlecht klimatisierten Büro- und Meetingräumen muss der zusätzliche Flüssigkeitsverlust ausgeglichen werden; der kann unter Umständen sogar doppelt so hoch sein. Die Flüssigkeitszufuhr sollte weitgehend aus reinem Wasser bestehen. Säfte, Limonaden usw. werden vom Körper wie Nahrung verwertet.

Da Sie die Menge von zwei und mehr Litern Wasser pro Tag nur zu sich nehmen, wenn Sie das Wasser «vor der Nase haben», empfehlen wir Ihnen, **am Bett, Arbeitsplatz und im Auto immer eine Wasserflasche parat zu haben.**

Da der Wasserverlust früher eintritt als das Durstgefühl (ähnlich wie beim Sättigungsgefühl), ist es wichtig, «pauschal» zu trinken und nicht erst, wenn Sie den Durst verspüren. Nur so können Sie Ihr volles Leistungspotential entfalten.

Massnahme 4 – Trinken Sie zwei bis drei Liter reines Wasser täglich!

Exkurs Kaffee

Statistisch gesehen ist Kaffee eines der am meisten konsumierten Getränke. In der Bundesrepublik Deutschland trinkt jeder Einwohner 190 Liter Kaffee pro Jahr.

Das in der Kaffeebohne enthaltene Koffein ist ein simples «Dopingmittel»: Es wirkt stimulierend auf die Nebennieren, die dadurch vermehrt Adrenalin ausschütten. Das Stresshormon regt den Kreislauf an und die Herzfrequenz steigt. Zudem weiten sich die Gefässe in Armen und Beinen. Kurzum: Müde Männer werden munter. Die grösste Konzentration an Koffein im Blut stellt sich nach etwa 30 Minuten ein und kann je nach Dosis zwei bis drei Stunden anhalten. «Ist Kaffee nun schädlich oder nicht?» lautet die berechtigte Frage.

«Die Dosis macht das Gift» dürfte eine treffende Antwort lauten. Zurzeit sind sich die Wissenschaftler einig und geben für gesunde Menschen eine tägliche Dosis von 300 bis 400 mg Koffein als unbedenklich an. Dies entspricht etwa drei bis vier Tassen Filterkaffee.

Koffeingehalt in mg:

1 Espresso (50 ml)	50 mg
1 Tasse Filterkaffee (125 ml)	80–120 mg
1 Glas Cola (200 ml)	30–50 mg
1 Tasse Schwarztee (125 ml)	30–60 mg
1 Tasse Kakao (125 ml)	2–5 mg
1 Schmerztablette	30–100 mg

Gezielt eingesetzt verfügen wir mit dem Kaffee über *das* legale Dopingmittel für den Büroalltag. 30 Minuten vor dem wichtigen Meeting oder nach der Zwischenmahlzeit hilft er ohne Zweifel, die Konzentrationsfähigkeit zu erhöhen.

Wir empfehlen Ihnen, zwei bis drei frisch gebrühte Espressi aus frisch gemahlenen Kaffeebohnen als gezielten «boost» oder einfach zum Genuss zu sich zu nehmen. Die Gründe für die bessere Verträglichkeit von Espresso sind: Erstens wird die Kaffeebohne für einen Espresso mit höheren Temperaturen gebrannt, wodurch sich mehr Reizstoffe bereits beim Rösten zersetzen. Zweitens wird ein Espresso anders zubereitet – mit dem schnellen Pressen des heissen Wassers durch das Kaffeepulver ist die Kontaktzeit viel kürzer als z.B. bei Filterkaffee. Die Folge ist, dass sich weniger Bitter- und Gerbstoffe herauslösen als bei der Filtermethode.

Die schlechte Nachricht für Kaffeetrinker: Sie müssen jede Tasse Kaffee mit zwei Tassen Wasser ausgleichen, um erst einmal wieder mit Ihrem Wasserhaushalt auf Null zu kommen. Das Koffein (Teein verhält sich hier ähnlich) führt zu einer «künstlichen» Wasserausscheidung, indem es die Nierentätigkeit anregt. Wenn Sie ganz ohne Genussmittel auskommen, ist dies natürlich die gesündeste Variante.

Kohlenhydrate
Sie sind für unseren Organismus als Energieträger unentbehrlich. Die Kohlenhydrate müssen durch die Verdauungsstoffe zerlegt werden, um im Darmtrakt aufgenommen und in der Leber und Muskulatur zu Glykogen (= Speicherform der Kohlenhydrate im Körper) verstoffwechselt zu werden. In der Muskulatur wird das Glykogen bei Bedarf als Brennstoff verwendet (primär in den ersten paar Minuten einer körperlichen Betätigung und im «gelben» sowie im «roten» Pulsbereich). Das Leberglykogen sorgt für einen ausgeglichenen Blutzuckerspiegel. Über diesen werden wichtige Organe wie auch das Gehirn mit Energie versorgt.

Nun sind in unserer Nahrung Kohlenhydrate nicht gleich Kohlenhydrate:

Der Unterschied von den **einfachen** zu den **komplexen** Kohlenhydraten liegt vor allem in der *zeitlich* unterschiedlich langen Verwertung durch unseren Körper.

Die einfachen Zuckerarten «schiessen» förmlich ins Blut und geben somit einen kurzen Energieschub, der genauso schnell wieder abklingt (siehe auch «Das unterdrückte Hungergefühl»). **Komplexe** Kohlenhydrate hingegen werden vom Körper langsam aufgenommen, so wie der Körper die Energie im normalen Arbeitsalltag auch benötigt. Daher sind *kleine* Zwischenmahlzeiten aus vorwiegend komplexen Kohlenhydraten (siehe Liste) sinnvoller als der Traubenzucker oder der von der Werbung als «gesund» angepriesenen Riegel. Hierzu Beispiele:

Milchschnitte:	Einfachzuckeranteil	30%
	Energetischer (wahrer) Fettgehalt	57%
	Zutaten: Vollmilch, pflanzliche Öle, Zucker	
Knoppers:	Einfachzuckeranteil	34%
	Energetischer (wahrer) Fettgehalt	55%
	Zutaten: Zucker, gehärtetes Pflanzenöl	
Isostar/Perform-Riegel:	Einfachzuckeranteil	42%
	Energetischer (wahrer) Fettgehalt	29%
	Zutaten: Glucosesirup, Haferflocken, pflanzliche Fette, Invertzucker, Saccharose	
Balisto Choco-Müsli-Mix:	Einfachzuckeranteil	34%
	Energetischer (wahrer) Fettgehalt	50%
	Zutaten: Zucker, Weizenmehl, gehärtetes Pflanzenfett	

Lassen Sie sich nicht durch die verlockenden Werbesprüche täuschen, denn meist kaufen Sie **viel Zucker** (hilft nur kurzzeitig) *mit* **viel Fett** (ist als Energiequelle bei Heisshunger zu langsam). *Die* Sorte Kohlenhydrate, die Sie brauchen, um gar nicht erst in ein Hungerloch zu fallen, fehlen meist. Ein kurzer Blick vor dem Kauf eines Produktes auf die Packung genügt. Sie finden dort neben den Nährwertangaben (dazu mehr bei den Fetten) die **Zutaten** in *absteigender* Reihenfolge. Demzufolge ist die zuerst genannte Zutat mit dem grössten Mengenanteil vertreten, der zweite Inhaltsstoff mit dem zweitgrössten Mengenanteil usw.

Oben Genanntes umzusetzen bedeutet nichts anderes, als dass Sie verarbeitete Nahrungsprodukte meiden, bei denen Glucose, Dextrose, Fructose, Saccharose, Maltose (Malzzucker) oder Lactose (Milchzucker) an *erster bzw. zweiter Stelle* stehen. Häufig steht auch ganz einfach Zucker oder Traubenzucker bei der Aufzählung der Zutaten.

Am Ende der Reihe mit Kohlenhydraten finden wir die **Ballaststoffe** wie z. B. Zellulose und Pektin. Sie stellen komplexe Kohlenhydrate dar, die vom Körper nicht verwertet werden können, sind aber für eine funktionierende Verdauung notwendig, da sie sich mit Verdauungssäften vollsaugen und die Darmmuskulatur stimulieren. Weiterhin binden sie Cholesterin, andere Fettstoffe und Gallensäure, so dass weniger Fettmoleküle (Lipide) vom Körper aufgenommen werden.

Es erscheint somit logisch, dass Nahrungsmittel wie Brot, Müsli, Reis und Nudeln (alle möglichst vollwertig) sowie Kartoffeln mit vorwiegend Polysacchariden das «Fundament» einer leistungsorientierten Ernährung bilden.

Massnahme 5 – Vermeiden Sie einfache und bevorzugen Sie komplexe Kohlenhydrate.

Nicht vergessen: Zu viel zugeführte Kohlenhydrate werden vom Körper als Depotfett abgespeichert.

Eiweiss (Protein)

Die Proteine sind sozusagen die «Baustoffe» unseres Körpers. Von den paar Kilogramm Depotfett einmal abgesehen, bestehen wir hauptsächlich aus Wasser und Proteinen. Auch nachdem unsere Wachstumsphase abgeschlossen ist, benötigt unser Körper weiterhin Nahrungseiweiss, um sich zu regenerieren und neu zu bilden. Oft herrscht die irrige Meinung vor, es ginge nur um die Muskulatur, dass aber aus Protein nahezu sämtliche Enzyme und Hormone gebildet werden, ist weniger bekannt. Zu geringe Zufuhr an Nahrungseiweiss schränkt daher unter anderem die körperliche und geistige Leistungsfähigkeit ein und senkt die Widerstandskraft des Körpers.

Wie bei den Kohlenhydraten wird auch das Nahrungseiweiss beim Verdauungsprozess zerlegt, und zwar in die so genannten Aminosäuren (Amino = Bezeichnung für die an einen organischen Rest gebundene NH_2-Gruppe). Der menschliche Körper benötigt 20 verschiedene Aminosäuren, die ernährungsphysiologisch unterteilt werden. Elf sind **nichtessentielle** Aminosäuren und können vom Körper selber hergestellt werden. Die restlichen neun sind **essentielle** Aminosäuren, die dem Körper unbedingt zugeführt werden müssen.

Essentiell	Semi-essentiell	Nicht-essentiell
Histidin	Arginin	
Isoleucin	Tyrosin	Alanin
Leucin	Cystin	Asparginsäure
Lysin		Glutamin
Methionin		Glutaminsäure
Phenylalanin		Glycin
Threonin		Serin
Tryptophan		Prolin
Valin		Hydroxyprolin

Ohne auf die einzelnen Aufgaben der verschiedenen Aminosäuren einzugehen, sind die Bezeichnungen an dieser Stelle aufgeführt, damit Sie diese anderswo als solche identifizieren können. In Zeitschriften werden häufig einzelne Aminosäuren ohne weitere Erläuterung genannt.

Aus diesen Aminosäuren bildet der Körper dann das **körpereigene** Eiweiss. Jedes einzelne Protein ist ein äusserst komplexes Gebilde aus Hunderten von Aminosäuren. Die «Bauanleitung» für die über zehntausend verschiedenen körpereigenen Proteine befindet sich in unserem Erbgut.

Merke: Nahrungseiweiss wird zu Aminosäuren zerlegt und dann im menschlichen Organismus zu körpereigenem Eiweiss umgebaut.

Bei den uns zur Verfügung stehenden Nahrungsquellen sind tierische und pflanzliche Eiweisse zu unterscheiden. Nach wie vor ist die Wissenschaft in zwei Lager gespalten und die Wahrheit liegt wie immer in der Mitte: Essen Sie getrost beide Proteinarten.

Tierische Eiweissquellen sind alle Fleischarten, alle Fischarten, Milch und Milchprodukte (Joghurt, Kefir, Quark, Käse) sowie Eier.

Pflanzliches Eiweiss finden wir in Hülsenfrüchten (Erbsen, Linsen, Bohnen, Sojabohnen), Nüssen (Wal-, Haselnüssen, Mandeln, Pistazien usw.), Kernen (Pinien-, Kürbis-, Sonnenblumenkernen) und Samen (Sesam, Mohn usw.).

Wie viel Eiweiss braucht der Mensch?

Die «Modeerscheinungen» in der Ernährung der letzten Jahre waren die Kohlenhydrate, die Vitamine, Vollwertkost, Bio-Sowieso und Trennkost. Die Proteine hatten bzw. haben immer noch eine untergeordnete Bedeutung.

Für eine leistungsorientierte Ernährung ist eine ausreichende Eiweisszufuhr unentbehrlich. Die Empfehlungen der nationalen Stellen für Ernährung (0,5 g Eiweiss pro Kilo Körpergewicht) sind meist nicht ausreichend. Für eine optimale Versorgung empfehlen wir Ihnen 1 bis 1,5 g pro Tag und Kilo Normalgewicht.

Ob Sie an einer Unterversorgung leiden, können Sie konkret bei Ihrem Checkup durch das Blutbild feststellen lassen. Ihr Gesamteiweiss sollte bei 70 g/Liter, besser noch bei 80 g/Liter liegen.

Das Problem bei der täglichen Eiweisszufuhr ist der meist extrem hohe Fettanteil bei den Eiweisslieferanten. Das Eiweiss vom Quark können wir sehr gut gebrauchen, nicht aber das Fett. Achten Sie daher auf möglichst fettreduzierte bzw. fettfreie Eiweisszufuhr, d. h.

- ▶ Fisch gedünstet ohne fettige Sauce
- ▶ Mageres Fleisch ohne fettreiche Sauce

- Magermilch, -quark
- Fettarme Gerichte mit Hülsenfrüchten

Wenn Ihnen oben Genanntes zu mühsam ist, können Sie Ihre Zufuhr auch mit einem Proteinkonzentrat sicherstellen. Dazu genügt in den meisten Fällen morgens und mittags je ein Esslöffel Eiweisspulver.

Massnahme 6 – Eine fettarme, aber eiweissbetonte Mahlzeit morgens oder mittags, alternativ zwei Esslöffel Proteinpulver.
Nicht vergessen: Zu viel zugeführte Proteine werden vom Körper als Depotfett abgespeichert.

Eine aktuelle Modeerscheinung der Fitnessindustrie betrifft das Protein und die Aminosäuren: Medienträchtige «Fitnessexperten» bieten ihren Kunden teure Blutscreeninganalysen mit Ermittlung des persönlichen Aminosäureprofils inklusive einer Substitutionstherapie an. Angeboten wird das Ganze unter dem Versprechen der Leistungssteigerung bis hin zur Verjüngung. Der Nachteil für die Kunden: Es ist bisher nicht belegt, dass sich das individuelle Aminosäureprofil durch die Einnahme speziell zusammengestellter Aminosäuren beeinflussen lässt. Hier macht uns wahrscheinlich der genetische Code einen dicken Strich durch die Rechnung.

Fette (Lipide)

Wie auch bei den Proteinen ist zwischen **Nahrungsfett** und **Körperfett** (auch Depotfett) zu unterscheiden. Wie wir bereits mehrfach betont haben, kann Depotfett auch aus Kohlenhydraten oder Eiweiss *ent*stehen. Das Depotfett haben wir bereits ausführlich als Risikofaktor (siehe auch Kapitel «Checkup»), als Energieträger für moderate, körperliche Betätigung («grüner» Pulsbereich) und als Energiequelle für Hungerperioden kennen gelernt. Weiterhin dient es als Isolation zur Aufrechterhaltung der Körpertemperatur und als Isolationsschicht für die inneren Organe. Wir brauchen also ein gewisses Mass an Depotfett. In Mitteleuropa und auch Nordamerika haben wir im Bevölkerungsdurchschnitt eher zu viel «Isolationsschicht». Aber ganz ohne geht es auch nicht: Bei kalten und nassen Tour-de-France-Etappen steigen jene Profiradfahrer völlig unterkühlt und entkräftet vom Rad, deren Körperfett unter 4 % liegt.

Wenden wir uns dem **Nahrungsfett** zu. Lassen wir alles Bisherige Revue passieren, drängt sich die berechtigte Frage auf: «Brauchen wir denn überhaupt Nahrungsfett und wenn ja wofür?»

Auch beim vierten Hauptbestandteil unserer Nahrung ist zu unterscheiden:

Fett ist nicht gleich Fett!

Für eine leistungsorientierte Ernährung sind die Bestandteile der Nahrungsfette zu unterscheiden in **gesättigte** und **ungesättigte** Fettsäuren.

Gesättigte Fettsäuren müssen keine weitere biochemische Verbindung im Körper eingehen und werden mehr oder weniger direkt als Depotfett abgelagert. Sie sind primär in Butter, Kokosöl und -fett sowie in allen *warm gepressten* Ölen enthalten. Ebenfalls bestehen die Fettanteile von Tieren (Schwein, Rind, Geflügel) aus gesättigten Fettsäuren (z. B. Fettrand am Schinken).

Ungesättigte Fettsäuren hingegen haben eine *hohe* physiologische Bedeutung für unsere Gesundheit, da sie über eine besondere chemische Reaktionsfähigkeit verfügen. Sie müssen erst bestimmte Bindungen im Körper eingehen, bevor sie resorbiert werden.

Ungesättigte Fettsäuren können *nicht* vom Körper selber gebildet werden und heissen deswegen auch **essentielle** Fettsäuren.

	Wir finden sie in:
einfach ungesättigte Fettsäuren	Olivenöl
zweifach ungesättigte Fettsäuren	Sonnenblumenöl
	Distelöl
	Maisöl
mehrfach ungesättigte Fettsäuren	Leinöl
	Fischöl

Die Menge an ungesättigten Fettsäuren, die wir täglich zu uns nehmen müssen, ist eher gering einzuschätzen und wird mit etwa 10 bis 15 g angegeben.

Durch Hitzebehandlung verlieren auch die ungesättigten Fettsäuren ihren gesundheitlichen Wert und werden zu gesättigten Fettsäuren. Beim Pressen von Olivenkernen unter Hitze wird die Ergiebigkeit für den Produzenten grösser, aber auf Kosten der Gesundheit des Konsumenten.

Die ungesättigten Fettsäuren sind u. a. nötig für den Aufbau der Zellmembranen und für die Gesunderhaltung des Herzkreislaufsystems. Speziell die Omega-3-Fettsäuren (eine Unterart der mehrfach ungesättigten Fettsäuren) haben eine Schlüsselfunktion: In vielen wissenschaftlichen Studien wurde die Senkung der Sterblichkeit an Herzerkrankungen proportional zur Erhöhung der Zufuhr an Fettsäuren aus Fischöl (Omega-3-Fettsäuren) belegt. Ebenfalls wurden Patienten mit mässig erhöhtem Blutdruck und solche mit hohen Cholesterinwerten erfolgreich mit Fischöl therapiert.

Margarine & Co.

Gehärtete Margarine besteht aus so genannten «Trans-Fettsäuren», die wegen ihrer industriellen Verarbeitung Fettsäuren enthalten, wie sie in der Natur kaum vorkommen. Trans-Fettsäuren erhöhen das LDL-Cholesterin und senken das schützende HLD-Cholesterin. In verschiedenen Studien wiesen Personen mit einem jahrelangen täglichen Konsum von mehr als 20 g gehärteter Margarine ein um etwa 30% höheres Herzinfarktrisiko auf.

Daraus abgeleitet ergibt sich **Massnahme 7**:

- Vermeiden Sie gehärtete Margarine.
- Minimieren Sie die Zufuhr von gesättigten Fettsäuren.
- Bevorzugen Sie **ungesättigte** Fettsäuren in Form von **kaltgepressten** Ölen.
- Essen Sie zweimal wöchentlich Fisch (auch wegen der Proteine) oder supplementieren Sie täglich 1 g Omega-3-Fettsäuren (Fischöl).

Der «wahre» Fettgehalt

Der Anteil der Nahrungsfette sollte 10 bis 15% der gesamten Nahrungsaufnahme betragen. Bei den Fetten ist es heute kaum noch so, dass fettreiche Kost bevorzugt wird, fast jedes Produkt wird auch in einer fettarmen Variante angeboten und auch gekauft.

Es hat zwei Gründe, warum wir dennoch mit den Volksseuchen **Übergewicht** und **Fettleibigkeit** zu kämpfen haben:

a) Nahrungsfette fungieren als Geschmacksverstärker. Deswegen schmecken Proteine in Verbindung mit Fett (z.B. Fischfilet mit fetter Sauce) und Kohlenhydrate in Verbindung mit Fett (z.B. Schokolade) so gut.

b) Der «wahre» Fettgehalt der Lebensmittel wird unterschätzt.

Der effektive Fettgehalt für unseren Körper ergibt sich aus den verwertbaren Kalorien (energetischer Fettgehalt). Fett liefert pro Gramm mehr als doppelt so viel Kalorien wie Kohlenhydrate und Eiweiss.

Dazu ein Blick auf die Nährwertangaben eines normalen Lebensmittels:

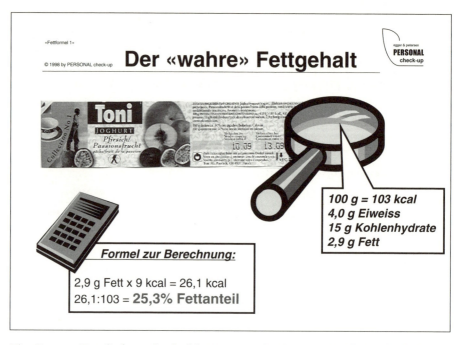

Ein Gramm Fett liefert 9 kcal, d.h. 2,9 g × 9 kcal = 26,1 kcal. So viel Kalorien liefert der Fettanteil von 100 g Joghurt. 26,1 kcal von gesamthaft 103 kcal ergibt 25,3 % «wahren» Fettgehalt eines normalen Joghurts und nicht 2,9 %, wie viele Konsumenten meinen.

Merken Sie sich einfach die Zahl 9 (kcal pro Gramm Fett) und Sie können jederzeit den Fettgehalt Ihrer Nahrungsmittel, z.B. beim Einkaufen, selbst ermitteln.

Ein weiteres Beispiel – Vollmilch: 100 ml haben 68 kcal und 3,9 g Fett. Die Formel lautet somit: 3,9 g Fett × 9 kcal = 35,1 kcal

35,1 : 68 = **51,6 % wahrer Fettgehalt!**

Das spezifische Gewicht wurde der Einfachheit halber vernachlässigt.

Sollte Ihnen diese (permanente) Umrechnung zu viel Mühe bereiten, halten wir für Sie ein einfaches, aber nützliches Hilfsmittel parat: den «**Fettrechner**». Sie müssen nur die Gramme Fett und den Nährwertgehalt pro 100 Gramm einstellen und können sofort den Fettgehalt ablesen.

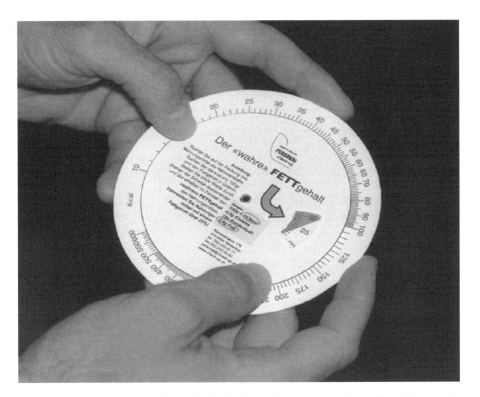

Sie können Ihren Fettrechner direkt bei PERSONAL check-up bestellen – die Adresse ist im Serviceteil vermerkt.

Massnahme 8 – Vermeiden Sie Nahrungsmittel mit einem energetischen (wahren) Fettanteil von über 30 %.

Vitamine, Mineralien und Spurenelemente
Während wir uns von den vier Hauptbestandteilen unserer Nahrung täglich mehrere hundert Gramm zuführen müssen, benötigen wir von den so genannten **Vitalstoffen** (Sammelbegriff für obige Nährstoffgattungen) jeweils nur Dosierungen im Milligramm-, teils sogar nur im Mikro- bzw. Nanogrammbereich. Dennoch sind sie für viele Prozesse im Körper unentbehrlich bzw. lebensnotwendig.

Hier wird mit einzelnen Substanzen viel Unfug getrieben. Die Zuführung von Megadosierungen z. B. einzelner Vitamine lässt sich zwar PR-technisch gut verkaufen und füllt dem propagierenden Arzt die Praxis, aber über die Nebenwirkungen und die nachhaltige Wirkung mag so mancher Zweifel entstehen.

Prominentes Beispiel: Der amerikanische Nobelpreisträger und Vitaminverfechter Linus Pauling schluckte täglich bis zu 20 g Vitamin C. Er erreichte ein Alter von 93 Jahren. Seine Anhänger führen dies auf die Einnahme der Megadosierungen zurück. Seine Gegner sahen darin einen Hinweis auf seine exzellente Konstitution, da er trotz dieser Dosierungen so alt wurde. Wie immer eine Frage des Standpunktes? Führende Präventivmediziner halten Megadosierungen wie in diesem Beispiel für übertrieben, betonen aber gleichzeitig, dass wir «Antistressprodukte» benötigen.

Wir möchten uns hier auf gesicherte Erkenntnisse der orthomolekularen Medizin (**ortho** = richtig, gut; **molekular** = kleinste Bausteine) im Zusammenhang mit *beruflichem* Stress beschränken.

Was passiert bei dauerhaftem Stress in unserem Körper?
Die nervlichen Belastungen signalisieren dem Körper Gefahrensituationen. Er reagiert mit erhöhter Alarmbereitschaft, indem er die Nervenimpulse in hormonelle Signale umwandelt. Dies geschieht durch die Freisetzung bestimmter Hormone wie Adrenalin und Noradrenalin, um den Körper in Kampf- bzw. Fluchtbereitschaft zu versetzen. Ein grundsätzlich nützliches Relikt der Evolution, das aber im Arbeitsalltag nicht unbedingt förderlich ist (siehe auch Einleitung «Kurzfristige Stresssituation»). Beide Programme, Angriff und Flucht, bedingen einen erhöhten Stoffumsatz. Der Blutdruck und die Herzfrequenz werden erhöht. Die Hormone mobilisieren Energie aus den körpereigenen Depots (Glykogen in der Muskulatur und Leber, Fettsäuren aus den Fettdepots), um dem erhöhten Brennstoffbedarf Rechnung zu tragen. Parallel mit dem erhöhten Stoffumsatz steigt in logischer Folge der Sauerstoffbedarf.

Die Sauerstoffatmung der Menschen (und der Tiere) bringt den riesigen Vorteil, bei der Oxidation (= Verbrennung) von Sauerstoff mit der Atmung grosse Mengen an Energie zu liefern. Pflanzen hingegen, die keinen Sauerstoff verbrennen, können sich u. a. wegen ihrer geringeren Energiebereitstellung nur sehr langsam «bewegen».

Wie so oft gibt es keinen Vorteil, ohne einen Nachteil in Kauf nehmen zu müssen:

Bei der Oxidation von Sauerstoff kann dieser entweder selbst oder durch die Reaktion mit anderen Stoffen «**freie Radikale**» bilden. Biochemisch gesehen handelt es sich um «Missgeschicke» bei der Elektronenübertragung. Die Rechnung ist sehr einfach: Je höher der Umsatz (im Körper, nicht der des Unternehmens), desto mehr freie Radikale. Man spricht auch von **oxidativem Stress**.

Die Reaktionskette stellt sich also wie folgt dar:

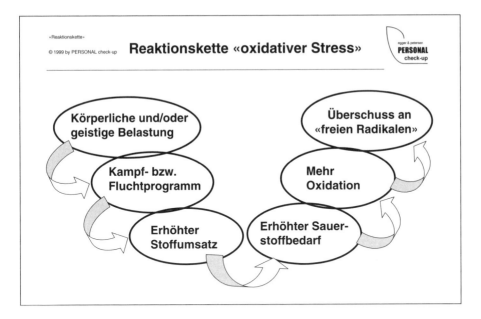

Was sind freie Radikale und weshalb sind sie schädlich?
Freie Radikale sind keine extreme politische Gruppierung, sondern hochaktive schädliche Zwischenprodukte des Stoffwechsels, welche die körpereigenen Proteine, Fette und die Erbsubstanz DNS im Zellkern angreifen und in schädlicher Weise die Struktur dieser lebenswichtigen Stoffe verändern. Sie greifen die organischen Substanzen weitgehend ungezielt und wahllos an. Somit ist nicht wie bei den sonstigen Reaktionen im Organismus vorhersehbar, welche Stoffe wie verändert werden.

Proteine werden funktionsuntüchtig gemacht. Dies ist besonders problematisch, wenn es sich um Funktionsproteine wie z. B. Enzyme handelt.

Die **DNS** des Zellkerns kann verändert werden (= Veränderung des genetischen Codes). Dies stellt zu den äusserlichen Einflüssen einen weiteren auslösenden Faktor von Krebs dar.

Die **Lipide** (Fette) werden angegriffen. Es oxidieren vor allem die ungesättigten (guten) Fettsäuren in einer Art Kettenreaktion. Dies führt zur Zerstörung der Zellmembranen bis hin zum Tod der Zelle. Die Oxidation von Lipiden wird in Zusammenhang mit der Entstehung von Arteriosklerose gebracht.

Folgende Erkrankungen werden durch die freien Radikalen mit verursacht bzw. ausgelöst:

▶ Allgemeiner Alterungsprozess
▶ Arteriosklerose, Herzinfarkt, Schlaganfall

- Krebs
- Chronische Entzündungen
- Neurologische Erkrankungen (senile Demenz, Morbus Parkinson)
- Diabetes mellitus – Folgeerkrankungen
- Rheumatische Erkrankungen
- Katarakte (grauer Star, Altersstar)

(Quelle: Handbuch der Orthomolekularen Medizin, Heidelberg)

Für die meisten von uns wird der erstgenannte Punkt am zutreffendsten sein – der **Alterungsprozess**. Gemeint ist aber *nicht* der natürliche Prozess, sondern der durch Stress **beschleunigte** Alterungsprozess. Auch hier wiederum ist die Rechnung sehr einfach: Mehr Stress heisst mehr freie Radikale. Demzufolge mehr Zellen, die absterben = frühzeitiger Alterungsprozess. Sicher kennen Sie genug Personen in Ihrem Umfeld, die viel älter aussehen, als sie wirklich sind.

Nun, so hoffnungslos das alles klingen mag, Sie können etwas dagegen tun:

1) Sie erahnen es bereits: FM-Training (mit dem «grünen» Pulsbereich) hilft Ihnen, dass die gleichen Stressoren geringere Wirkung auf Ihren Körper haben und somit auch **weniger** oxidativer Stress entsteht (mehr dazu im Kapitel «Effekte»).

   Aber Achtung! Training in Ihrem «gelben» und sicher im «roten» Pulsbereich verursacht hingegen **mehr** oxidativen Stress.

2) Mehr Ausgeglichenheit werden Sie auch durch das mentale Entspannungstraining (Kapitel «Säule 3») erfahren.

3) Und natürlich können Sie auch mit der Ernährung gezielte «Gegenmassnahmen» treffen.

Antioxidanzien (Radikalfänger)

Im Laufe der Evolution haben sich Abwehrsysteme gegen die freien Radikale entwickelt. Es handelt sich um natürliche antioxidative Stoffe, so genannte Radikalfänger, welche die freien Radikale zum grossen Teil unschädlich machen.

Unterschieden wird zwischen den **antioxidativen Enzymen** und den **Antioxidanzien**. Die Bildung von antioxidativen Enzymen im Körper ist nur gewährleistet, wenn die notwendigen Grundsubstanzen in ausreichender Menge vorhanden sind. Es handelt sich vor allem um die **Spurenelemente Selen, Zink, Kupfer** und **Mangan**.

Die Enzymbildung alleine reicht zum Schutz noch nicht aus. Es braucht auch noch die Antioxidanzien, welche direkt mit den freien Radikalen reagieren und diese dadurch unschädlich machen.

Die Antioxidanzien müssen nicht erst vom Körper gebildet werden, sondern können *und müssen* dem Organismus regelmässig zugeführt werden, da sie sich verbrauchen – sie sind **essentielle** Nährstoffe. Die wichtigsten sind die **Vitamine A, C, E** und **β-Carotin**. Weiterhin bietet das **Coenzym Q10** als Membranbestandteil Schutz vor Radikalangriffen. Ein Mangel an **Vitamin B12** kann zu einer psychisch bedingten erhöhten Stressanfälligkeit führen. Eine besondere Rolle in Bezug zum Stress kommt dem **Mineralstoff Magnesium** zu. Stressreaktionen laufen bei entstehendem Magnesiummangel verstärkt ab. Umgekehrt wirkt eine Magnesiumzufuhr positiv, indem sie den Anstieg der Stresshormone im Blut dämpft. Das Magnesium wird daher auch das «Salz der Ruhe» genannt. Da ein Mangel an den **Vitaminen B1, B2** und **B6** die Aufnahme von Magnesium beeinflusst, sind auch diese in Betracht zu ziehen.

Sind nun genug Vitalstoffe in unserer Nahrung oder müssen wir supplementieren? Hört man auf die nationalen Ernährungsgesellschaften, ist in einer ausgewogenen Ernährung alles enthalten, was wir brauchen. Es gibt keine Notwendigkeit, um Vitaminpillen zu schlucken. So weit, so gut. Aber …

Erstens: Leider stützen sich diese Erkenntnisse zum grössten Teil auf veraltete Nährwertgehalte unserer Nahrungsmittel. Folgender Vitalstoffschwund ist bei unseren Nahrungsmitteln zu verzeichnen:

		1985	1996	Differenz
Brokkoli	Calcium	103	33	–68%
	Magnesium	24	18	–25%
Kartoffel	Calcium	14	4	–70%
	Magnesium	27	18	–33%
	Vitamin C	20	25	+25%
Spinat	Magnesium	62	19	–68%
	Vitamin C	51	21	–58%
	Vitamin B6	200 µg	82 µg	–59%
Apfel	Calcium	7	8	+12%
	Magnesium	5	6	+20%
	Vitamin C	5	1	–80%
Banane	Calcium	8	7	–12%
	Magnesium	31	27	–13%
	Vitamin B6	330 µg	22 µg	–92%

Alle Angaben, soweit nicht anders vermerkt, in Milligramm je 100 g des betreffenden Nahrungsmittels. (Quelle: Die Welt am 24. August 1997)

Zweitens dürfte es für die meisten Berufstätigen schlichtweg unmöglich sein, sich «ausgewogen» und nach der klassischen Ernährungspyramide zu ernähren.

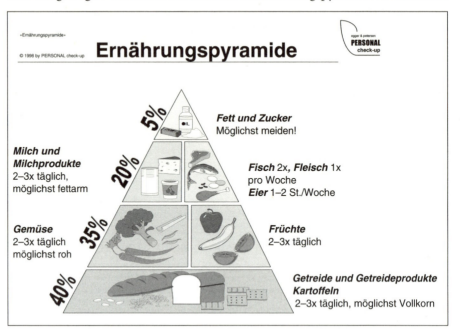

Wenn Sie auch nur einige der bereits genannten Massnahmen in Ihren Alltag integrieren können, dann verfügen Sie bereits über ein grosses Mass an Selbstdisziplin. Aber um täglich und ausschliesslich Vollwertprodukte und dreimal täglich Rohkost in Form von Gemüse und Obst zu sich zu nehmen, dafür stimmen einfach die Rahmenbedingungen in unserer Arbeitswelt nicht.

Drittens: Wir sind heute anderen Belastungen ausgesetzt als vor 50 Jahren. Wir arbeiten zwar zeitlich gesehen weniger, dafür aber konzentrierter und mit grösserer psychischer Belastung. Es erscheint logisch, dass wir mit unserem Evolutionsprozess der rapiden Entwicklung in der Arbeitswelt «hinterherhinken». Neben Bildschirmstrahlung und Elektrosmog vermehrten sich auch Stickoxide, Smog und vor allem sauerstoffhaltige Chemikalien, die als **externe** freie Radikale wirken.

Die orthomolekulare Medizin hat tausendfach bewiesen, dass mit der Einnahme von Antioxidanzien zahlreiche chronische Krankheiten (siehe Liste) erfolgreich therapiert, aber vor allem auch **vermieden** werden können. Die Einnahme einer antioxidativen Vitalstoffmischung ist für leistungsorientierte Menschen in der heutigen Arbeitswelt unbedingt anzuraten.

Minimalpaket

Die heute vermehrt empfohlene antioxidative Ernährung unterscheidet sich nicht von den seit Jahrzehnten empfohlenen Ernährungsregeln der orthomolekularen Medizin: viel frisches Obst und Gemüse, weniger Fleisch.

Da aber durch eine solche gewohnte Ernährung die zum Schutz vor Erkrankungen nötigen Mengen an antioxidativen Vitaminen *nicht* erreicht werden, empfiehlt sich die tägliche Einnahme von:

- 1g Vitamin C (am besten in retardierender, d.h. langsam auflösender Form)
- 300–400 mg Vitamin E
- 250–350 mg Magnesium
- 15 mg β-Carotin
- 1 Tablette Vitamin-B-Komplex (ungefähre Dosierung siehe Stress-Mix unten)
- In der Apotheke (Bundesrepublik Deutschland) bekommen Sie z.B. die Produkte: Cetebe – Vitamin C retard, Lasar – eine Vitamin-E/Magnesium-Kombination, Neuroratiopharm – ein Vitamin-B-Komplex
- In der Apotheke (Schweiz) bekommen Sie z.B. die Produkte: Redoxon – Vitamin C retard, Ephymal – Vitamin E, Biomed/Verla – Magnesium

Nehmen Sie Vitamine C- und B-Komplex morgens und die Vitamin E/Magnesium-Kombination abends ein, damit sich die Vitalstoffe im Magen-Darm-Trakt nicht gegenseitig behindern (so genannter **Antagonismus**, d.h. entgegensetzende Wirkungsweise).

Um die gleichen Mengen an antioxidativen Vitaminen über natürliche Nahrungsmittel aufzunehmen, müssten Sie z.B. zu sich nehmen:

- Für 1 g Vitamin C etwa 5 kg Kartoffeln oder 1,5 kg Orangen oder 5 Liter Multivitaminsaft (Vitafit)
- Für 400 mg Vitamin E etwa 4 kg Erdnüsse oder 0,6 kg Olivenöl oder 12 Liter Multivitaminsaft (Vitafit)
- Für 15 mg β-Carotin etwa 5 kg Kartoffeln oder 0,8 kg Aprikosen oder Karotten

Als Alternative stehen ebenfalls die in Drogerien und Supermärkten erhältlichen Brausetabletten zur Verfügung. Ein Blick auf die Packung lässt aber erkennen, dass diese meist viel zu gering dosiert sind (sonst wären die Produkte auch viel teurer). Auch ist der oben erwähnte Antagonismus bei diesen Produkten ein Problem. Dazu einige Angaben (jeweils für 1 Tablette):

	Vitamin C	Vitamin E	Magnesium
Supradyn	180 mg	10 mg	40 mg
Centrum A-Z	60 mg	10 mg	100 mg
Multibionta	75 mg	12 mg	50 mg

Die Produkte werden meist mit Angaben zur empfohlenen Tagesdosis versehen (z. B. «enthält 80 % der empfohlenen Tagesmenge»), mit denen dem Konsument suggeriert werden soll, er habe alles, was er an Vitaminen brauche. Das grosse Problem ist jedoch, dass die gemachten Empfehlungen nicht den heutigen Erkenntnissen entsprechen. Kommerzielle Gründe verhindern zurzeit noch die Aufklärung des Konsumenten und eine sinnvollere Produktpalette für die Gesamtbevölkerung.

Stress-Mix
Sind die Stresssymptome bereits fortgeschritten und machen sich die ersten Erschöpfungszustände bemerkbar oder steht Ihnen eine Periode mit erhöhter Belastung bevor, dann kann mit einer geeigneten Vitalstoffmischung dem Körper geholfen werden. Für eine Stresstherapie empfiehlt sich folgende Zusammensetzung und Tagesdosis:

Vitamine	Tagesmenge
Vitamin A	2 mg
Vitamin B1	10 mg
Vitamin B2	10 mg
Vitamin B6	20 mg
Vitamin B12	230 µg
β-Carotin	16 µg
Biotin	50 µg
Vitamin C	1000 mg
Cholin	80 mg
Vitamin D3	5 µg
Vitamin E	400 mg
Folsäure	400 µg
Inositol	60 mg

Vitamine	Tagesmenge
Niacin	10 mg
PABA	20 mg
Pantothensäure	20 mg
Spurenelemente	
Chrom	50 µg
Jod	50 µg
Kupfer	2 mg
Mangan	5 mg
Molybdän	50 µg
Selen	100 µg
Vanadium	50 µg
Zink	10 mg
Mineralstoffe	
Magnesium	350 mg
Aminosäuren	
L-Cystein	150 mg
L-Methionin	250 mg
Quasi-Vitamine	
Coenzym Q10	30 mg
Bioflavonoide	
Quercetin	800 mg
Ballaststoffe	
Guar	2,2 g
Cellulose	3,1 g

Eine solche Mischung ist nur dann voll wirksam, wenn die Vitalstoffpräparate in retardierter Form vorliegen. Ein(e) versierte(r) Apotheker(in) kann Sie über solche speziell zusammengestellten Vitalstoffmischungen beraten. Auch sind im Serviceteil Bezugsadressen angegeben.

Damit wir nicht falsch verstanden werden, weisen wir darauf hin, dass eine Vitalstoffmischung nur einen Teil in einer Stresstherapie darstellen kann. Es muss je nach Stadium eine grundlegende Änderung der Lebensgewohnheiten herbeigeführt werden.

Massnahme 9 – Essen Sie täglich frisches Obst und Gemüse und bevorzugen Sie naturbelassene, unverarbeitete Nahrungsmittel. Fügen Sie Ihrer täglichen Nahrung eine Vitalstoffmischung hinzu.

Zusammenfassung

Nun sind doch einige Massnahmen zusammengekommen, daher gilt es, Prioritäten zu setzen:

Für Personen, deren Gesundheitsziel in die Gruppe 2 (Figur) fällt, wird der Schwerpunkt zunächst auf den Massnahmen bezüglich der Menge liegen.

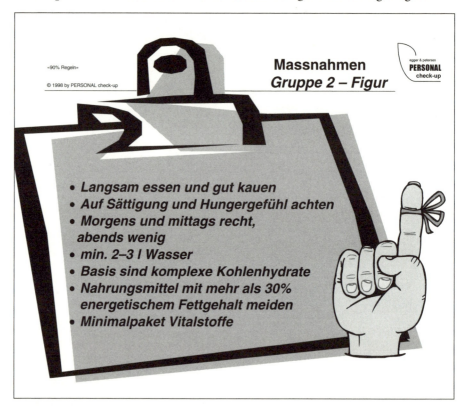

Für Personen mit Gesundheitszielen aus Gruppe 1 und 3 steht die Qualität der Nahrungsmittel im Vordergrund.

Bei Zielen aus der Gruppe 4 (Ehrgeiz) geht es vor allem um sportspezifische Ernährung. Grundsätzlich können die gleichen Grundregeln für die tägliche Sporternährung geltend gemacht werden. Ernährungspläne für die jeweiligen Ereignisse (z.B. Marathon oder Ironman) finden Sie in den gleichnamigen Büchern.

Die Belohnung
Klingt das Kapitel für Sie nach «nie mehr geniessen»? Essen Sie so gerne wie wir? Sie sind ein Geniesser, was das Kulinarische anbelangt? Kein Problem, denn wenn Sie sich sechs Tage in der Woche disziplinieren und Ihre Ernährungsmassnahmen konsequent umsetzen, dann haben Sie das Anrecht auf eine Belohnung.

Machen Sie pro Woche einen **Junk-Food-Tag**, wo Sie alle Regeln über Bord schmeissen und nach Herzenslust alles essen und trinken, was und wann Sie wollen. Geniessen und zelebrieren Sie diesen Tag auch mit Ihrer Familie oder Ihrem Lebenspartner. Sie müssen keine Angst haben, dieser eine Tag wirft Sie nicht zurück und macht auch nicht alles zunichte, denn es ist das *stete* Zuviel und Falsch, das der Gesundheit schadet. Einmal pro Woche über die Stränge schlagen werden Sie mit Ihrem Bewegungstraining problemlos verkraften. Nochmals in Worten: *ein* Junk-Food-Tag pro Woche.

Unterstützende Massnahmen im Unternehmen

Ein treffendes Motto aus dem Volksmund lautet: «Ohne Mampf kein Kampf».

Nachfolgend **einzelne** Massnahmen, die das Unternehmen ergreifen kann, um eine bedarfsgerechte Ernährung der Mitarbeiter zu unterstützen. Folgende Möglichkeiten bieten sich an:

Einrichtungen wie firmeneigene Kantinen
Bestehen bereits Kantinen oder kantinenähnliche Einrichtungen im Unternehmen, dann ist es ein Leichtes, entsprechend geeignete Gerichte (Vollwert, Rohkost, fettreduziert) im Menüplan aufzunehmen. Natürlich braucht es etwas Überzeugungsarbeit beim Küchenchef und auch Aufklärungsarbeit bei den Mitarbeitern, weshalb solche Menüs durchaus Sinn machen.

Wer dieses Thema «outsourcen» möchte, findet am Markt verschiedene Anbieter. Die Firma Eurest hat das Thema sehr gut umgesetzt und bietet unter dem Motto «Von allem etwas, von nichts zuviel» verschiedene Module zur gesunden Mitarbeiterverpflegung an. Umgesetzt werden:

- Tägliches Angebot von halben Portionen, Rohkostsalaten und frischem Obst
- Einsatz von Produkten aus ökologischem Anbau, ballaststoffreichen Beilagen und jodiertem Salz

In diesem Programm sind Elemente wie «Vegetarisch», «Frisch vom Grill» und «Fitness Corner» enthalten. Kontaktadressen finden Sie im Serviceteil.

Getränkeservice
Der Kaffeenachschub in den Büros ist meist sichergestellt, aber dann hört es auch schon auf. Ab und zu trifft man auch noch einen Getränkeautomaten an, aber neben einem reichhaltigen Angebot an «Zuckerwässern» gibt der wenig Geeignetes her.

«Freies Mineralwasser für alle Mitarbeiter» heisst die richtige Devise und eine Flasche auf dem Bürotisch bzw. neben dem PC sollte zum guten Ton gehören.

Frisches Obst
Sehr häufig wird in den Empfangsräumen und Eingangshallen für frische Blumen gesorgt. Ein «Flower-Service» bringt täglich neuen Augenschmaus, an dem sich die Besucher und Mitarbeiter erfreuen. Ebenso simpel ist frisches Obst zu organisieren. Geeignete Platzierungen sind Rezeption, Meeting- und Aufenthaltsräume, Wartezonen sowie Küche und Kaffee-Ecken.

Einrichtungen für Selbstverpflegung
Abgesehen von geeigneten sanitären Einrichtungen (siehe Kapitel »Säule 1« Duschen) hapert es häufig an den einfachsten Ausstattungselementen wie Anrichte und Kühlschrank. Speziell in Grossstadtbüros (z.B. kleineren Niederlassungen oder Vertriebsbüros auch namhafter Konzerne), wo jeder Quadratmeter rentabel genutzt werden muss, fehlen solche Einrichtungen.

Wenn Sie möchten, dass sich Ihre Mitarbeiter im Unternehmen «wie zu Hause fühlen», dann müssen Sie auch die Voraussetzungen dafür schaffen. Die Investitionen zahlen sich mittelfristig definitiv aus. Sollten Sie jedoch unsicher sein, da die Rentabilität der Niederlassung oder Betriebsstätte in Frage gestellt ist, dann lösen Sie erst dieses Problem.

Säule 3

6

Säule 3

Mentale Stressbewältigung

Das vorher beschriebene Herzkreislauftraining bewirkt unter anderem, dass ein Grossteil der körperlichen Reaktionen, die durch die Stressoren hervorgerufen werden, **geringer** ausfallen. Das heisst, der Körper schüttet in gleicher Situation weniger Stresshormone aus, Blutdruck und Herzfrequenz steigen nicht mehr so stark an usw.

Auch lösen sich beim Bewegungstraining gedankliche Verspannungen, was deutlich dadurch zum Ausdruck kommt, dass die Mehrheit der betreuten Personen berichten, während ihres Herz-Kreislauf-Trainings

- hätten sie die «besten Ideen»
- kämen ihnen häufig «Geistesblitze»
- hätten sie einen «klaren Kopf»
- könnten sie endlich mal «abschalten»

Die Liste der abgegebenen Umschreibungen ist beliebig lang und bringt zum Ausdruck, wie stark in der heutigen Zeit unser Bedarf ist, gerade die **gedanklichen Anspannungen** zu lösen.

Wir haben jedoch die Erfahrung gemacht, dass das Herzkreislauftraining alleine meist *nicht* ausreicht, um die Anspannungen zu lösen. Vielen Personen fehlt die Fähigkeit des «**Abschaltens**». Bei ihnen läuft die Arbeit permanent weiter. In Gedanken wird am nächsten Tag, an Unerledigtem, an Projekten usw. herumstudiert. Die Familie oder der Lebenspartner berichten, dass der Vater bzw. Partner am Ende eines Arbeitstages «gedanklich abwesend» ist und auf Störungen gereizt reagiert. Häufig reicht dieser Prozess bis in den Schlaf hinein, da der Belastete Hunderte von Gedanken zu Arbeit, Projekten und zum nächsten Tag hat. Die Chinesen umschreiben dies mit dem Ausdruck «das Affengeschnatter».

So wundert es kaum, dass Pharmaka mit dem Schlafhormon Melatonin, genauso wie Antidepressiva, hohe Zuwachsraten haben. Nicht selten werden diese Hormonpräparate in Kombination mit Alkohol eingenommen.

Tagsüber eine Entspannung herbeizuführen und so die Leistungsfähigkeit zu erhalten ist uns eher fremd.

Leider passt das Thema «Ausruhen und Entspannen» so gar nicht in unsere heutige Leistungsgesellschaft. Getreu der Devise «höher, schneller, weiter» bleibt der Rückblick auf bereits Geleistetes und das ausgiebige Geniessen, Feiern und Verarbeiten von Erfolgen meist auf der Strecke. Kaum ist ein Ziel erreicht, wartet schon das nächste, kaum neigt sich das Geschäftsjahr dem Ende und das Budget wurde erreicht, wird die «Messlatte» für das neue Jahr höher gelegt. Im Geschäftsleben mag das für ein paar Jahre funktionieren, doch bei unserem Körper haben wir es nun mal mit der Natur zu tun und die beruht immer auf Gegensätzen (Tag/Nacht, Ebbe/Flut, Winter/Sommer usw.). Markant ist das Zitat eines Vertreters einer grossen Schweizer Krankenversicherung: «Wer permanent die Eigenkapitalrendite hinaufschrauben will, produziert menschlichen Ausschuss.» (Quelle: Cash April 1999)

Im Alltag unserer Leistungsgesellschaft wird das Prinzip von Anspannung und Entspannung missachtet, dem Körper werden täglich neue Reize zugemutet, ohne dass er die Gelegenheit hat, diese auch zu verarbeiten. Treiben Sie als Berufstätiger Sport, dann schaffen Sie zu den meist psychischen Reizen eines Arbeitstages einen physischen Ausgleich, aber in dem Moment, wo Ihr Training intensiv ist (gelber und roter Pulsbereich), stellt es noch einen zusätzlichen Reiz dar, der ebenfalls verkraftet werden muss. Man spricht ja in der Trainingslehre nicht umsonst von einem Trainings*reiz*.

Es erscheint also sinnvoll, sich eine «Abschalttechnik» anzueignen und regelmässig anzuwenden. Dies gilt insbesondere für Personen mit einem Gesundheitsziel der Gruppe 3, aber im Rahmen einer Unterstützung und Entfaltung der individuellen Leistungsfähigkeit auch für alle anderen Berufstätigen.

Entspannungsmethoden

Ohne Anspruch auf Vollständigkeit stellen wir kurz die gängigsten Methoden vor. Vordergründig betrachtet werden:

- Erlernbarkeit
- Inhaltliche Elemente
- Dauer und Häufigkeit

Autogenes Training

Durch die Technik der systematischen Selbstbeeinflussung werden körperliche und geistige Entspannungsprozesse aktiviert. Der Übende programmiert im Selbstgespräch seinen Körper. In einem ruhigen und abgedunkelten Raum oder vor dem Einschlafen werden permanent Sätze ruhig und leise gesprochen wie:

- «Mein Körper wird immer schwerer und schwerer …»
- «Ich werde ruhiger und entspannter, ich werde immer ruhiger und entspannter …»
- «Ich lasse von allen Gedanken los, die Gedanken sind immer weiter weg …»

Die eigene gedankliche Aktivität ist relativ hoch, man muss sein Programm vor- und durchdenken. Zum Erlernen ist in der Regel die Teilnahme an einem mehrwöchigen Kurs notwendig. Eine ausführliche Übung dauert zwischen 30 und 60 Minuten und muss speziell in der Anfangsphase häufig, am besten täglich, wiederholt werden.

Wichtig: Seriöse Angebote sind frei von hypnotischen und fremd bestimmten Elementen.

Meditation

Die Meditationstechniken sind meist indischen Ursprungs. Neben religiösen Hintergründen haben sie sich als einfache Entspannungsmethoden bewährt. Die Anwendung ist denkbar einfach: Der Meditierende wiederholt sitzend und mit geschlossenen Augen rhythmisch in Gedanken ein Klangwort (Mantra) oder ein Bild (Mandala), um «zu sich zu finden».

In dieses Zusichfinden wird in unserer westlichen Welt sehr viel Mystisches und Spirituelles hineininterpretiert, was gar nicht vorhanden ist. In den meist sehr blumigen Interpretationen kommt nichts anderes als der Wunsch zum Vorschein, aus unserer sehr sachlichen und rationalen Welt zu entfliehen.

Für die fernöstlichen Anwender gehört es zum gewohnten Alltag, mehrmals für kurze Zeit in sich zu gehen und aus der Meditation innere Ruhe, Kraft und Zufriedenheit zu schöpfen. Westliche esoterisch-spirituelle Anbieter von Meditationskursen erzählen gerne mystische Geschichten, die aber jeder Realität entbehren und in den Bereich Romanliteratur gehören.

Zurück zur Technik: Mit dem eintönigen Rhythmus, z.B. Denken eines Klangwortes (meist zwei Silben, die keine Bedeutung haben), kann der Meditierende das «Affengeschnatter» zur Ruhe bringen. Es wird eine hohe gedankliche Entspannung erzielt, da für die Durchführung kein Gedankenprogramm oder Ablauf notwendig ist, der das gewünschte «Loslassen» erschwert.

Die Meditation wird in Indien vom «Gelehrten» an den Schüler weitergegeben. Bei uns im Westen wird die Technik in mehrwöchigen Kursen oder einzeln bei einem Lehrer erlernt. Da die Techniken sehr einfach sind (man muss es nur tun – es einfach geschehen lassen), gibt es mittlerweile auch Angebote zum selbstständigen Erlernen und Durchführen. Die Dauer einer Meditation liegt bei 20 bis 30 Minuten. Je nach Belastung wird sie von zweimal wöchentlich bis zweimal täglich durchgeführt.

Wichtig: Seriöse Angebote sind frei von hypnotischen und fremd bestimmten Elementen.

Progressive Muskelentspannung

Diese Technik wurde von G. Jacobson an der Harvard-Universität entwickelt. Die Technik besteht darin, dass sich der Übende den Anspannungs- und Entspannungszustand seiner Muskulatur bewusst macht. Sie wird meist sitzend und mit geschlossenen Augen durchgeführt. Auch Varianten im Liegen zum Einschlafen oder bei Bettlägrigen zur Erhaltung der Muskulatur sind üblich. Es werden in einer bestimmten Reihenfolge zunächst einzelne Muskelgruppen bis zum Äussersten angespannt und anschliessend allmählich wieder loslassend völlig entspannt. Im weiteren Verlauf der Übung werden dann umliegende Muskelgruppen (z.B. Zehen, Waden, Oberschenkel und Gesäss) zusammen mehrfach angespannt und entspannt, bis der ganze Körper ruhig und entspannt ist. Dabei konzentriert sich der Anwender auf die Wechsel und das bewusste Erleben der Entspannung. Die progressive Muskelentspannung nach Jacobson ist einfach von der Audio-CD oder Kassette zu erlernen. Wegen der hohen körperlichen Betonung kommt sie häufig bei anderen Techniken als einleitende körperliche Entspannungsübung zum Einsatz.

Tai Chi
Das chinesische Schattenboxen besteht aus langsam durchgeführten Bewegungen. Der Anwender konzentriert sich auf seine Atmung und lenkt seine Gedanken auf bestimmte bildhafte Vorstellungen. Die Übungen sind entspannend und wirken sich zudem positiv auf die Beweglichkeit aus. Das Schattenboxen soll auch eine regulierende Wirkung auf das vegetative Nervensystem haben. Auch Tai Chi hat eine eher körperliche Betonung. Es wird in der Regel durch einen Lehrer in mehrwöchigen Kursen vermittelt. Am Markt sind auch Bücher und Videolehrgänge erhältlich. Eine Tai-Chi-Lektion dauert zwischen 40 und 60 Minuten und wird meist zwei- bis dreimal pro Woche durchgeführt.

Yoga
Auch das Yoga hat wie die Meditation seinen Ursprung in der indischen Religion. Das Wort selber kann mit Bindung übersetzt werden. Durch Yoga soll eine Bindung zum Göttlichen erfolgen. Daher geht das Yoga auch weit über die im Westen praktizierten Körperhaltungen und Atemtechniken hinaus und umfasst z.B. auch Ernährungs- und Lebensregeln.

Ungeachtet solcher religiöser Deutungen können Yogaübungen als Entspannungstechnik dienen. Dazu werden die Yogaposen langsam eingenommen und mehrere Minuten gehalten. Nicht beanspruchte Muskeln entspannen sich, Atem- und Pulsfrequenz und Blutdruck sinken für die Dauer der Übung. Die Technik des Yoga ist sicher weniger körperaktiv als Tai Chi oder progressive Muskelrelaxation.

Auch bei Yoga führt der Weg zunächst über einen versierten Lehrer. Ein Yogaprogramm dauert 40 bis 60 Minuten und wird zwei- bis dreimal pro Woche angewendet.

Mentaltraining aus dem Sport
Die Technik hat ihren Ursprung eigentlich in der Raumfahrt, wo bereits in den sechziger Jahren mit den Astronauten Abläufe, Prozeduren und Arbeitsprogramme gedanklich «simuliert» wurden. Erst sehr viel später wurde das Mentaltraining auch im Sport eingesetzt. Die Methodik ist immer gleich:

Durch verschiedene Elemente (auch Kombinationen obiger Methoden) wie z.B. progressive Muskelentspannung, Entspannungsmusik, entspannte Sitzhaltung bringt sich der Sportler in einen Zustand der «tiefen Entspannung». In diesem Zustand stellt er sich dann einen erwünschten Zustand (z.B. Gelassenheit eines Athleten in der Startphase), ein angestrebtes Ziel (z.B. Sieg eines Matchs) oder auch einen technisch schwierigen Bewegungsablauf (Eiskunstlauf, Hochsprung usw.) vor. Die effektive Handlung wird dadurch später «unbewusst» unterstützt. Das Mentaltraining selber ist eigentlich keine eigenständige Methode zur Entspannung. Es ist an dieser Stelle nur aufgeführt, weil es in engem Zusammenhang mit den gebräuchlichen Entspannungstechniken steht.

Hintergrund der Entspannungstechniken

Im Mentaltraining bringt sich der Sportler in einen Zustand der tiefen Entspannung, um dort sein Unterbewusstsein zu programmieren. In diesem Zustand wird aber auch gezielt eine «gedankliche» Entspannung erreicht. Das Abschalten und Loslassen kann mit etwas Übung bewusst herbeigeführt werden. Wie grenzt sich nun der Zustand der tiefen Entspannung ab von z.B. Schlaf und Wachzustand?

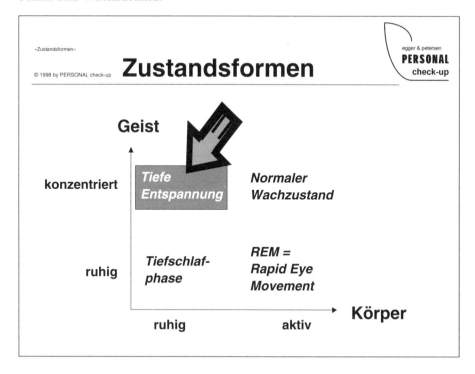

Die uns bekannten Zustandsformen sind:

- Der normale Wachzustand (Körper und Geist wach)
- Die Tiefschlafphasen (Körper und Geist ruhig)
- Die REM-Phasen (Geist ruhig, Körper bewegt)

REM = rapid eye movement, zu deutsch heftige Augenbewegungen, jene Phasen des Schlafes, wo unser Körper recht aktiv ist, wir dies aber nicht bewusst wahrnehmen.

In diesen drei Zustandsformen befinden wir uns täglich. Im Zustand der tiefen Entspannung, wo der Geist hellwach und der Körper absolut ruhig ist, befinden wir uns selten bis nie. Er ist aber sehr wichtig, da mit ihm ein hoher Erholungswert erzielt wird, wie auch die Reize des Tagesgeschehens optimal verarbeitet werden können. Dieser Zustand kann durch verschiedene Entspannungstechniken mehr oder weniger gut erreicht werden. Aus unserer langjährigen Praxis hat sich die Kombination von mehreren Techniken in eine kurze und komprimierte Übung als sinnvoll erwiesen.

Mentale Stressbewältigung in der Praxis

Die hier vorgestellte Übung möchten wir *nicht* als Dogma verstanden wissen. Wenn Sie eine der oben genannten Techniken regelmässig und mit gutem Erfolg anwenden, dann ist für Sie die Säule 3 mehr als erfüllt. Auch sind die in solchen Übungen enthaltenen Elemente wie Hintergrundmusik, Sprecher und Ablauf immer eine Frage des persönlichen Geschmackes. Wenn Ihnen Elemente der beiliegenden Audio-CD nicht gefallen, dann probieren Sie eine andere Entspannungs-CD. Wichtig ist, dass Sie ein solches Training in Ihren Alltag integrieren. Adressen zweier Anbieter finden Sie im Serviceteil.

Bei unserer Entspannungsübung wurden folgende Prämissen berücksichtigt:

- Anwendbarkeit ohne Schulung oder mehrwöchigen Kursbesuch
- Hoher Effekt bei kurzer Übungszeit
- Frei von Suggestionen («Stellen werden immer müder …» usw.)

Die Elemente des Entspannungstrainings sind

- Kurze, progressive Muskelentspannung
- Einige kurze Atemübungen
- Einfache Meditation mit einem Mantra
- Hintergrundmusik

Vorgehen

Die Übung ist sehr einfach und ohne Vorkenntnisse durchzuführen. Sie brauchen nur die im Buch befindliche Audio-CD (Übung 1), einen CD-Player, einen Stuhl, einen ruhigen Raum oder eine ruhige Umgebung. Sie können die Übung auch im Auto durchführen, im Besonderen dann, wenn Sie lange Strecken fahren müssen oder wenn Sie nach der Fahrt einen wichtigen geschäftlichen Termin wahrnehmen müssen. Führen Sie das Entspannungstraining nur auf dem Parkplatz durch, auf keinen Fall während der Fahrt.

Hören Sie am Anfang ein-, zweimal die Einführung, um später direkt zur Übung 1 zu gehen. Es ist ganz einfach – folgen Sie den Anweisungen der Sprecherin. Sie müssen sich nicht gross konzentrieren. Wenn Sie sich im Verlauf der Übung kratzen müssen oder z.B. niesen, dann tun Sie es einfach, es mindert die Wirkung nicht. Sollten Sie während Ihrer Übung gestört werden, reagieren Sie und erledigen Sie das Nötige, um dann wieder zur Übung zurückzukehren. Schauen Sie grundsätzlich nicht auf die Uhr und stellen Sie auch keinen Wecker. Am Ende der 20 Minuten werden Sie aufgefordert, die Augen wieder zu öffnen. Sie müssen sich um nichts kümmern.

Dauer

Die Übung 1 dauert etwa 20 Minuten. Sie werden mit der Zeit merken, dass Sie ein Vielfaches durch die Übung gewinnen.

Häufigkeit und Zeitpunkt

Es empfiehlt sich, die Übung mit einer gewissen Regelmässigkeit durchzuführen. Für Aufbau und Erhaltung sind **zwei Übungen pro Woche** nötig. Es ist ideal, wenn Sie auf Ihrem Nachhauseweg unterwegs anhalten und die Übung durchführen. Sie kommen erholt und entspannter zu Ihrer Familie. Natürlich können Sie den Zeitpunkt, an dem Sie Ihre Entspannung durchführen, frei wählen. Jedoch sollten Sie diese nicht kurz vor dem Schlaf durchführen, sondern am besten direkt nach Ihrer Arbeit.

Ein weiterer Einsatz bietet sich während eines anstrengenden Arbeitstages. Da die Stressoren permanent und in dichter Folge kommen, ist das Einlegen von Entspannungsphasen auch während des Tages sinnvoll. Die investierte Zeit ist nicht verloren, wie viele Manager glauben. Denn es ist belegt, dass in den Stunden nach einer solchen Pause die geistige Leistungsfähigkeit, Reaktionsgeschwindigkeit und die Fähigkeiten des Gedächtnisse sehr viel besser sind als in der zweiten Hälfte einer 10-stündigen Arbeitsphase, die nonstop durchgezogen wurde. Meist wird die investierte Zeit um ein Vielfaches wettgemacht.

Wirkung

In mehreren Messungen haben wir die Wirkung der Übungen untersucht und sind unter anderem so auf diese Kombination verschiedener Techniken gekommen. Exemplarisch ist hier die Pulskurve einer Testperson abgebildet, die während der Übung aufgezeichnet wurde. Prägnant sind der Einstieg in die Übung und der Ausstieg.

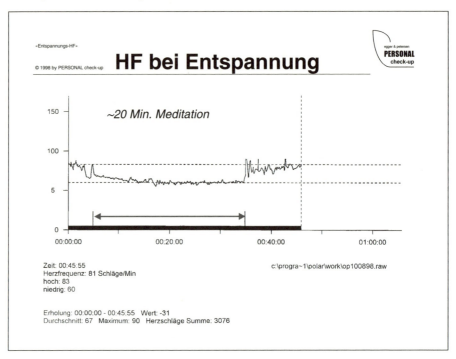

Alternativen

Es bieten sich auch weitere Alternativen zu den oben vorgestellten Methoden wie:

Zusätzlicher Schlaf (Kurz- oder Büroschlaf)

Dem kleinen Nickerchen zwischendurch werden ähnliche positive Wirkungen wie der Meditation nachgesagt. Eine Schlafpause von einer halben Stunde reicht bereits aus, damit der Körper einige regenerativen Prozesse vollziehen kann, um danach wieder einiges mehr an Leistungsfähigkeit zu bieten als vorher.

Sauna
Der regelmässige Gang zur Sauna kann unter gewissen Umständen ebenfalls eine Massnahme zur Stressbewältigung darstellen. Folgende Voraussetzungen sollten dazu gegeben sein:

- Der Saunagang stellt kein gesellschaftliches Ereignis dar, bei dem mehrere angeregte Gespräche in der Saunakabine stattfinden, sondern es herrscht Stille.
- Die Temperatur ist angenehm und führt nicht zu übermässig erhöhter Herzfrequenz oder gar Erschöpfung.
- Der Gang zur Sauna wird regelmässig, Sommer wie Winter, unternommen.

Massage
Die klassische Massage und deren fernöstliche Pendants wie z. B. die chinesische Akupressur oder das japanische Shiatsu sind durchaus geeignete Entspannungstherapien. Ein erfahrener Therapeut weiss um die Zusammenhänge von Körper und Geist und wird das Lösen von geistigen Verspannungen nicht durch Gespräche stören.

Stressbewältigung vs. Stressbeseitigung
Es sei betont, dass alle Massnahmen zur Stressbewältigung immer nur helfen können, besser mit dem Stress umzugehen. Das oberste Gebot in der Bekämpfung von Stress wird immer die Analyse und anschliessend die Minimierung bzw. Beseitigung der Stressoren sein.

Kernaussagen zum Entspannungstraining
- Mentale Stressbewältigung beginnt mit dem Abschalten und Loslassen.
- Die Integration einer Entspannungstechnik in den Alltag lohnt sich für alle Personen.
- Führen Sie zweimal pro Woche die Entspannungsübung oder eine geeignete Alternative durch.

Unterstützende Massnahmen im Unternehmen

Wie beim Bewegungstraining liegt die Durchführung eines regelmässigen Entspannungstrainings zum grössten Teil in der Eigenverantwortung der Mitarbeiter und Mitarbeiterinnen.

Im Rahmen eines firmeninternen Gesundheitsprogramms kann das Durchführen von mentalen Entspannungsübungen vom Unternehmen gefördert werden. Als einzelne Massnahmen bieten sich an:

Kursangebote für Entspannungstechniken wie Meditation oder Tai Chi

Ein solches Angebot findet sich mittlerweile bei den meisten Konzernen im internen Ausbildungsprogramm unter der Rubrik «Personal Skills». Es ist im Dschungel des Aus- und Weiterbildungsmarktes nicht immer ganz einfach, seriöse und erprobte Angebote herauszufiltern. Hier hilft nur eins: Referenzen und Empfehlungen einholen.

Einrichten eines Ruhe-, Meditations- bzw. Schlafraums

Bei einer solchen Investition verhält es sich ähnlich wie mit dem Fitnessraum. Es bekunden recht schnell einige Personen Interesse. Das heisst leider nicht, dass vom Angebot dann später tatsächlich Gebrauch gemacht wird. Bei der IBM Schweiz wurde am Hauptsitz in Altstätten ein Meditationsraum eingerichtet, der aber laut Auskunft der Ausbildungsabteilung selten bis nicht genutzt wird.

Bei einem amerikanischen Beratungsunternehmen wurde mit mehr Erfolg ein «Napping Loft» eingerichtet. Die Einrichtung ist so populär, dass Reservierungen für die halbstündigen Schlafpausen gemacht werden müssen. (Quelle: managerSeminare Mai 1999 «Nickerchen im Büro»)

Besonderes Pausenreglement

Eine Vergütung von Entspannungspausen als Arbeitszeit erübrigt sich meistens, da die betroffene Zielgruppe sowieso über eine nicht mehr abzubauende Menge an Überstunden verfügt.

Eher diskussionswürdig sind die Versuche einzelner Unternehmen, ihren Workaholics über das Intranet zu Zwangspausen zu verhelfen, indem einfach der PC-Monitor ausgeschaltet wird.

In diesem Bereich wird es zukünftig durch die Vernetzung der Arbeitsplätze sicher noch weitere interessante Möglichkeiten geben.

7 Das Kreuz

Das Kreuz mit dem Kreuz

Natürlich lässt sich der Bogen für ein Buch im Bereich Gesundheit beliebig weit spannen. Wir haben mehrfach diskutiert, welche Themenbereiche noch dazu müssen bzw. gehören und welche nicht. Da uns selbst das «Kreuz mit dem Kreuz» nicht fremd ist (O. Petersen = Gleitwirbel L5 und zwei Bandscheibenvorfälle auf gleicher Stufe, H. Egger = periodische Hexenschüsse), läge es nahe, sich dem Thema aus eigenem Interesse zu widmen. Aber wir sind nicht die einzigen Betroffenen. Die Materie Rückenleiden hat in unseren Breitengraden ebenfalls seuchenartige Ausmasse angenommen. Wir erinnern uns: Je nach Studie liegen die Ausfallzeiten bedingt durch Rückenleiden an erster bzw. zweiter Stelle (siehe Kapitel «Gesundheit, Stress und Burnout»). Die Evolutionsforscher sehen das Übel im Umstieg vom Vierfüssler zum Aufrechtgehenden begründet. Unsere Wirbelsäule sei für eine aufrechte Gangart nicht konzipiert. Ganze Heerscharen von Anbietern sehen die Probleme ihrer Patienten ausschliesslich in der Ursache begründet, die sich nur mit ihrer Behandlungsmethode beseitigen lässt. So ist je nach Anbieter bei den meisten Menschen das Iliosakral-Gelenk blockiert, die Meridiane laufen nicht, wie sie sollten, oder die Chakren sind verschoben.

Für die Psychologen sind Rückenschmerzen nichts anderes als Folgeerscheinungen der alltäglichen Stresssymptome und demzufolge lassen sich nach den Parametern der Schulmedizin auch keine klaren Diagnosen erstellen. In der Regel wird mit erheblichem Aufwand (Computertomographie und Magnetresonanz) nach mechanischen Ursachen gesucht. Folgt man der Auffassung der Psychologen, so wäre die gezielte Stressbekämpfung und -vermeidung auch eine wirksame Prophylaxe gegen Rückenleiden. Das 3-Säulen-Programm lässt grüssen.

Bei unserer täglichen Arbeit stossen wir in den Unternehmen immer wieder auf den Problemkreis Rücken. Es war logisch, dass wir mit unseren Kunden und mit versierten Therapeuten entsprechende Massnahmen suchten, die ebenfalls dem Minimax-Prinzip entsprechen. Diese möchten wir Ihnen nicht vorenthalten, denn selbst wenn Sie nicht von Rückenleiden betroffen sind, ist es (zumindest statistisch gesehen) Ihr Kollege mit Sicherheit.

Die 5-Minuten-Vorsorge

Bei diesen Übungen handelt es sich um ein täglich durchzuführendes Minimalprogramm. Es dauert etwa fünf Minuten, jedoch wird der von unterschwelligen Schmerzen geplagte Berufstätige ein Vielfaches an Wohlbefinden für diese Investition bekommen. Die vier einfachen Übungen halten wir für die praktikabelste Lösung:

Sie lassen sich überall ohne Hilfsmittel durchführen und brauchen nur wenig Zeit.

Einzig auch hier wieder die erforderliche Selbstdisziplin:

Wie bei der Meditation lebt auch hier der Erfolg von der Regelmässigkeit. Die Übungen werden am besten täglich morgens direkt nach dem Aufstehen durchgeführt.

Durch die vielen Auslandreisen als Exportleiter war es mir nicht möglich, regelmässig einen Therapeuten oder das Fitnessstudio aufzusuchen. Auch sind viele Hotelbetten nicht gerade «rückenfreundlich» ausgestattet, so dass man morgens völlig gerädert aus dem Nest steigt.

Es handelt sich um isometrische bzw. **Halteübungen**, bei denen die jeweilige Position unter Anspannung der Muskulatur für mehrere Sekunden (20–30) gehalten wird. Der Unterschied zu der herkömmlichen Durchführung, z.B. Sit-ups, liegt darin, dass das einmalige Anspannen und Halten (statisch) der eigentlichen Belastung im Alltag viel näher kommt als das mehrmalige und kurze An- und Entspannen (dynamisch) der Zielmuskulatur, in diesem Falle der Rumpfmuskulatur. Im Berufsalltag muss diese Muskulatur *permanente Haltearbeit* verrichten, sei es im Büro- und Meetingstuhl oder im Autositz.

Die korrekte Durchführung

Übung 1

Legen Sie sich mit dem Rücken auf den Boden, winkeln die Beine leicht an, strecken die Arme Richtung Knie und spannen nun die gesamte Bauchmuskulatur an, so dass Sie den Kopf und einen Teil des Oberkörpers, zumindest die Schultern, vom Boden heben können. Halten Sie diese Position inne und zählen langsam von 20 bis 40 (etwa 20 Sekunden). Versuchen Sie dabei, soweit möglich, normal weiterzuatmen, nicht die Atmung anzuhalten. Nach dieser Zeit legen Sie den Oberkörper an und erholen sich für etwa die gleiche Zeit. Danach wiederholen Sie die Übung. Am Anfang zweimal, nach etwas Übung können Sie auf drei bis fünf Wiederholungen steigern. Es ist am Anfang anstrengend und die Muskulatur fängt an zu zittern und zu ziehen. «Don't worry» – es ist noch kein Meister vom Himmel gefallen!

Übung 2

Diese Übung ist sehr ähnlich und spricht ebenfalls die Bauchmuskulatur gezielt an. Der Schwierigkeitsgrad wird etwas erhöht, da Sie nun die Beine angewinkelt in der Höhe halten. Beim Anspannen stellen Sie sich vor, Sie wollten eine Wand vor sich wegschieben. Drücken und halten, halten, halten … (Rest wie oben).

Übung 3

Gehen Sie in den «Vierfüsslerstand» und strecken dann den rechten Arm und das linke Bein aus. Machen Sie sich so lang Sie können und halten Sie Ihre Gliedmassen möglichst waagrecht. Spannen Sie Ihr Gesäss und die gesamte Rückenmuskulatur kräftig an. Halten und weiteratmen. Danach im Vierfüsslerstand ausruhen. Nun die Übung mit dem linken Arm und dem rechten Bein wiederholen. Man braucht nur am Anfang etwas Balance, es ist reine Gewohnheitssache. Pro Kombination zwei- bis dreimal wiederholen.

Übung 4

Legen Sie sich auf den Bauch, stützen Sie Ihren Körper auf den Ellenbogen und den Zehen ab. Der Körper sollte eine möglichst waagrechte Linie ergeben. Die Kunst liegt darin, Ihren Körper so auszubalancieren, dass Ihr Rücken nicht durchhängt, aber auch Ihr Gesäss nicht wie der Gipfel des Matterhorns in die Höhe ragt. Dafür müssen Sie Ihre Rücken- **und** Bauchmuskulatur anspannen. Am besten kontrollieren Sie sich selbst vor einem Wandspiegel. Nun heben Sie langsam und abwechselnd ein Bein ausgestreckt etwas (ein paar Zentimeter) vom Boden (für zwei Sekunden), stellen es wieder ab und heben das andere. Machen Sie 20 bis 30 Wiederholungen und ruhen sich dann kurz aus, um das Ganze noch einmal zu machen.

Vorsorge im Unternehmen

Neben den individuellen Massnahmen des Einzelnen können im Unternehmen einfache und sinnvolle Vorkehrungen getroffen werden, um die Ausfallzeiten bedingt durch Rückenleiden möglichst gering zu halten.

Rückenscreening im Unternehmen

Um zu erheben, welche Ausmasse die Problematik in Ihrem Unternehmen hat, bietet sich ein «Rückenscreening» an. Im Rahmen einer solchen Rückenscreening-Aktion können Personen mit einem neu entwickelten Diagnosegerät, der «**MediMouse**», ausgemessen werden. Die MediMouse (auch Rückenmaus) liefert objektive Werte für die Form und Beweglichkeit der Wirbelsäule. Daraus lassen sich Schwachpunkte in der Haltung bzw. in der Rückenform und Rückenbeweglichkeit aufzeigen.

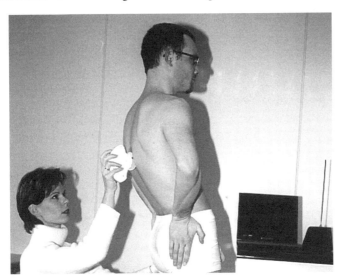

Gleichzeitig mit der Vermessung des Rückens sollte von jedem Mitarbeiter zur Erhebung ein kurzer Fragebogen zu Rückenbeschwerden ausgefüllt werden. Aufgrund der gesammelten Daten können die Teilnehmerinnen und Teilnehmer von einer Fachperson individuell und gezielt beraten werden. Rückenprobleme werden aufgedeckt und Lösungen vorgeschlagen. Stark Betroffene werden über Therapieangebote informiert. Ein Screening dauert pro Person etwa fünf Minuten, das Beratungsgespräch je nach Umfang 10 bis 20 Minuten.

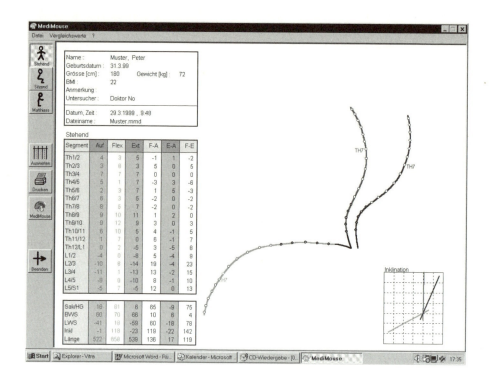

Nutzen für das Unternehmen

Durch eine Rückenscreening-Aktion liegen objektive Daten über Zustand und Ausmass an Rückenbeschwerden bei den Mitarbeitern vor. Aufgrund dieser Daten können Massnahmen, wie z.B. Ergonomie-Optimierungen, ausgearbeitet und effizient durchgeführt werden. Mittels der Rückenscreening-Aktion kann auch individuell aufgezeigt werden, bei welchen Mitarbeitern und Mitarbeiterinnen eine verbesserte Arbeitsplatzgestaltung angebracht wäre.

Entgegen der weitläufigen Auffassung sind Rückenbeschwerden nicht ausschliesslich Privatsache. Da die Beschwerden häufig mit der Arbeitsplatzsituation zusammenhängen, sind entsprechende Massnahmen zur Vorbeugung und Reduktion der Beschwerden durch das Unternehmen angebracht.

Eine Rückenscreening-Aktion eignet sich auch hervorragend als Startveranstaltung für eine Kampagne zum Thema Gesundheit am Arbeitsplatz. Die aktive Teilnahme der Mitarbeiter führt zu einer nachhaltigen Sensibilisierung für die Problematik und kann als Basis für künftige Aktionen genutzt werden (Kontaktadresse im Serviceteil).

Ergonomie des Arbeitsplatzes

Bereits über 60% der Arbeitsplätze in der Schweiz sind PC-Arbeitsplätze – Tendenz steigend. Schnell eingerichtet sind sie ja, aber oft werden simple ergonomische Regeln missachtet. Eine Studie in der Bundesrepublik Deutschland liefert alarmierende Daten:

«Über 90% der Bildschirmarbeitsplätze weisen Mängel auf. An erster Stelle stehen mit 38% Fehler bei der Aufstellung des Bildschirmes. Die daraus entstehenden Fehlhaltungen können kurzfristig zu Verspannungen und Rückenschmerzen, langfristig sogar zu Wirbelsäulenschäden führen. Bei 13% waren Beleuchtung bzw. Blendungen zu beanstanden. 11% wiesen mangelhafte Arbeitsstühle auf. Ebenfalls gab die Softwareergonomie Anlass zu Kritik, da sie häufig vorzeitiges Ermüden und Konzentrationsmängel verursacht.»

Grundlage ist eine Untersuchung von 14 000 PC-Arbeitsplätzen durch das Institut für Arbeits- und Sozialhygiene (IAS).

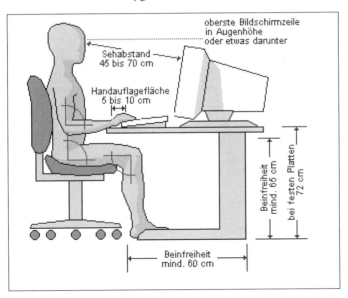

(Quelle: Universitätskliniken des Saarlandes, Verwaltung, Sachgebiet Arbeitssicherheit und Umweltschutz)

Es existieren einfache, aber gut gestaltete Ratgeber zur Ergonomie am Arbeitsplatz, insbesondere am PC-Arbeitsplatz (die zwei im Serviceteil vermerkten sind besonders zu empfehlen). Ebenso haben sich einige Dienstleister auf diesem Gebiet spezialisiert. Es leuchtet ein, dass das Anbieten von Kursen für Rückenschule im Unternehmen wenig Sinn macht, wenn nicht die Arbeitsplätze und auch der Arbeitsinhalt sowie die Arbeitsorganisation nach ergonomischen Gesichtspunkten optimiert sind.

Schlussbemerkung
Damit wir nicht falsch verstanden werden: Die vorgestellten Massnahmen sind bei chronischen Schmerzen kein Ersatz für eine individuelle und fachliche Diagnose und gegebenenfalls eine individuelle Therapie. Wir wünschen Ihnen, dass Sie durch Ihre Massnahmen davon verschont bleiben.

Effekte 8

Effekte

Effekte und «Cross-effects»

von Dr. Hansruedi Egger

In den vorangegangenen Abschnitten, insbesondere beim Thema FM-Training im grünen Bereich, haben wir bereits einige Auswirkungen erläutert. Die körperlichen Effekte Ihres Massnahmenpaketes zur Gesundheitsförderung ziehen unweigerlich psychische Effekte nach sich. Die Wechselwirkungen zwischen Physis und Psyche in diesem Bereich bezeichnen wir als **«Cross-effects»**.

Die wesentlichen Effekte und Cross-effects, die sich bei Ihnen hoffentlich recht bald einstellen werden, sind nachfolgend kurz beschrieben.

Wie kommt es nun dazu, dass Sie sich im täglichen Gewitter der Stressoren besser behaupten können? Weshalb verkraftet Ihr Körper mit dem 3-Säulen-Programm diese Belastungen besser?

Positive Effekte auf den Körper und Geist sind sehr vielfältig. Generell lernen alle Organe effizienter zu arbeiten, d.h. mit gleichem Aufwand mehr zu leisten. Sehr deutlich wird das am trainierten Kreislauf eines Weltklasseläufers, der über lange Distanzen im Schongang ein Lauftempo erreicht, das ein wenig Trainierter nur mit grösster Anstrengung und auch nur über kürzeste Zeit durchhalten kann.

Effekte für Ihr Herz

Am häufigsten ist die Rede vom Nutzen eines körperlichen Trainings auf das Kreislaufsystem. Das liegt in der Tatsache begründet, dass die Kreislauferkrankungen an erster Stelle der Hitliste für vorzeitiges Sterben liegen. Damit sind die Anzahl Jahre gemeint, welche jemand vor dem statistisch erreichbaren Alter stirbt. Zurzeit liegt dieses Alter in Mitteleuropa bei den Frauen bei 79 Jahren, bei den Männern bei 72 Jahren (siehe Kapitel «Verkehrte Welt»).

Das Herz ist ein Muskel, der wie andere Muskeln im Körper zum Verbrennen der Treibstoffe (Kohlenhydrate/Fett) Sauerstoff braucht. Durch das Training wird eine bessere Durchblutung erreicht. Dabei wird der Herzmuskel durch vermehrte Kapillaren (Haargefässe) besser mit dem lebenswichtigen, sauerstoffreichen Blut versorgt und lernt durch eine Verbesserung der Enzymaktivität ökonomischer zu arbeiten. Für eine vergleichbare Leistung ist weniger Aufwand, sprich: weniger Pulsschläge notwendig.

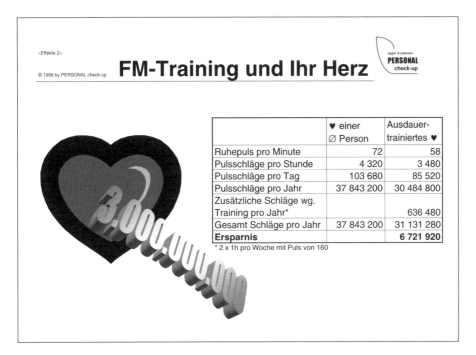

Der Muskel reagiert mit einer Grössenzunahme, die bei sehr gut austrainierten Spitzensportlern bis zum 1,5fachen des normalen Herzvolumens von 800 ml führen kann. Das Schlagvolumen, also das pro Herzschlag aus dem Herz herausgepumpte, sauerstoffreiche Blutvolumen, kann sogar auf das Doppelte ansteigen. Dabei handelt es sich um eine trainingsbedingte Grössenzunahme (Hypertrophie). Diese hat keine krankhafte Bedeutung wie etwa eine Grössenzunahme aufgrund eines jahrelang unbehandelten Bluthochdruckes.

Blutdruck
Laut Studien leiden bis zu 30% aller Männer zwischen 35 und 60 Jahren an hohem Blutdruck. (Quelle: SKOLAmed)

Somit gilt es, durch Vermeidung der Risikofaktoren und genügend Bewegung für eine gesunde Blutdruckregulierung zu sorgen. Besteht bereits ein hoher Blutdruck oder zumindest Ansätze dazu, muss durchaus nicht auf eine angepasste Bewegung verzichtet werden. Im Gegenteil – FM-Training hat eine durchaus positive Auswirkung auf die Blutdrucksituation. Generell kommt es zu einer geringen Blutdrucksenkung und allfällige Hochdruckspitzen verlaufen deutlich gemässigter. Voraussetzung ist allerdings eine sorgfältige Anpassung der Belastungsintensität nach Ihren Check-up-Ergebnissen und mit dem Pulsmesser.

Machen Sie dafür bitte einen grossen Bogen um eigentliches Krafttraining. Spielsportarten können allenfalls nach einer Stabilisierung des Blutdruckes unter sorgfältiger Kontrolle weiter betrieben werden.

Für Personen mit Problemen eines *niedrigen* Blutdrucks und gelegentlich sogar Ohnmachtsanfällen aus diesem Grund ist derselbe kontrollierte Ausdauersport das richtige Mittel, um den Blutdruck in die richtige Höhe zu heben.

Sie fragen sich vielleicht – was nun, herunter oder hinauf? Gerade die stabilisierenden Auswirkungen des FM-Trainings sind das Wertvolle an dieser Säule. Ebenfalls führt ein regelmässig durchgeführtes Entspannungstraining (Säule 3) zu einer weiteren Stabilisierung.

Die gesteigerte Leistungsfähigkeit aller Körpersysteme führt zusammen mit Einflüssen des vegetativen Nervensystems zu einer allgemein stabileren Körperfunktion und Abnahme allfälliger extremer Reaktionen auf Belastungen.

Fliesseigenschaften des Blutes

Die unter vielen anderen Faktoren für die Blutgerinnung verantwortlichen Blutplättchen können bei vorgeschädigten Gefässen (Rauchen, hoher Blutdruck, Blutzuckerkrankheit, Übergewicht usw.) zu plötzlichen Verstopfungen kleinerer, aber wichtiger Blutgefässe im Herz, Gehirn und in anderen Organen führen. Herzinfarkt, Schlaganfall, Nierenversagen u.a. sind die Folgen. Die Blutgerinnung hat in diesen Fällen über ihre normale Funktion hinaus übermässig und krankmachend reagiert.

Vermeidung der erwähnten Risikofaktoren (Rauchen, Übergewicht usw.) sowie regelmässige Bewegung (Säule 1) und gesunde Ernährung (Säule 2) verhindern solche je nach Ausmass gesundheitlichen Katastrophen.

Effekte auf den Stoffwechsel

Cholesterin

Das Cholesterin ist ein Grundmolekül vieler Hormone, die via Blut die Körperfunktionen steuern (Steroidhormone, Testosteron), aber auch Bestandteil der Zellwand und der Gallensalze, die für die Verdauung unerlässlich sind. Einen gewissen Cholesterinspiegel braucht es also.

Die «schlechten» Cholesterinanteile bestehen zu drei Vierteln aus Fettkomponenten und lagern sich besonders gerne an bereits vorgeschädigten Stellen in den Arterien, also den Blutgefässen mit dem sauerstoffreichen Blut, ab. Diese Vorschädigungen können speziell und effizient mit Rauchen hervorgerufen werden. Einmal platziert wachsen diese Cholesterinablagerungen und führen über kurz oder lang zu einer Verstopfung des Gefässes. Das Gewebe, das durch dieses Gefäss mit Sauerstoff versorgt werden will, stirbt ab.

Eine Variante dieses Prozesses ist das Platzen des Gefässes und eine Einblutung ins umliegende Gewebe. Am häufigsten sind das Herz und das Gehirn von solchen Schädigungen betroffen. Herzinfarkt und Hirnschlag sind die Folgen (siehe auch Kapitel «Check-up»).

So, wie ein richtiges Ausdauertraining alle Körperfunktionen stabilisierend beeinflusst, sind auch die Anteile der verschiedenen Cholesterinarten durch regelmässige körperliche Betätigung positiv beeinflussbar. So führt moderates Ausdauertraining zu einer prozentualen Vermehrung des «guten» HDL-Cholesterins (High Density Lipoprotein).

Empfohlene Cholesterinwerte sind:

Gesamtcholesterin unter 5,2 mmol/l   (unter 200 mg/dl)
und ein HDL-Anteil über 1,0 mmol/l   (über 40 mg/dl)

FM-Training, mindestens 2 × 40 Minuten in der Woche, erhöht Ihren HDL-Cholesterinanteil und Sie können geradezu hören, wie die «schlechten» Cholesterinmoleküle zurück in die Leber zur Aufbereitung bzw. Entsorgung kollern.

Blutzucker
Der Blutzuckerspiegel wird über verschiedene Hormone fein reguliert. Dabei müssen z.B. Situationen wie unmittelbar nach einer üppigen Mahlzeit und abschliessendem Dessert und dem entsprechenden Anfall von einfachem, schnell aufgenommenem Zucker verkraftet werden. Anderseits darf auch nach längerer Fastenphase der fürs Gehirn lebensnotwendige Blutzucker nicht entscheidend sinken. Der Organismus muss also auf sehr unterschiedliche Zucker- bzw. Kohlenhydratzufuhr reagieren können. Kompliziert wird die Situation durch den Faktor körperliche Belastung. So können die beiden Komponenten «momentane Kohlenhydratzufuhr» und «momentane körperliche Belastung» in vier hauptsächlichen Kombinationen vorkommen. Die Hormone Insulin und Glukagon sowie die Stresshormone sorgen für die notwendige feine Steuerung des Systems. Ein gesunder, ausgeruhter Körper wird mit diesen Anforderungen problemlos fertig.

Nicht mehr problemlos ist es, wenn der Zuckerstoffwechsel angeschlagen ist. Bei der Vorstufe zum Diabetes ist die Insulinproduktion der Bauchspeicheldrüse eingeschränkt und kann anfänglich lediglich die Blutzuckerspitzen nicht genügend abfangen. Mit der Zeit entwickelt sich allerdings auch hier eine permanente Blutzuckererhöhung, welche die Gefässe schädigt. Begünstigend für den Ausbruch dieser Krankheit bzw. der Manifestation des Insulinmangels sind **Übergewicht**, **Bewegungsmangel** und **Stress**. Also absolut *beeinflussbare* Faktoren. Diät mit Einschränkung der Zufuhr an Einfachzuckern, vor allem Gewichtsreduktion und regelmässige Bewegung verhelfen in vielen Fällen, zumindest für einige Jahre, ohne zusätzliche Medikamente zu einem normalen Blutzuckerverhalten. Falls Medikamente notwendig sind, können diese geschluckt werden und auf das sich unter die Haut zu spritzende Insulin kann häufig verzichtet werden.

Allerdings ist die Anpassung an die neue Situation und der anzustrebende Gewichtsverlust nicht immer einfach, da die Betroffenen meist schon im mittleren Alter sind und die über Jahre eingespielten Gewohnheiten nicht einfach über Bord geworfen werden können/wollen.

Die Rolle des Typ-II-Diabetes wird häufig verkannt, da er lange symptomarm verläuft und die Störung des Zuckerstoffwechsels sich erst als Letztes manifestiert. Bereits lange vorher sind die anderen, meist vermeidbaren Komponenten gefässschädigend wirksam.

Unter diesen Aspekten ist es natürlich optimal, durch lebenslange körperliche Aktivität das für den Ausbruch der Zuckerkrankheit entscheidende Körpergewicht im empfohlenen Normalbereich zu halten. Gleichzeitig wird der Zuckerstoffwechsel durch die körperliche Aktivität stabil gehalten.

Bei der genetisch bedingten Form des Diabetes kann es bereits als Kind oder Jugendlicher zu einer Mangelproduktion an Insulin durch die Bauchspeicheldrüse (Pankreas) kommen. Hier hilft nur lebenslange Insulinzufuhr von aussen, abgestimmt auf die jeweils herrschende Stoffwechselsituation bezüglich körperlicher Anforderung und möglicher Kohlenhydratzufuhr. Mit den heutzutage erhältlichen Insulinpräparaten in Spritzenform und der sich gezwungenermassen rasch entwickelnden Routine wird diese Zuckerkrankheit (Diabetes, in diesem Fall insulinpflichtiger Typ-I) von den Betroffenen meist gut beherrscht. Auch hier können entsprechende Massnahmen aus den Säulen 1 und 2 unterstützend helfen.

Harnsäure
Gleiches gilt zumindest sinngemäss für die Harnsäure, die Ursache für die Krankheit «Gicht». Dabei kann ein einmaliger akuter Gichtanfall mit massiven Schmerzen im betroffenen Gelenk, klassischerweise dem Grosszehengrundgelenk, auftreten. Chronische Verläufe führen zu nicht mehr rückgängig zu machenden Gelenkzerstörungen. Betroffen können alle Gelenke sein. Nierenschädigungen, Bluthochdruck und Augenschädigungen sind weitere Komplikationen unkontrollierter Harnsäureerhöhungen.

Das Zusammenspiel
Häufig treten **beeinflussbare** kardiovaskuläre Risikofaktoren wie

- Bluthochdruck (essenzielle Hypertonie)
- Niedriges HDL-Cholesterin

- Übergewicht (Adipositas)
- Blutzucker (Glucoseintoleranz bis Typ-II-Diabetes)

zusammen auf. Die Erscheinung wird im Fachjargon das «**metabolische Syndrom**» genannt. Sehr treffend ist auch der Ausdruck «**tödliches Quartett**».

Die Ursachen sind bekannt, aber niemand käme auf die Idee, unseren modernen, mechanisierten Lebensstil mit den Folgen Bewegungsarmut, Stress, Fehlernährung und Genussmittelkonsum als Ganzes in Frage zu stellen. So obliegt es dem Einzelnen, sich der Herausforderung zu stellen. Die *präventiven Massnahmen* sind logisch: vermeiden von Übergewicht durch **Bewegung** und angepasste **Ernährung**, kombiniert mit regelmässiger **Entspannung**.

Bewegungsapparat

Der menschliche Körper ist offensichtlich ein Gebilde, welches eher einen «Standschaden» erleidet, als durch zu viel Bewegung überlastet zu werden. Auf alle Fälle hat unsere Lebensweise, zumindest in der so genannten entwickelten Ersten Welt, dazu geführt, dass ungleich mehr Menschen an den Folgen eines Standschadens leiden, als dass sie wegen körperlicher Hyperaktivität verglüht sind.

Übergewicht kann als verlässliches Mass für den Spielstand im «Match» Kalorienzufuhr *gegen* körperliche Bewegung herangezogen werden. Helfen Sie dem Verlierer dieses Matchs, nämlich Ihnen, durch das 3-Säulen-Programm auf die Sprünge. Vermehrte Bewegung, nebst den 2×40 Minuten, konsequent im Alltag praktiziert, und ein angepasstes Ernährungsverhalten senken Ihr Körpergewicht.

Der durch Rückenschmerzen gebeutelte Bewegungsapparat dankt es Ihnen. Die Knie und Hüften meckern nicht mehr gleich bei jeder Treppe. Falls das Gewicht nicht in berauschende Tiefen sinkt, dürfen Sie nicht depressiv werden. Lassen Sie sich bereits am Anfang den Körperfettanteil bestimmen und verfolgen Sie die Verbesserung anhand dieses Messwertes und der wieder passenden Hosen. Gleichzeitig verschiebt sich das Verhältnis Fett/Muskulatur zugunsten der Muskulatur. Ihr Bewegungsapparat hat zunehmend mehr aktive Transportsubstanz zur Verfügung und muss erst noch weniger Ballast herumwuchten.

Über die Veränderung des Verhältnisses Muskulatur/Fett hinaus wird der übrige Bewegungsapparat mit den Knochen, Sehnen, dem Knorpel- und Stützgewebe gestärkt und leistungsfähiger.

Aber Achtung: Bereits nach einigen Wochen FM-Training haben Sie Ihre Motorleistung, sprich Herzkreislaufleistungsfähigkeit (siehe FMP), und die Bewegungskoordination deutlich verbessert. Bis Ihr Fahrgestell (Sehnen, Knochen, Stützgewebe) ebenfalls eine höhere Belastbarkeit aufweist, vergehen mehrere Wochen und Monate.

Sie werden es also mit einer falsch dosierten Bewegung, z. B. Joggen im gelben und roten Bereich, problemlos schaffen, Ihren Bewegungsapparat so nachhaltig zu überlasten, dass Ihr Neueinstieg in eine lebenslange Bewegungsaktivität beendet ist, bevor sie richtig begonnen hat.

Finden Sie allerdings den richtigen Dreh raus, so werden Sie, je nach Ihren bisher eingehandelten Standschäden, eine zunehmende Beschwerdefreiheit bemerken. Ihr Rücken schmerzt immer seltener bis überhaupt nicht mehr.

Durch die regelmässige, kontrollierte Belastung verbessert sich die Knochenstruktur und dem zunehmend weit bekannten Knochenschwund (Osteoporose) wird Einhalt geboten. Die zusätzliche Verbesserung der hormonellen Situation unterstützt diesen Effekt.

Immunsystem
Vorübergehende Stressbelastungen irgendwelcher Art (Erfolgsdruck, Umwelteinflüsse usw.) oder gar permanenter Stress unterdrücken via gesteigerter Nebennierentätigkeit und Ausschüttung entsprechender Stresshormone (z. B. Cortisol) die körpereigene Abwehr (Immunsystem).

Gelingt es Ihnen umgekehrt, durch das 3-Säulen-Programm Ihre Antwort auf Stressbelastungen herunterzufahren, bleiben Ihre Abwehrkräfte erhalten bzw. werden sogar gestärkt. Nebst einer besseren Infektabwehr gegen äussere Infektionskeime (Erkältung, Grippe, Lungenentzündungen usw.) wird auch die Abwehr gegen körpereigene, veränderte Zellen, welche permanent entstehen, effektiver. Da solche veränderten Zellen zumindest Vorstufen von Krebserkrankungen sein können, haben Sie auch in dieser Beziehung eine vorbeugende Massnahme ergriffen.

Das 3-Säulen-Programm und die Psyche
Mit folgenden Betrachtungen werde ich bei der Leserschaft sicher nicht nur auf einhellige Zustimmung stossen. Ich bin mir bewusst, dass ich mit der etwas provokativen und technisierten Betrachtungsweise des Lebens ziemlich konträr zum Zeitgeist liege.

Heute sind immer mehr Menschen von der zunehmend rasanter werdenden technischen Entwicklung hoffnungslos überfordert und entwickeln, unterstützt von gewissen Medien und ausgenützt von äusserst geschäftstüchtigen Gurus, obskure Zukunftsängste, bar jeglicher wissenschaftlicher Grundlagen.

Eine Flucht in esoterische Heilmethoden und Weltanschauungen ist die Folge. Dass die gesamten geistigen Eigenschaften und Fähigkeiten eines Menschen letztlich nichts anderes als physikalische und biochemische Vorgänge seien, mag für viele Leser sogar zu provokativ klingen.

Ich behaupte nun aber, sämtliche Lebensvorgänge haben einen physikalisch-chemischen Hintergrund, auch wenn wir heutzutage noch nicht in der Lage sind, alle Zusammenhänge zu erkennen und nachzuweisen. Hätte jemand vor 600 Jahren einen Fernsehapparat in eine Ritterburg gestellt und einen Sender gebaut, hätten die guten Ritter wohl die Tagesschau ansehen können, hätten aber in Ermangelung der Kenntnisse der physikalischen Hintergründe an eine «mystische» Begegnung geglaubt. Heutzutage wird wohl niemand an einen mystischen Hintergrund bei der Funktionsweise eines Fernsehgerätes glauben.

Die positiven Cross-effects des 3-Säulen-Programms auf geistig-mentale Fähigkeiten beruhen auf einer Effizienzsteigerung der physikalisch-chemischen Systeme. Die intellektuellen Fähigkeiten und psychische Stabilität verbessern bzw. stabilisieren sich.

Die äusserst komplexen Vernetzungen und Übertragungsmechanismen im Gehirn sind heute erst zu einem kleinen Teil bekannt (Ritter-TV-Syndrom) und viele Vorgänge muten wirklich noch mystisch an. Wir werden in Zukunft sicher lernen, auch diese Erscheinungen rational zu erklären.

- **Konzentrationsfähigkeit**
- **Gedächtnisleistungen**
- **Lernfähigkeit**
- **Kreativität**
- **Flexibilität**

sind psychische Fähigkeiten, die im Alltag einen grossen Einfluss auf unseren beruflichen und privaten Erfolg haben.

- **Reaktionsvermögen**

wird von uns vor allem im immer dichteren Strassenverkehr gefordert.

Obwohl hier die physiologischen Zusammenhänge noch lange nicht alle bekannt sind, zeigt die Erfahrung, dass die im Buch vorgestellten Massnahmen einen deutlichen Effekt auf diese psychischen Eigenschaften haben:

Nervenzellmembranen im Gehirn weisen **weniger** Schäden auf. Im gemeinsamen Zusammenspiel mit der verbesserten Reizübertragung zwischen Nerv und Muskelzelle durch spezielle Übertragungsstoffe (Neurotransmitter) **verbessert** sich die Funktion des äusserst komplex verschalteten menschlichen «Zentralcomputers Gehirn». Die vom Gehirn abhängige «Psyche» reagiert mit positiven Auswirkungen.

Die gewonnene Stabilität des Systems zeigt sich in der Verbesserung der vorher mehr oder weniger minderen Konzentrationsfähigkeit, Gedächtnisleistung, Lernfähigkeit und Kreativität.

«Effekte 1»
© 1998 by PERSONAL check-up

3 Säulen und Psyche

PERSONAL check-up
egger & petersen

- Verbesserte Durchblutung des Gehirnes
- Verbessertes Zusammenspiel von Körperteilen und Gehirn (Kommandozentrale)
- Gesteigertes Körperbewusstsein (bessere Wahrnehmung von Körpersignalen)
- Abbau von geistigen Verspannungen (Stresssymptomen)
- Unbewusste Verarbeitung von Reizen (Reizüberflutung)
- Erhöhte Reaktionsfähigkeit
- Mehr Motivation zur Problembewältigung (Winner-Modul)

Weitere angenehme Nebeneffekte:

Hervorgerufen durch Bewegung und Entspannung ist vielfach eine **Verbesserung der Schlafqualität** festzustellen.

Das **Selbstbewusstsein** und die **Ausgeglichenheit** steigen. So wird zumindest häufig von den Familienmitgliedern der Personen berichtet, die einige Monate ihr 3-Säulen-Programm durchgeführt haben.

Das 3-Säulen-Programm als Therapie

Ist die Psyche bereits soweit belastet, dass Dekompensationszeichen erkennbar sind, z.B. reaktive depressive Verstimmungen mit entsprechenden Stimmungslabilitäten und Konzentrationsschwächen, unterstützt regelmässige Bewegung (Säule 1) und Entspannung (Säule 3) die **Rückgewinnung** der früheren Stabilität. Medikamente müssen allenfalls vorübergehend die akute Situation beruhigen, können aber bald wieder abgesetzt werden. Nicht so Ihre Massnahmen des 3-Säulen-Programmes, die regelmässig und lebenslang umgesetzt werden müssen. Negative Nebenwirkungen, zumindest für Ihr Leben, sind nicht zu befürchten. Dafür übernehmen wir die Garantie.

Wirtschaftliche Effekte im Unternehmen

Neben der Fitnesswelle «schwappen» auch so manche andere Modetrends über den «grossen Teich». Eng verbunden mit dem im Moment grassierenden Wellness-Boom sind die phänomenalen Erfolgsmeldungen, die US-Firmen mit ihren Programmen zur betrieblichen Gesundheitsförderung erzielen.

Hierzu einige Kostproben:

Das Chemieunternehmen **DuPont** registrierte bei Mitarbeitern, die mit Betriebssport anfingen, einen Rückgang der Fehlzeiten um 45,5 % in einem Zeitraum von sechs Jahren. (Quelle: Manager Magazin September 1997)

Der Telefonkonzern **Pacific Bell** hat bereits 1988 ein umfassendes Programm lanciert. 1996 brachte jeder in das Programm investierte Dollar einen ROI von 1.73 Dollar.

Die Controller des Kommunikationskonzerns **Motorola** errechneten für ihr Programm zur Gesundheitsförderung sogar einen ROI von 3.15 Dollar pro investierten Dollar. (Quelle: Manager Seminare März 1999)

Bei **Johnson & Johnson** beteiligen sich 60 % aller Arbeiter, Angestellten und Führungskräfte an dem Programm «Live for Life».

Angesichts solcher äusserst profitablen Ergebnisse und traumhafter Teilnahmequoten können wir nur vor Neid erblassen und vor Ehrfurcht erstarren.

So mancher Personalchef, der bereits ein Gesundheitsprogramm auf die Beine gestellt hat, wird sich fragen: Sind wir alles Laien oder ist in den USA halt doch alles besser und grösser (inklusive der texanischen Gürtelschnallen)?

Obige genannten Erfolgsmeldungen sind mit Vorsicht zu geniessen. Erstens neigt der Amerikaner in seiner Euphorie gerne zu leichten Übertreibungen und zweitens lassen sich die Kosten-Nutzen-Rechnungen aufgrund der unterschiedlichen Krankenversicherungssysteme, Abeitgeber-Arbeitnehmer-Verhältnisse und Gesundheitsförderungsprogramme nicht 1:1 auf Europa übertragen.

Realistischer und abgesicherter erscheinen da folgende erzielten Ergebnisse:

Mit dem Programm «top in Form» konnte die Siemens AG den bereits niedrigen Krankenstand von 4,4% innerhalb zweier Geschäftsjahre um weitere 20% auf unter 3,5% senken.

Die BKK Betriebskrankenkasse Carlswerk mit den angeschlossenen Betrieben Felten & Guilleaume AG, Philips Kommunikations AG und Trefil-ARBED GmbH lancierte am Standort Köln das Programm «Hab ein Herz für Dein Herz». Nach zwei Jahren war nur noch bei 17% der Teilnehmer ein Bluthochdruck festzustellen. Im Erst-Screening lag der Anteil bei 29%.

Die Pinneberger Verkehrsgesellschaft mbH erzielte mit einem Aktionspaket gesundheitsfördernder Massnahmen 1,75 Mio. DM an Einspareffekten (Lohnfortzahlung, Personalreserve usw.). Nach Abzug der Kosten für das Programm von 350 TDM verbleibt eine Nettoersparnis von 1,4 Mio. DM pro Jahr (siehe auch Kapitel «Zielsetzung des Unternehmens»).

Unsere eigenen Erfahrungen
Durch das Programm «Lebensenergie ohne Schweiss und Stress» begannen mehr als 40% der bisher Inaktiven eines Informatikunternehmens ein zweistündiges Bewegungsprogramm (pro Woche). Nach einem Jahr waren immer noch 35% der bisher Inaktiven ihrem Programm treu. Der Krankenstand konnte um 4% gesenkt werden.

Teilnehmer des Programmes «Key-Fitness for Key-Accounts» einer Vertriebsgesellschaft erreichten neun Monate nach dem Einführungskurs eine durchschnittliche Verbesserung des Fettmobilisations-Faktors um 8%.

Weitere seriöse Untersuchungen
In einer Studie von SKOLAmed (siehe Serviceteil) wurde eine Kosten-Nutzen-Analyse für ein zweitägiges Präventionsseminar erstellt. Die Erhebung basiert auf 228 untersuchten Führungskräften. Für die Gesamtgruppe wurde eine Kosten-Nutzen-Relation von 1:1,02 ermittelt. Für die Hochrisikogruppe wurde eine Relation von 1:5,9 berechnet, d.h. der *fiktive* Gewinn liegt bei 490% in Bezug zu den Investitionskosten. (Quelle: «Einfluss eines Präventionsseminares auf kardiovaskuläre Risikofaktoren bei Führungskräften» in Arbeitsmedizin-Sozialmedizin-Umweltmedizin Mai 1997)

Aber die US-Erfolgsstories geben auch Anlass zur Selbstkritik – zwar haben wir in Mitteleuropa unendlich viele Stellen und Personen, die mit/für und um den Bereich betriebliche und staatliche Gesundheitsförderung verantwortlich sind. Aber von den vielen Fachtagungen und der erdrückenden Anzahl an Dissertationen und Fachliteratur der Institute, Stellen, Gremien, Stiftungen, Kontakt- und Koordinationsstellen kommt bei den eigentlichen Zielgruppen **herzlich wenig an**. Das seit 1997 bestehende Europäische Netzwerk für betriebliche Gesundheitsförderung ist sicher ein Schritt in die richtige Richtung.

Die 1997 von den Netzwerkmitgliedern unterzeichnete «Luxemburger Deklaration» beinhaltet durchaus sinnvolle Leitlinien zur betrieblichen Gesundheitsförderung, nach denen z.B. die **gesamte** Belegschaft in ein solches Programm mit einbezogen werden muss.

Aber es kommen Bedenken auf, dass wieder einmal mehr nur Fachsimpeleien koordiniert werden. Exponierte Stellen werden zur Selbstdarstellung benutzt und über das einzig richtige Programm (welches es nicht gibt) wird tagelang diskutiert. Doch wer bitte geht zu den Mitarbeiterinnen und Mitarbeitern, die wirklichen Bedarf haben, und zeigt ihnen, wie sie ihre Gesundheit selbst managen können? Warten Sie nicht auf den Staat – tun Sie selbst etwas für sich und Ihr Unternehmen!

9 Umsetzung

Umsetzung im Unternehmen

Als Individuum dürfte Ihnen nunmehr ausreichend klar sein, wo Sie ansetzen müssen, um Ihr persönliches Gesundheitsziel zu erreichen. Mit Ihrem individuellen 3-Säulen-Programm werden Sie Ihr magisches Dreieck ausbalancieren und als Profit eine möglichst grosse Anzahl zusätzlicher Jahre mit hoher Lebensqualität erzielen.

Unternehmen, die im Wettbewerb erfolgreich bestehen wollen, brauchen *leistungsfähige* und motivierte Mitarbeiter. In der Arbeitswelt des 21. Jahrhunderts wird die Gesundheit der Mitarbeiter zunehmend als Produktionsfaktor an Bedeutung gewinnen. So ist in der Luxemburger Deklaration zur betrieblichen Gesundheitsförderung der Europäischen Union zu lesen:

> «Gesunde, motivierte und gut ausgebildete Mitarbeiter sind sowohl in sozialer wie ökonomischer Hinsicht Voraussetzung für den zukünftigen Erfolg der Europäischen Union.»

Alles schön und gut, aber:

- **Wie** können Sie das 3-Säulen-Prinzip in Ihrem Unternehmen umsetzen?
- **Was** sollten Sie dabei beachten?
- **Wie** kann der Grossteil der Mitarbeiter von Bewegungsarmut, fehlerhafter Ernährung und mangelnder Entspannung an ein Gesundheitsförderungsprogramm herangeführt werden?
- **Wie** kann eine Verhaltensänderung erreicht werden?
- **Welche** Lernprozesse befähigen und motivieren Menschen, sich selbst aktiv gesund zu erhalten?

Der Begriff «**betriebliche Gesundheitsförderung**» (auch BGF) ist jahrelang mit den Themen Arbeitsschutz und Unfallverhütung gleichgesetzt worden. Die heutige BGF weist jedoch gänzlich andere Betätigungsfelder auf. Um nur einige (alphabetisch und unvollständig) zu nennen:

- Arbeitsorganisation
- Arbeitsplatzgestaltung (Ergonomie)
- Aus- und Weiterbildung
- Betriebssport (besser Gesundheitssport)
- Führungsstil und Sozialkompetenz
- Gesundheitsberatung
- Mitarbeiterverpflegung

- Nichtraucherschutz
- Prävention von Herzkreislaufkrankheiten
- Rückenschule
- Schutzimpfungen
- Screenings (Cholesterin, Blutdruck, Rücken)
- Stressbewältigung
- Suchtprävention

An einem Fachkongress für BGF hat man nach einigen Stunden Diskussion den Eindruck, *alle* Bereiche eines Unternehmens und seine Prozesse werden vom Thema BGF beeinflusst oder haben sich gar dem unterzuordnen. Ähnliche Appelle wurden an das Management gerichtet, als es um die Einführung von Marketing oder TQM ging.

Natürlich lässt sich der Bogen beliebig weit spannen und der kundige Laie wird ob der vielen Möglichkeiten den Wald vor lauter Bäumen nicht sehen. Einen BGF-Fachmann zu fragen ist ein Leichtes, doch bei drei Befragungen wird man in der Regel drei Meinungen erhalten, die von der jeweiligen Historie der befragten Person herrühren. Ein ehemaliger Suchtberater wird Ihnen selbstredend die Suchtprävention als das wichtigste Betätigungsfeld empfehlen. Ein Psychologe wird bei der Führungs- und Sozialkompetenz ansetzen.

Auch unsere Empfehlungen sind nicht frei vom Hintergrund unserer Tätigkeit. Führen wir uns jedoch nochmals die entsprechenden Daten aus dem Kapitel «Gesundheit, Stress und Burnout-Syndrom» sowie die Gründe für die Zusammenstellung des 3-Säulen-Programmes vor Augen, dann ergibt sich ein gewisses Mass an Objektivität für die folgenden Empfehlungen.

Drei Punkte sind relevant:

1. Sachliche **Informationsvermittlung** für alle Mitarbeiter und Mitarbeiterinnen

   Über einen Mangel an Informationen zum Thema Gesundheit kann eigentlich niemand klagen, aber es wird sehr viel Halbwissen produziert durch Pauschalempfehlungen, unspezifische Statements und Extremdarstellungen in den Medien. Versierte Anbieter von **Gesundheitskursen** bringen Struktur in die Vielfalt der Themenbereiche und führen die Teilnehmer zu den Punkten, die ihnen selbst wichtig sind und die sie auch selbst beeinflussen können.

2. Soll eine **Bewusstseinsbildung** zum Thema Gesundheit im Unternehmen stattfinden

   Durch begleitende Massnahmen können Geschäftsleitung und Personalabteilung Gesundheit nicht zu dem wichtigsten, wohl aber zu einem **permanenten** Anliegen im Unternehmen machen. Simpelste Variante ist es, das Thema Gesundheit auf die Traktandenliste der internen Meetings (GL-Meeting, Kadersitzung, Abteilungsmeeting usw.) zu setzen und dort BGF-Massnahmen zu entscheiden und durchzusetzen.

3. Die Mitarbeiter sollen zu **Verhaltensänderungen** in Bezug auf ihr Risikoverhalten motiviert werden

   Oberstes Ziel von Ausbildungsmassnahmen im Bereich Gesundheit muss immer die Verhaltensänderung sein. Wird diese nicht erreicht, ist die ganze Übung umsonst. Sicher kennen Sie die typische Seminar-Euphorie, die zwei Tage nach einem Anlass die Teilnehmer noch von grossen Vorsätzen reden lässt, damit diese fünf Tage danach im Berufsalltag fast schon vergessen sind. Nur wenn die Teilnehmer sich emotional ergriffen fühlen, dann besteht eine gute Chance zur Verhaltensänderung.

   Ein erprobter Trainer versteht es mit den entsprechenden Tools wie persönliches Gesundheitsziel, Check-up-Elemente und individueller Massnahmenplan, diesen wichtigen Schritt mit den Teilnehmern zu erarbeiten.

Die am Anfang des Buches behandelte Zielsetzung des Unternehmens hat natürlich Einfluss auf die zu ergreifenden Massnahmen. Die quantitativ greifbarsten Ziele waren:

▸ Senkung der Fehltage und Krankheitskosten
▸ Senkung der Risikofaktoren
▸ Steigerung der Leistungsfähigkeit der Mitarbeiter

Um Risikofaktoren und Leistungsfähigkeit zu quantifizieren, brauchts **Check-up-Elemente** (siehe Kapitel «Check-up»). Um die nötigen, individuellen Massnahmen durchzusetzen, die mittelfristig durch Senkung der Fehlzeiten und Risikofaktoren sowie in einer besseren Leistungsfähigkeit zum Ausdruck kommen, braucht es eine emotionale und körperliche **Ansprache** des Einzelnen (siehe Kapitel «Zielsetzung»). Hierzu eignen sich interne **Seminare** mit Gruppengrössen von acht bis fünfzehn Personen. Um eine objektive Erfolgskontrolle zu gewährleisten, brauchts **Re-Checks**.

In den Seminaren erfahren die Teilnehmer nicht nur etwas über gesundheitliche Zusammenhänge, sondern sie können auch aktiv erleben, wie viel Spass Bewegung machen kann. Die Erfassung der individuellen körperlichen Leistungsfähigkeit durch eine Belastungsuntersuchung hilft, die geeignete Trainingsintensität für Ausdaueraktivitäten zu finden, um Überlastungen zu vermeiden und optimale Effekte für die Gesundheit zu erzielen. Zuvor wird durch eine gezielte Diagnostik das individuelle Gesundheitsprofil ermittelt, um frühzeitig und gezielt die entscheidenden Faktoren verbessern zu können.

Gute Seminare zur Gesundheitsförderung zeichnen sich besonders dadurch aus, dass für individuell unterschiedliche Voraussetzungen auch spezielle Lösungen gefunden werden. Das bedeutet beispielsweise für die Teilnehmer, gemäss ihrer Neigung entsprechende körperliche Aktivitäten zu finden, für die dann realistische Trainingspläne erarbeitet werden. Weitere Merkmale guter Seminarangebote liegen darin, dass Rezepte für den «Kampf gegen den inneren Schweinehund» und eine über das Seminar hinausgehende Begleitung und Beratung der Teilnehmer angeboten werden.

Unternehmensgrösse
Die Betriebsgrösse (Anzahl der weiblichen und männlichen Mitarbeiter) hat grossen Einfluss auf ein BGF-Programm und die Palette der möglichen Massnahmen. Die in der folgenden Tabelle dargestellten Sachverhalte sind bei der Mehrzahl der entsprechenden Unternehmen anzutreffen – Ausnahmen bestätigen die Regel.

	Kleinunternehmen	Mittlere Unternehmen	Grossunternehmen
Anzahl Mitarbeiter	Unter 30	30–200	Über 200
Strategische Planung	Kurz- bis mittelfristig	Mittelfristig	Langfristig
Entscheidungswege	Kurz	Mittel	Lang
Human Ressource Management	Hängt am Chef, der in der Regel auch Verkaufsleiter bzw. der beste Verkäufer ist	Personaladministration wird von der Buchhaltung erledigt. Personalführung auf Abteilungsleiterebene	Ausgeprägtes HR-Management
Sozialleistungen	Das Nötigste	Einige	Umfassend
Ausbildungsmassnahmen	Vereinzelt	Sporadisch, meist verkaufsbetont und organisiert von Abteilungsleiter oder GL	Komplette interne Programme im Bereich Selbstmanagement und personal skills
Betriebsrat	Keiner	Meistens	Immer
Krankenversicherung	Regelt der Mitarbeiter selbst	Gelegentlich Kollektivversicherungen	Eigene Betriebskrankenkassen bzw. Kollektivversicherungen
Gesundheitscheck als «frindge benefit»	Selten	Manchmal	Fast immer, geregelt nach Alter/Betriebszugehörigkeit

Die Abhängigkeitsstrukturen und die sozialen Beziehungen sind in Klein- und Mittelbetrieben (KMU) wesentlich ausgeprägter. Daher besteht vordergründig auch weniger Zeit für den Einzelnen, Weiterbildungsmassnahmen oder gar betriebliche Gesundheitsförderung auf Kosten der Arbeitszeit zu betreiben. Umgekehrt wird eine Arbeitsunfähigkeit wesentlich schlechter aufgefangen, da weniger Kollegen existieren bzw. Vertretungen teils nicht definiert bzw. wahrgenommen werden können. Die Arbeit «stapelt» sich sprichwörtlich bis zur Genesung. Anderseits können im engeren sozialen Netz eines KMU psycho-soziale Stressoren meist besser bewältigt werden.

In Klein- und Mittelbetrieben
- Ist das Ausmass an Arbeitsteilung und Standardisierung von Arbeitsbedingungen geringer
- Besteht engerer Kontakt zwischen Arbeitgebern und Arbeitnehmern
- Wird mehr Flexibilität vorausgesetzt
- Bestehen weniger Möglichkeiten, Einrichtungen des Arbeits- und Gesundheitsschutzes zu nutzen
- Sind weniger Zeit und Ressourcen vorhanden, um Wohlbefinden und Gesundheit der Beschäftigten zu fördern
- Wirken sich Fehlzeiten drastischer aus

(Quelle: Cardiff Memorandum zur betrieblichen Gesundheitsförderung in Klein- und Mittelbetrieben)

Für BGF-Massnahmen heisst dies nichts anderes, als dass in Grossunternehmen die Strukturen für langfristig angelegte Programme als integrierter Bestandteil der Unternehmenskultur *eher* vorhanden sind. Es kann **mehrschichtig** vorgegangen werden und das Thema Gesundheit in Sozialleistungen, Ausbildungsmassnahmen und Betriebseinrichtungen umgesetzt werden.

Bei einem KMU hingegen stehen kurze und bündige Massnahmen ohne überdimensionierte Konzept-, Erhebungs-, Evaluierungs- oder sonstige lange Vorbereitungsphasen im Vordergrund.

In Europa arbeiten über 50% der Beschäftigten in Klein- und Mittelbetrieben mit weniger als 100 Mitarbeitern. Die Tendenz ist steigend.

Umsetzung in KMU

Ein mittelfristiges Programm für kleinere bis mittlere Unternehmen kann wie folgt gestaltet werden:

Variante mit komplettem Check-up

Check-up-Phase
Jeder Teilnehmer absolviert einen kompletten medizinischen Check-up wie im gleichnamigen Kapitel dargestellt. Sollten die Check-ups aus räumlichen Gründen an verschiedenen Orten/Instituten durchgeführt werden, ist auf einheitlichen Umfang, einheitliche Methodik und Auswertung zu achten. Je nach Anbieter können die Check-ups auch am Firmensitz durchgeführt werden.

Eine kurze Zeit, nachdem alle Teilnehmer eines Kurses ihre Ergebnisse vorliegen haben, erfolgt die

Schulungs- und Umsetzungsphase
In einem ersten Tagesseminar werden die Ergebnisse besprochen, die Umsetzung in einem Bewegungstraining 1:1 durchgeführt und die persönlichen Gesundheitsziele sowie die Massnahmen definiert.

1-Tages-Seminar
Einführung, Säule 1

Uhrzeit von	bis	Thema
07:30	08:15	Säule 1 – Bewegung FM-Training Walking/Jogging mit den individuellen Pulsvorgaben
08:15	09:15	Duschen, Umziehen, Frühstück
09:15	10:00	Stressbewältigung im Berufsalltag
10:00	10:30	Pause
10:30	11:15	Gesundheitszielsetzung Individuelle Zieldefinition
11:15	12:00	Warum überhaupt Check-up? Besprechung der Testergebnisse Konsequenzen in Verbindung mit den Zielen
12:00	13:15	Mittagspause
13:15	14:15	Praktische Umsetzung im Alltag Persönlicher Massnahmenplan
14:15	14:45	Pause
14:45	15:30	Säule 2 – Ernährung in Verbindung mit dem FM-Training
15:30	16:00	Pause
16:00	16:30	Säule 3 – Mentales Entspannungstraining Erste Übungen
16:30	17:00	Abschlussbesprechung. Wie weiter?

(Zeiten und Reihenfolge exemplarisch)

Nach etwa sechs Monaten erfolgt ein weiteres, jedoch wesentlich kürzeres Seminar, das die anderen beiden Säulen behandelt und einen Erfahrungsaustausch beinhaltet.

Halbtagesseminar
Feedback und Säule 2 und 3

Uhrzeit von	bis	Thema
12:30	13:15	Feedback und Erfahrungen mit dem Training
13:15	13:30	Pause
13:30	14:45	Säule 2 Ernährungsmassnahmen im Berufsalltag
14:45	15:00	Pause
15:00	15:45	Säule 2 – Qualität der Nahrung Optimale Versorgung mit Nährstoffen
15:45	16:00	Pause
16:00	16:45	Säule 3 – Entspannungstechniken Herkunft und Methoden
16:45	17:00	Pause
17:00	17:30	Übung 1 – Entspannung pur Feedback
17:30	18:00	Übung 2 – Visualisierung des Gesundheitszieles Feedback
18:00	18:45	Umsetzung im Alltag

Nach etwa weiteren sechs bis neun Monaten erfolgt die

Re-Check-Phase
Neben dem individuellen Check-up, der eine echte Erfolgskontrolle darstellt, *erfährt* jeder Teilnehmer noch eine Trainingsberatung.

Die **Kosten** für ein solches Programm belaufen sich bei einer Gruppengrösse von etwa zwölf Teilnehmern je nach Anbieter pro Teilnehmer zwischen 2200.– und 3000.– DM/sFr.

Vorteile: Jeder Teilnehmer absolviert einen kompletten medizinischen Check-up. Neben der körperlichen Leistungsfähigkeit werden sämtliche Risikofaktoren überprüft. Da die Mitarbeiter viermal über einen Zeitraum von etwa 15 Monaten sensibilisiert und gecoacht werden, ist der Erfolg fast nicht zu verhindern. Qualitativ und quantitativ wirkt sich ein solches Programm am nachhaltigsten aus.

Nachteile: Der zeitliche Aufwand ist recht hoch, da für den Check-up meist ein Arbeitstag pro Mitarbeiter anfällt.

Zielgruppe: alle Personen, die grösseren Belastungen ausgesetzt sind. Ebenso Personen, die der Hochrisikogruppe zuzuordnen sind, da sich hier ein kompletter medizinischer Check-up geradezu aufdrängt.

Variante mit Smart-Test und Blutscreening

Als Alternative zu diesem mehrstufigen Programm bietet sich, quasi als «Soforthilfe», ein zweitägiges Basisseminar an. Behandelt werden alle drei Säulen, mögliche Risikofaktoren per Blutscreen und Fettmessung werden bestimmt und die Trainingsintensität per Smart-Test ermittelt.

2-Tages-Basisseminar
3-Säulen-Programm

Uhrzeit von	bis	Thema
08:00	09:00	Check-up-Elemente: Blutentnahme Körperfettmessung und Blutdruck
09:00	10:00	Frühstück
10:00	11:00	Vorstellung, Einführung, Zeitplan Das 3-Säulen-Programm
11:00	12:00	Das persönliche Gesundheitsziel
12:00	12:45	Smart-Test Geh-/Lauftest mit Ermittlung der Fettschwelle nach Herzvariabilität
13:00	14:00	Mittagessen: eiweissbetontes Menü
14:00	15:00	Besprechung der Testergebnisse Erläuterung/Konsequenzen
15:00	15:30	Pause: Obst, Vollkornbrot
15:30	16:30	Risikofaktoren und Blutanalyse
16:30	17:00	Umziehen (Trainer)
17:00	18:00	Säule 3 – Entspannungstechnik – entspannen
18:00	19:00	Säule 1 Bewegungstraining nach Pulsfrequenz
19:30		Gemeinsames Abendessen: Fisch leicht gedünstet, viel Gemüse
2. Tag		
07:45	09:00	Fettmobilisationstraining nach Pulsfrequenz mit Laktatmessungen (Säule 2)
09:00	10:30	Duschen, Umziehen, Frühstück
10:30	10:45	Kurzes Feedback FM-Training Ergebnisse der Laktatmessungen
10:45	11:30	Säule 2 – Ernährung: die Basis
11:30	11:45	Pause: Obst, Vollkornbrot

Uhrzeit von	bis	Thema
11:45	12:45	Säule 2 – Ernährung: Antioxidanzien
12:45	14:00	Mittagessen: kohlenhydratbetontes Menü
14:00	14:45	Säule 3 – Entspannungstechnik – visualisieren
14:00	15:00	Umsetzung in einem persönlichen Trainingsplan (alle 3 Säulen)

(Zeiten und Reihenfolge sind auch wieder exemplarisch und sollten nach Anforderung variiert werden.)

Die **Kosten** für ein solches 2-Tages-Seminar belaufen sich bei einer Gruppengrösse von ungefähr zwölf Teilnehmern je nach Anbieter pro Teilnehmer zwischen 800.– und 1200.– DM/sFr.

Vorteile: Es werden alle drei Säulen konzentriert und im Zusammenhang behandelt. Ein solches Programm bietet eine gute Mischung aus den medizinischen und den Fitnessaspekten. Ebenfalls stehen Aufwand (zeitlich und finanziell) und Ertrag in einem ausgewogenen Verhältnis.

Nachteile: Die einmalige Ansprache der Thematik mag für manche Personen nicht ausreichend sein, um eine langfristige Verhaltensänderung umzusetzen. Zur Auffrischung bieten sich einzelne Module nach neun bis zwölf Monaten an, z.B. ein Halbtagesanlass mit Erfahrungsaustausch und praktischen Übungen.

Für einen Re-Check bieten sich zum Vergleich nur die Risikofaktoren an, da keine Parameter der körperlichen Leistungsfähigkeit ermittelt werden.

Zielgruppe: Führungscrews und Verkaufsmannschaften, die einmalig und konzentriert das Thema Gesundheitsmanagement anpacken wollen.

Variante 3-Säulen in drei Halbtageskursen

Als eine weitere Variation bietet sich an, das Programm Säule für Säule in Halbtagesseminarien durchzuführen.

Halbtagesseminar
Säule 1 – Bewegung

Zeitbedarf in Minuten	Thema
45	Vorstellung, Ablauf Gesundheitsförderung im Beruf und Alltag
20	Pause
45	Warum überhaupt Check-ups? Gesundheitsziele und Fitnesskontrolle
45	Fettmessung (schmerzlose Infrarotmethode)
45	Gehtest mit Ermittlung der Fettschwelle anhand der Herzvariabilität
30	Pause
60	Stoffwechselsysteme Besprechung der Testergebnisse Erläuterung/Konsequenzen

Gesamt ungefähr fünf Stunden

Kursziele:
- Vermittlung von Zusammenhängen des Herzkreislaufsystems und die Auswirkungen auf die Leistungsfähigkeit
- Erarbeitung der persönlichen Gesundheitszielsetzung
- Beratung und Hilfestellung zur Umsetzung im Alltag
- Jeder Teilnehmer erhält sein persönliches Fitnessprofil

Halbtagesseminar
Säule 2 – Ernährung

Zeitbedarf in Minuten	Thema
45	Vorstellung, Ablauf Ernährung im Beruf und Alltag
15	Pause
45	Basis einer gesunden Ernährung Nähstoffe und ihre Aufgaben
15	Pause

Zeitbedarf in Minuten	Thema
45	Praxisübungen Auswahl von Lebensmitteln, Nähwertangaben, Fettrechner Erstellen eines persönlichen Menüplans für den Berufsalltag
45	Praxis: eine Mahlzeit, wie sie sein sollte
60	Vitamine, Mineralstoffe, Spurenelemente Funktion und Bedarf

Gesamt ungefähr fünf Stunden

Kursziele:
- ▶ Vermittlung der Zusammenhänge von Ernährung und Leistungsfähigkeit
- ▶ Erarbeitung eines persönlichen Menüplanes
- ▶ Beratung und Hilfestellung zur Umsetzung im Alltag

Halbtagesseminar
Säule 3 – Entspannung

Zeitbedarf in Minuten	Thema
45	Vorstellung, Ablauf Körper und Geist
20	Pause
45	Warum überhaupt Mentaltraining? Herkunft und Methoden
45	Übung 1 – Entspannung
15	Feedback
30	Pause
45	Übung 2 – Visualisierung
15	Feedback
30	Abschlussbesprechung Umsetzung in den Alltag

Gesamt ungefähr fünf Stunden

Kursziele:
- ▶ Vermittlung der Zusammenhänge von Körper und Geist und deren Auswirkungen auf die Leistungsfähigkeit
- ▶ Erlernen und Durchführen von Mentaltechniken
- ▶ Beratung und Hilfestellung zur Umsetzung im Alltag

Die **Kosten** für die Seminarreihe belaufen sich bei einer Gruppengrösse von etwa zwölf Teilnehmern je nach Anbieter pro Teilnehmer zwischen 800.– und 1200.– DM/sFr.

Vorteile: Es wird auf allen drei Säulen ausschliesslich praxisorientiert gearbeitet. Die Halbtagesanlässe sind ohne allzu grossen Verlust an Arbeitszeit durchzuführen. Die Mitarbeiter sind nur für einige Randstunden nicht erreichbar. Häufig werden solche Kurse auch direkt nach der Arbeitszeit durchgeführt. Verteilt auf sechs bis neun Monate, werden die Teilnehmer dreimal inspiriert und jeder kann sich aus dem präsentierten «Werkzeugkasten» seine Elemente zusammenstellen.

Nachteile: Diese Programm kommt ohne medizinische Elemente aus. Risikofaktoren und Leistungsfähigkeit werden nicht ermittelt.

Zielgruppe: Für Personen der Hochrisikogruppe ist diese Vorgehensweise nicht zu empfehlen, eher für Mitarbeiter und Mitarbeiterinnen, die sich gelegentlich körperlich betätigen und dies effektiver/bewusster machen wollen. Auch für firmeninterne Sportgruppen eignet sich obiger Ablauf.

Teilnehmer

Der Teilnehmerkreis für die internen Seminare lässt sich beliebig zusammenstellen. Als Gruppengrösse sind 8 bis maximal 15 Personen anzustreben. Ist die Gruppe grösser, leidet die persönliche Betreuung bei den wichtigen Elementen wie Zielsetzung und Massnahmenplan. Häufig wird im mittelgrossen Unternehmen ein «top-down»-Prinzip verfolgt, d.h. das Pilotseminar wird mit der Geschäftsleitung und dem Kader durchgeführt. Danach erfolgen Kurse für alle Mitarbeiter/Mitarbeiterinnen. Dies macht durchaus Sinn, um der Vorbildrolle, die die Geschäftsleitung wahrnehmen muss, gerecht zu werden.

Vorbildfunktion des Managements

Alle Versuche, sich dieser Pflicht zu entziehen, werden fehlschlagen. Die Mitarbeiter brauchen und wollen Vorbilder und Führung. Wir haben äusserst schlechte Erfahrungen gemacht mit einer Geschäftsleitung, die uns beauftragte, ein Programm durchzuführen, und fand, «wir tun etwas für die Angestellten, aber wir haben es selbst nicht nötig». Der Entscheid, Gesundheit in die Unternehmenskultur einfliessen zu lassen, wird so niemals glaubwürdig, daher gilt:

Gesundheit ist Chefsache!

Kosten- und Zeitverteilung

Von der Durchführung eines BGF-Programmes profitieren Unternehmen **und** Mitarbeiter. Die Mitarbeiter sogar langfristig, da sie die erworbenen Kenntnisse und Massnahmen lebenslang gebrauchen und umsetzen können. Sehr gute Erfahrungen haben wir mit unterschiedlichsten Varianten der Kostenübernahme und der Zeitverteilung gemacht.

Werden alle Kosten und auch die nötige Zeit in vollem Umfang vom Unternehmen getragen, dann besteht die Gefahr, dass das Angebot einfach «konsumiert» wird, auch wenn kein ernsthaftes Interesse seitens der Mitarbeiter vorhanden ist.

Folgende gebräuchliche Varianten bieten sich an:

1. Das Unternehmen übernimmt die Kurskosten, die Dauer wird *nicht* der Arbeitszeit zugerechnet und geht somit zu Lasten der Freizeit der Teilnehmer.

2. Das Unternehmen übernimmt die Kurskosten und rechnet den Kurs als Arbeitszeit an. Die Teilnehmer tragen die Kosten z.B. für die Blutanalyse, für Pulsmesser oder evtl. Hotelkosten.

3. Die Teilnehmer übernehmen die Kosten für den medizinischen Check-up (wobei viele Krankenkassen sich an den Kosten beteiligen), das Unternehmen übernimmt den Rest.

Egal, welche Art der Kostenbeteiligung stattfindet, wichtig ist, dass eine stattfindet.

Titel/Motto

Wichtig für den «internen Verkauf» ist ebenfalls die Ausschreibung bzw. Ankündigung der Massnahmen. Hierbei spielen der Titel und das Motto entscheidende Rollen. Die Verantwortlichen sollten auf jeden Fall genügend Zeit aufwenden, um ansprechende und motivierende Formulierungen zu finden, mit der sich ein Grossteil der Belegschaft identifizieren kann. Auch sollte erkennbar sein, dass das Unternehmen es ernst meint mit den BGF-Massnahmen. Nichts ist schlimmer, als dass die ganze Aktion nur halbherzig angepackt und dann als Alibiübung entlarvt wird.

Ideen zu geeigneten Seminartiteln finden Sie im Serviceteil.

Trainerauswahl

Bei der Auswahl entsprechender Trainer zur Durchführung der Kurse sollte darauf geachtet werden, dass das Themenangebot nicht zu einseitig ist oder gar als Dogma verfochten wird. Nochmals deutlich: Es gibt keine einzelne Massnahme, die als Allheilmittel fungieren könnte. Auch unser 3-Säulen-Programm erhebt keinen Anspruch auf «Ganzheitlichkeit». Den Mitarbeitern sollte eine Palette an Massnahmen präsentiert und mit ihnen zusammen die jeweils geeignetsten definiert werden. Mit fernöstlichen *Chu Chi* oder *Tscha* am besten vom Urenkel des Dschingis-Khan werden zwar unsere Sehnsüchte angesprochen, aber Gesundheit lässt sich damit nicht managen.

Die Methodiken der Trainer sollten absolut frei sein von suggestiven oder gar manipulativen Elementen. Das Einholen persönlicher Referenzen ist mit eine der besten Absicherungen beim «Einkauf».

Interne Trainer bzw. Projektleiter

Für Grossunternehmen, aber auch zum Teil für mittlere Unternehmen lohnt sich die Ausbildung eines internen Trainers bzw. Projektleiters. Ein interner Trainer kann obige Kurse durchführen, ein ausgebildeter Projektleiter BGF kann die Analyse der Gesundheitssituation im Betrieb durchführen und federführend geeignete Massnahmen einleiten.

Es werden am Markt geeignete Ausbildungsprogramme angeboten. Informationen hierzu im Serviceteil.

Umsetzung in Grossunternehmen

Finanzielle und zeitliche Ressourcen sind in Unternehmen mit über 200 Mitarbeitern auch nicht im Überfluss da, die bestehenden Strukturen erlauben es jedoch, *eher* langfristig und mit einem kompletteren Ansatz vorzugehen. Ist Gesundheit einmal zur Chef- bzw. Vorstandssache erklärt worden, dann wird meist «das ganze Klavier gespielt», d.h. es erfolgen Massnahmen auf allen Betätigungsfeldern der BGF (siehe oben).

Auf der anderen Seite kann die Grösse der Organisation auch hinderlich sein bei der Implementierung und Durchführung eines Programmes zur BGF. Oft werden Aktionen zur BGF als Einmischung in die verschiedenen Kompetenzbereiche angesehen. Zwischen den Interessenslagen von Betriebsrat, Personalabteilung, Ausbildung und Geschäftsleitung sind schon manch gute Ansätze und viele Projekte zum Scheitern verurteilt worden.

Evaluation, Prozesse und Programme

In grösseren Unternehmen kommen sämtliche bereits vorgestellten Instrumente wie statistische Erhebung und Analysen der Fehlzeiten, Mitarbeiterbefragungen und Screening-Aktionen zum Einsatz. Um die Massnahmen zu koordinieren und die Investitionen zielgerichtet einzusetzen, hat sich das Konzept mit

- «Arbeitskreis Gesundheit» und mit
- «Gesundheitszirkel» bewährt.

Arbeitskreis Gesundheit

Aufgabe dieses Gremiums ist es, sich einen Überblick über die gesundheitliche Lage im gesamten Unternehmen zu verschaffen. Auf Basis der Ist-Analyse werden dann Ziele und Prioritäten gesetzt. Man wählt mit den entsprechenden Führungskräften diejenigen Bereiche aus, in denen spezifische Massnahmen, insbesondere Gesundheitszirkel durchgeführt werden.

(Quelle: Demmer, H. BGF von der Idee zur Tat, Essen 1995)

Gesundheitszirkel

Sie haben zwei wesentliche Aufgaben:

1. Ermittlung der Arbeitsbelastungen im spezifischen Bereich
2. Erarbeitung von Verbesserungsvorschlägen

Die aktive Einbeziehung und Beteiligung der Mitarbeiter ist wesentlich für den Erfolg der Gesundheitszirkel, da Massnahmen nicht nur von der Geschäftsleitung und den Fachorganen wie Betriebsrat, Betriebsleiter und Betriebsarzt entschieden werden.

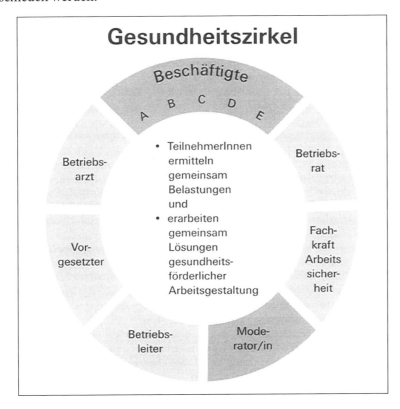

(Quelle: Demmer, H. BGF von der Idee zur Tat, Essen 1995)

Die einzelnen Massnahmen, die von den Gesundheitszirkeln definiert werden, gehen weit über den Themenkreis dieses Buches hinaus (z.B. Arbeitsschutz, Suchtprävention, zwischenmenschliche Aspekte usw.).

Die grösste Erfahrung bei der Implementierung und erfolgreichen Umsetzung von Gesundheitszirkeln haben in der Bundesrepublik Deutschland die Betriebskrankenkassen BKK. Neben umfangreicher Literatur stehen erfahrene BGF-Experten zur Verfügung. Kontaktadresse finden Sie im Serviceteil.

Ihre Unternehmenskultur

Neben anderen gesundheitsrelevanten Faktoren Ihrer Unternehmenskultur wie

- Transparenz der Geschäftspolitik und des Managements
- Führungsstil und Umgangsformen
- Selbstverantwortung und Partizipation der Mitarbeiter

ist die Thematisierung von Gesundheit entscheidend für Ihren zukünftigen Erfolg.

Das Europäische Netzwerk für Betriebliche Gesundheitsförderung definierte im Projekt «Erfolgsfaktoren und Qualität betrieblicher Gesundheitsförderung» dazu folgende Kriterien:

1. Die Organisation verfügt über eine schriftlich fixierte Politik zur betrieblichen Gesundheitsförderung. Diese kann Bestandteil des Organisationsleitbildes, von Strategie- bzw. Planungsdokumenten oder Gegenstand gesonderter Betriebsvereinbarungen bzw. von Richtlinien für Führungskräfte sein.

2. Die Organisation stellt geeignete Ressourcen (finanzielle Ressourcen, Weiterbildungsmassnahmen, Freistellung von Mitarbeitern) für die betriebliche Gesundheitsförderung zur Verfügung.

3. Die oberen Führungskräfte/die Unternehmensleitung lassen/lässt sich kontinuierlich über den Fortschritt betrieblicher Gesundheitsförderungsmassnahmen informieren.

4. Die betriebliche Gesundheitsförderung ist Bestandteil der Aus- und Fortbildung (speziell der Führungskräfte).

Nach unserer Erfahrung reicht es nicht aus, das Thema in die entsprechenden Statements und Guidelines zu packen, es muss auch vorgemacht und -gelebt werden. Gesundheit ist und bleibt eben Chefsache. Wir wünschen Ihnen bei der Entdeckung der Motivationsquellen des 21. Jahrhunderts viel Spass und vor allem viele und gesunde Mitarbeiterinnen und Mitarbeiter.

Winterthur, im August 1999   Dr. Hansruedi Egger   Ole Petersen

Serviceteil A

Serviceteil

In diesem Abschnitt finden Sie Kontaktadressen aller im Buch genannten Produkte und Dienstleistungen. Diese erheben keinen Anspruch auf Vollständigkeit, stellen wohl aber eine Art Empfehlung dar, die wir nach bestem Wissen und Gewissen abgeben.

Referenzen

Zunächst möchten wir die Unternehmen nennen, die das im Buch vorgestellte Programm bereits erfolgreich einsetzen und gleichzeitig den Verantwortlichen und den Teilnehmern unseren Dank aussprechen, die durch die vielen Anregungen und Hinweise das Programm entscheidend mitgeprägt haben.

Die zahlreichen positiven Statements waren und bleiben für uns als Coaches und Seminarleiter immer *die* Motivation, um auch in harzigen und stressigen Zeiten an unsere Sache zu glauben. Einen der schönsten Kommentare möchten wir Ihnen nicht vorenthalten:

«The whole thing is real, no fuzzy theories, no vague promises – just very good!»

Unternehmen	Titel des Programms
Alcatel Schweiz AG	Modul «Fitmacher» in Alcatel University and Net Opera
Atag Ernst & Young AG	Fitness- und Stressmanagement
Cantrade Privatbank AG	Empowerment
Comicro-Netsys	Bewegung und Gesundheit
Excom AG	Sport und Management
Epson	Professional Event
Hewlett & Packard (Schweiz) AG	Lebensenergie ohne Schweiss und Stress
IE Industriebau Engineering AG	Fit fürs Projektmanagement
MVG der Binding-Gruppe	Key-Fitness for Key-Accounts
Renault Suisse SA	Renault-Führungskräfte – fit und kompetent
Thun AG	Mens sana in corpore sano
ZKB Zürcher Kantonalbank	Gesundheits-Check-up

Unternehmen und Institute, die Check-ups anbieten

In der Bundesrepublik Deutschland:
IAS Institut für Arbeits- und Sozialhygiene
Steinhäuserstrasse 19
D-76135 Karlsruhe
Tel. 0721 8 20 40

Medizinisches Zentrum Parkhöhe
Hufelandstrasse 18-20
D-34537 Bad Wildungen
Tel. 05621 70 30

MSG
Ärztehaus Peiner Str. 2
D-30519 Hannover
Tel. 0511 8 42 04-15

SKOLAmed GmbH
Höhenstrasse 42
D-51588 Nümbrecht
Tel. 02293 9 11 50

Van Aken Privatinstitut für Sportmedizin
Tappenstrasse 12
38640 Goslar
Tel. (0 53 21) 27 88

In der Schweiz:
PERSONAL check-up
Römerstrasse 176
CH-8404 Winterthur
Tel. 052 243 07 71
Fax 052 243 00 63
E-Mail: personal@check-up.ch
Internet: www.check-up.ch

Prävmedic
Restelbergstrasse 25
CH-8044 Zürich
Tel. 01 261 05 05

In Österreich:
Reha-Sport
A-5252 Aspach 162
Tel. 07755 69 01

Institut für medizinische und sportwissenschaftliche Beratung
Ernst-Happel-Stadion/Meiereistrasse 7
A-1020 Wien
Tel. 01 726 99 28

Krankenkassen

Check-ups und Programme zur betrieblichen Gesundheitsförderung werden u.a. von folgenden Krankenkassen unterstützt:

In der Bundesrepublik Deutschland:
BKK Bundesverband der Betriebskrankenkassen
Kronprinzenstrasse 6
D-45128 Essen
Tel. 0201 179 12 09
Fax 0201 170 10 14
Internet: www.bkk.de

In der Schweiz:
KBV
Krankenkasse des Schweizerischen Betriebskrankenkassenverbandes
Badgasse 3
CH-8402 Winterthur
Tel. 052 266 88 88
Fax 052 212 26 62
Internet: www.kbv.ch

SWICA
Römerstrasse 38
CH-8401 Winterthur
Tel. 052 244 22 33
Fax 052 244 23 66

Befragungen

Erprobte Fragebögen sowie fachliche Auskunft zur Durchführung und Auswertung von Mitarbeiterbefragungen zum Thema Gesundheit erhalten Sie in der Bundesrepublik Deutschland bei den BKK Betriebskrankenkassen. Kontakt siehe S. 240.

In der Schweiz:
SUVA Gesundheitsförderung
Programm «**Corporate Health Development**»
Postfach
CH-3001 Bern
Tel. 031 387 33 87
Fax 031 387 33 99

Bei der SUVA wird Anfang 2000 ein praxisorientiertes Handbuch zum Absenzenmanagement erhältlich sein.

SWICA
Programm «**Corporate Wellness**»
Kontakt siehe S. 240

idiag
Dr. L. Carlucci
Chriesbaumstrasse 6
CH-8604 Volketswil
Tel. 01 908 58 58
Fax 01 908 58 59
Internet: www.idiag.ch

Europäisches Netzwerk für betriebliche Gesundheitsförderung

Die BKK unterhält auch das europäische Informationszentrum des o. g. Netzwerkes.

Adresse siehe S. 240
Tel. 0201 179 14 92
Fax 0201 170 10 32

Das Netzwerk entstand im Rahmen des «EU-Projektes Erfolgsfaktoren und Qualität betrieblicher Gesundheitsförderung».

Das Logo der EU zum Thema Workplace Health Promotion.

Für Grosskonzerne und international tätige Unternehmen sicher eine geeignete Anlaufstelle zur Informationsbeschaffung.

Bezugsadressen für Pulsmessgeräte

In der Bundesrepublik Deutschland:
Polar Elektro GmbH Deutschland
Hessenring 24
D-64572 Büttelborn
Tel. 06152 92 36-0
Fax 06152 92 36-20

In der Schweiz:
Leuenberger Medizintechnik AG
Industriestrasse 19
CH-8304 Wallisellen
Tel. 01 877 84 85
Fax 01 877 84 99

In Österreich:
W. Pabisch GmbH
Baldassgasse 5
A-1211 Wien

Weitere Informationen zu den Pulsmessgeräten gibt es für «Surfer» auch unter www.polar.fi.

Ratgeber für effizientes und gesundes Ausdauertraining

Der Ratgeber ist zu beziehen bei:

Krankenkasse KBV
Kontakt siehe S. 240

Fettrechner

Sie können Ihren Fettrechner für 6.– sFr. direkt bei PERSONAL check-up bestellen.

Kontakt siehe S. 239

Vitalstoffmischungen

Informationen zu persönlichen **Vitalstoffmischungen** sowie Adressen von versierten Apotheken in Ihrer Nähe erhalten Sie bei:

HEPART AG
CH-8267 Berlingen
Tel. 052 761 32 26
Fax 052 761 19 45

Den **Stress-Mix** können Sie bei PERSONAL check-up beziehen. Eine Packung reicht für zwei Monate und kostet 165.– sFr.

Beratung zur Mitarbeiterverpflegung

EUREST Deutschland GmbH
Industriestrasse 30–34
D-65760 Eschborn
Tel. 06196 47 85 00
Fax 06196 47 85 69

EUREST AG
Badenerstrasse 18
CH-8004 Zürich
Tel. 01 242 20 12
Fax 01 291 19 51

Andere Entspannungs-CDs

Mentalis Verlag GmbH
Kruppstrasse 82-100/H9
D-45145 Essen
Tel. 0201 20 00 39
Fax 0201 23 88 81

Umfassendes Programm im Bereich Entspannungs-CD

PBS PraxisBrückeSeminare
Freidorf 125
CH-4132 Muttenz
Tel. 061 311 86 44
CD «Mentales Basistraining» (Schweizer Mundart)

Rückenscreening

Informationen zur MediMouse (Rückenmaus) sowie zu Rückenscreening-Aktionen erhalten Sie bei:

idiag
Dr. L. Carlucci
Kontakt siehe S. 241

Ratgeber zu Ergonomie

«Ergonomie – Erfolgsfaktor für jedes Unternehmen», Bestellnummer 44061.d
«Bildschirmarbeit», Bestellnummer 44034.d

Zu bestellen bei:

SUVA
Kontakt siehe S. 241

Eine Übersicht der Merkmale eines richtig eingestellten PC-Arbeitsplatzes finden Sie im Internet unter:

www.med-rz.uni-sb.de/verwaltung/arbeitssicherheit/info.html

Empfehlenswerte Bücher und Schriften

Vester F.: «Phänomen Stress», 1976 Stuttgart

Kernen H.: «Burnout-Prophylaxe im Management», 1998 Zürich

Ertel u.a.: «Auswirkungen der Bildschirmarbeit auf Gesundheit und Wohlbefinden», 1997, ISBN 3-98429-864-2

Schröer u.a.: «Blickpunkt Krankenstand – Wettbewerbsvorteil Gesundheitsförderung, Modelle und Praxiserfahrungen», ISBN 3-89701-183-2

Stark u.a.: «Stress am Arbeitsplatz und Herzkreislaufkrankheiten», 1998, ISBN 3-89701-157-3

Tagungsbericht: «Betriebliche Gesundheitsförderung und Unternehmenskultur», 1997, ISBN 3-89701-240-5

Weiterführende Literatur

Einen grossen, zum Teil sehr spezifischen Fundus bietet die Schriftenreihe der Bundesanstalt für Arbeitsschutz und Arbeitsmedizin.

Zu beziehen beim:

Wirtschaftsverlag NW, Verlag neue Wissenschaft GmbH
Postfach 10 11 10
D-27511 Bremerhaven
Tel. 0471 945 44-61
Fax 0471 945 44-88
E-Mail: nw-verlag@t-online.de

und in der Schweiz bei der:

Fachbibliothek Gesundheitsförderung und Prävention
bei Radix Gesundheitsförderung
Stampfenbachstrasse 161
CH-8006 Zürich
Tel. 01 635 55 91
Fax 01 362 10 35
E-Mail: 113340.115@compuserve.com
Internet: www.radix.ch

Freie Trainer im Bereich Stressbewältigung

Dr. Hans Kernen
Ressourcen-Management
Scheffelstrasse 18
CH-8037 Zürich

Prof. Dr. Klaus Linnweh
Informationen via ZfU intern
Im Park 4
CH-8800 Thalwil
Tel. 01 720 88 88
Fax 01 720 08 88
Internet: www.zfu.ch

Offene Seminare im Bereich Gesundheitsförderung

Die Akademie

Hindenburgring 12a
D-38667 Bad Harzburg
Tel. 05322 730
Fax 05322 73124

Seminar «Neue Führungskraft»

ZfU Zentrum für Unternehmensführung
Kontakt siehe oben

Seminar «Karrierefaktor Fitness»

Termine 2000:

7. und 8. April und
29. und 30. September

Trainerausbildung und Projektleiter BGF

In der Schweiz bietet die

Klubschule Migros
Hofwiesenstrasse 350
CH-8050 Zürich

Tel. 01 311 25 36
Fax 01 311 60 61

eine zweijährige berufsbegleitende Ausbildung zum Wellnesstrainer an. Neben Bewegung-Entspannung-Ernährung werden Grundlagen der Gesundheitsförderung vermittelt. Pro Jahr sind 240 Unterrichtsstunden zu absolvieren. Kosten: 4400.– sFr. pro Jahr.

PERSONAL check-up

bildet interne Trainer von Unternehmen aus und begleitet diese bis zur selbstständigen Durchführung der Kurse.

Radix Gesundheitsförderung
Habsburgerstrasse 31
CH-6003 Luzern
Tel. 041 210 62 10
Fax 041 210 61 10

bietet eine Weiterbildung zum Projektleiter für betriebliches Gesundheitsmanagement an. Die Ausbildung erstreckt sich über sechs Monate und beansprucht total 61 Stunden. Kosten: 3280.– sFr. Kontakt: Nicole Tröndle.

Danksagung

Wir möchten uns zu guter Letzt herzlich bedanken bei allen Personen, die uns bei der Entstehung diese Buches geholfen haben. Besonders erwähnen möchten wir Christian Barthold, Felix Boelle, Arnold Buck, Lucio Carlucci, Lisa B. Eiermann, Norbert Guthier, Christine Hinnen, Jan Mühlethaler – Auf ein Neues!

B

«Quick Facts» für Eilige

«Quick Facts» für Eilige

Aus verschiedensten Gründen besteht immer Bedarf an einem raschen Überblick, einem Resümee, am Kern der Sache. Wir möchten diesem Bedürfnis mit wenigen Seiten gerecht werden.

Ausgangslage

Sie können Ihren Job und das Unternehmen wechseln, Sie können Ihre Familie, Ihr Haus, Ihr Auto und das Land, in dem Sie wohnen, wechseln. Es gibt nur eine Sache, die Sie nicht wechseln können: **Ihren Körper!**

Sie möchten, dass er Sie durch ein hoffentlich langes und glückliches Leben trägt, also seien Sie nett zu ihm. Managen Sie Ihre **Gesundheit** genauso wie Zeit, Geld und andere Werte des Lebens, die Ihnen etwas bedeuten.

Massnahmen

Es erscheint sinnvoll, auf allen drei Säulen der Gesundheitsförderung (Bewegung – Ernährung – Entspannung) einfache, direkt umsetzbare und wirkungsvolle Massnahmen zu ergreifen.

Um Ihre Leistungsfähigkeit zu erhalten und zu verbessern, um den allgegenwärtigen Belastungen und Stresssituationen gewappnet entgegentreten zu können, gehen Sie wie folgt vor:

- Absolvieren Sie einen medizinischen Check-up (siehe Adressen im Serviceteil).
- Definieren Sie Ihr Gesundheitsziel (konkret, überprüfbar und mit Enddatum).
- Bewegen Sie sich zweimal pro Woche, nüchtern und für mindestens 40 Minuten im grünen Pulsbereich (FM-Training = Fettmobilisationstraining).
- Führen Sie zweimal pro Woche die 20-Minuten-Entspannungsübung durch.
- Trinken Sie täglich mindestens zwei Liter reines Wasser.
- Essen Sie täglich frisches Gemüse und frische Früchte.

Sie müssen nicht Ihr Leben umkrempeln, denn Sie brauchen lediglich zwei Stunden pro Woche für den Einstieg in das **«3-Säulen-Programm»**; sicher wird Ihnen Ihre Gesundheit diese Zeit wert sein.

«Quick Facts» für Chefs

«Quick Facts» für Chefs

Ausgangslage

Gesundheit ist Chefsache – denn der «human factor» wird im europäischen Management nach wie vor unterbewertet. Unternehmen, die ihre Mitarbeiterinnen und Mitarbeiter durch eine **gesunde** Unternehmenskultur langfristig binden, haben unschlagbare Vorteile. Finanzielle Vorteile durch Senkung der Ausfallzeiten, höhere Produktivität durch zufriedene Mitarbeiter. Weniger Personalkosten, da jede Neu- bzw. Umbesetzung einer Stelle mit einem halben bis ganzen Jahresgehalt veranschlagt werden muss. Vorteile im Markt, da sich die langjährigen Mitarbeiter auskennen und mit dem Unternehmen identifizieren. Nachfolgende Wirkungskette ist mehrfach belegt:

Für Programme, Prozesse und Strategien, die nur auf der rationalen Ebene geführt werden, wird es immer schwieriger sein, Ihre Mitarbeiter und Mitarbeiterinnen zu begeistern. Echte Verhaltensänderungen werden nur noch eintreten, wenn auch die emotionale Seite und der Körper angesprochen werden. Um dies zu erreichen, gehen Sie wie folgt vor:

Massnahmen

▸ Das Thema Gesundheit wird zum Bestandteil der Unternehmenskultur.
▸ Führen Sie mit Ihrem Führungskreis eine Schulung mit aktiven Checkup-Elementen durch. Die Führungskräfte müssen sich ihrer Vorbildfunktion gerade in Bezug auf das gesundheitliche Verhalten bewusst werden.
▸ Ein mittelfristiger Massnahmenplan für alle Mitarbeiter wird kommuniziert und umgesetzt. Es bieten sich an: turnusmässig durchgeführte Gesundheitschecks als «fringe benefit» (zusätzliche Sozialleistung) und regelmässige Informationsveranstaltungen zum «**3-Säulen-Programm**» (Bewegung – Ernährung – Entspannung) im Anschluss an die Arbeitszeit. Die Kosten für ein solches Programm werden Sie um ein Vielfaches wettmachen (siehe Wirkungskette).
▸ Entsprechend unterstützende Massnahmen (z. B. kostenlose Abgabe von Mineralwasser, ein fettarmes Leichtkostmenü im Angebot der Betriebskantine usw.) werden im Unternehmen umgesetzt.
▸ In sämtlichen Ausbildungsprogrammen des Unternehmens wird auch der Körper über Bewegungseinheiten und Entspannungsübungen angesprochen.

Letztlich wird es von Ihrer eigenen **Überzeugung** und Ihrer **Überzeugungskraft** abhängen, ob Sie mit einem Programm zur Gesundheitsförderung Erfolg haben. Aber wie heisst es doch so schön: Probieren geht über studieren!

Alle **rationalen** Techniken haben Sie doch schon ausprobiert, versuchen Sie es doch einmal auf einer anderen Ebene.

Index

A

«Abschalten» 186
Absentismus 119
Absenzenmanagement 241
Abwehrkräfte 212
Adipositas 57, 155, 211
Adipositis 58
Adrenalin 42, 162, 172
Aerob 68
Aerobic 27, 141
Akupressur 195
Akuter Stress 135
Alarmbereitschaft 172
Alltagsstress 159
Alterungsprozess 173, 174
Aminosäuren 165
Aminosäureprofils 167
Amputation 56
Anaerob 68
Anaerobe Schwelle 74
«anaerobe Schwelle» 77
Anamnese 52
Angina pectoris 55
Angriff 172
Angst 41
Anonymität 120
Anpassungseffekt 141
Anspannungen 186
Antagonismus 177
Antidepressiva 46, 186
Antioxidanzien 174, 176
Arbeitskreis Gesundheit 234
Arbeitsleistung 159
Arbeitsplatzgestaltung 202
Arbeitsstress 43
Arbeitsunfähigkeit 224
Arbeitsunfähigkeitsquote 119
Arbeitszeitenreglement 150
Arterien 208
Arterienverkalkung 55
Arteriosklerose 58, 173
Atemübungen 192
Ausbildungsprogramme 253
Ausdauerbereich 70
Ausdauerfähigkeit 61
Ausdauertraining 66, 209
Ausfallzeiten 252

Ausschreibung 232
Auswertung 78, 81, 83
Autogenes Training 188

B

Ballaststoffe 165
Bandscheibenvorfälle 198
Basisseminar 227
Bauchmuskulatur 200
Bauchspeicheldrüse 209
Befragungen 120, 241
Belastungs-EKG 83
Beruhigungsmittel 41
Bestandsaufnahme 51
β-Carotin 175
«betriebliche Gesundheitsförderung» . . . 220
Betriebskrankenkassen BKK 235
Beweglichkeit 60
Bewegungsapparat 211
Bewegungsarmut 211
Bewegungsarten 141
Bewegungseinheiten 128, 129
Bewegungsformen 142
Bewegungskampagnen 130
Bewusst 115
Bewusstseinsbildung 222
BGF 220
Bildschirmarbeitsplätze 203
Biocomputer 115
Bioimpedanzmessung 57
Blutanalyse 83
Blutdruck 53, 207
Blutdruckmessgeräte 53
Blutfett 54
Blutgerinnung 208
Bluthochdruck 119, 210
Bluthochdruck feststellen 216
Blutscreen 53
Blutzucker 55, 209, 211
Blutzuckerverhalten 210
Body Mass Index 56
Brausetabletten 178
Brustgurt 146, 147
Brustschwimmen 144
Bücher 244
Büroschlaf 194

Burnout 45
Burnout-Syndrom 45
Butter 168

C

Check-up 51, 225, 250, 253
Check-up-Phase 225
Check-ups 239
Cholesterin 54, 55, 208
Cholesterinablagerungen 208
Cholesterinarten 54
Chronische Stressfolgen 135
Coenzym Q10 175
Computertomographie 198
Conconi-Test 75
Cortisol 42
Crawltechnik 144
Cross-effects 213

D

Dauerhafter Stress 172
Depotfett 56, 70, 133, 134, 156
Depressive Verstimmungen 214
Dextrose 164
Diabetes 210
Diabetes mellitus 174
Diäten 155
DNS 173
Dopingmittel 162
Doppler-Ultraschall 60
Drehzahlbandbreite 72
«3-Säulen-Programm» 253
3-Säulen-Programm 23, 211, 214
Durstgefühl 161

E

Ehrgeiz 135
Eigenverantwortung 195
Einfache Zuckerarten 164
Einfachzuckeranteil 164
Einstieg 140
Einzelaktionen 120
«Eisberg-Modell» 116

Eiweisspulver 167
Eiweisszufuhr 166
Elektrokardiogramm 61, 83
Elektrosmog 176
Emotionale Energie 114
Empfohlene Tagesmenge 178
Energetischer (wahrer) Fettgehalt .. 164, 169
Energiebedarf 67, 154
Energiegewinnnung 69
Energiekette 67
Energieproduktion 67
Energieriegel 159
Energieträger 69
Entspannen 187
Entspannungs-CD 192, 244
Entspannungsmethoden 188
Entspannungstraining 192
Entspannungsübung 250
Entwicklung 85
Enzymaktivität 206
Enzymbildung 132, 174
Enzyme 131, 134, 165
Erbgut 166
Erblindung 56
Erfahrungen 216
Erfolgskontrolle 119, 147
Erfolgsmeldungen 215
Ergonomie 203, 244
Ergonomie am Arbeitsplatz 203
Ernährungspyramide 176
Erschöpfung 46
Erschöpfungszustände 178
Esoterische Heilmethoden 213
Espresso 162
Essentielle Aminosäuren 165
Essentielle Fettsäuren 168
Europäisches Netzwerk 217, 241
Evaluation 234
Evolution 134
Evolutionsprozess 176
Existenzangst 45

F

Fahrrad 143
Familie 146, 186
Fasten 156
Faustformeln 61, 62, 89

Fehltage 222
Fehlzeiten 38, 215
Fettleibigkeit 155, 169
Fettmobilisation 61, 131
Fettmobilisationsfaktor 69, 149, 216
Fettmobilisationstraining 132
Fettpolster 157
«Fettrechner» 170
Fettrechner 243
Fettschwelle 69
Fettstoffwechsel 155, 158
Fettstoffwechselfähigkeiten 133
Fettstoffwechseltraining 71
Fetttabelle 59
Fettverbrennung 69, 133
Fettwaagen 57
Fettzange 57
Figurprobleme 104
Filterkaffee 162
Fisch 166
Fischöl 168
Fitnesscenter 27
Fitnessraum 151
Fleisch 166
Flexibilität 213
Flucht 172
Flüssigkeitsverlust 161
FMF 69
FM-Training .. 131, 132, 133, 143, 157, 174, 207, 209, 250
Fragebögen 120, 241
Freie Radikale 172, 173
Freie Trainer 245
Fructose 164
Früchte 158
Frühzeitiger Alterungsprozess 174
Frust 44
5-Minuten-Vorsorge 198

G

GA-Bereich 70
Gedächtnisleistungen 213
Gehirn 213
«gelbe» Bereich 72
Gelenkzerstörungen 210

Gemüse 158
Gerontologen 130
Gerontologie 72
Gesättigte Fettsäuren 168
Gesamteiweiss 166
Gesundheit 50
Gesundheitscheck 52
Gesundheitsförderung 250
Gesundheitsförderungsprogramm .. 215, 220
Gesundheitsseminare 61
Gesundheitsziel 250
Gesundheitszielsetzung 99, 100
Gesundheitszirkel 235
Gesundheitszustand 50
Gewicht 156
Gewichtsreduktion 122, 130
«Gicht» 210
Glucose 164
Glukagon 209
Glykogen 163
Golf 144
Grossunternehmen 224, 233
«grüne» Bereich 70
Grüner Bereich 145
«grüner» Pulsbereich 136, 143
Grüner Pulsbereich 250
Grundlagenausdauer 70
Gruppengrösse 95, 231

H

Halbtagesseminare 229
Harnsäure 55, 210
Hautfaltenmessung 57
HDL-Cholesterin 209, 210
HDL-Cholesterinspiegel 54
Heilfasten 156
Heisshunger-Attacken 158
Herz 206
Herzfrequenz 146
Herzinfarkt 55, 173, 208, 209
Herzinfarktrisiko 169
Herz-Kreislauf-System 67
Herz-Kreislauf-Training 186
Herzmuskel 206
Herzvariabilität 94

Herzvolumen *207*
Hirninfarkt *58*
Hirnschlag *209*
HLD-Cholesterin *169*
Hochrisikogruppe *227, 231*
Homocystein *56*
«Homöostase» *50*
Hormone *165, 172, 209*
«human factor» *252*
Hungerast *132*
Hungergefühl *157, 158*
Hungerperiode *156*
Hungersignale *157*
Hypertonie *210*
Hypertrophie *207*

I

Identifikation *120*
Immunsystem *212*
Inaktive *121*
Inaktivität *122*
Individualität *63*
Individuum *62*
Infektabwehr *212*
Informationsvermittlung *221*
Infrarot-Methode *58*
Inhaltsstoff *164*
Inspektion *65*
Insulin *209*
Insulinmangel *209*
Insulinproduktion *209*
Intensitätsbereich *72*
Interne *233*
interne Seminare *222*
Ironman *136*
Ironman-Distanz *35*
Isolationsschicht *167*
Isometrische Übungen *199*

J

Jogging *142*
Joghurt *159*
«JoJo-Effekt» *156*
Junk-Food-Tag *182*

K

Kadermitglieder *120*
Kaffee *162*
Kaffeetrinker *163*
Kalender *137*
Kalorienmenge *154*
kaltgepresste Öle *169*
Kantinen *182*
Kapillaren *134, 206*
kardiovaskuläre Risikofaktoren *210*
«Killer-Modul» *123*
Klein- und Mittelbetriebe *224*
KMU *224*
Knochen *212*
Körper *250*
körpereigene Abwehr *212*
körpereigenes Eiweiss *166*
Körperfett *134, 167*
Körperfettanteil *105*
Körperfettmessung *56, 97*
Körpergewicht *56*
Körpertemperatur *167*
Körperumfang *105*
Körperzusammensetzung *58*
Koffein *162*
Kohlenhydrate *163, 165*
Kohlenhydratspeicher *132, 135*
Kohlenhydratverbrennung *69*
Kokosöl *168*
komplexe Kohlenhydrate *164*
Kontaktadressen *238*
Konzentrationsfähigkeit *157, 162, 213*
Konzentrationsloch *158*
Kosten *226, 228, 231*
Kosten- und Zeitverteilung *232*
Kosten-Nutzen-Analyse *216*
Kosten-Nutzen-Rechnungen *215*
Kostenübernahme *232*
Krafttraining *34, 141, 208*
Krankenkassen *240*
Krankenstand *216*
Krankheitssymptome *38*
Kreativität *213*
Krebserkrankungen *212*
Kreislauferkrankungen *206*
Kreislaufsystem *206*

L

Laktat 68, 149
Laktatkonzentration 80
Laktatstufentest 80, 149
Lauf-Conconi 88
Laufen 142
Laufgruppen 151
LDL- und VLDL-Cholesterin 54
LDL-Cholesterin 169
Lebenserwartung 24, 71
Lebensqualität 72
Leberglykogen 163
Leidensdruck 33
Leistungsdiagnose 61
Leistungsdiagnostik 65
Leistungsfähigkeit 61, 120, 165, 208, 222, 250
Leistungsgedanke 29, 144
Leistungsgesellschaft 187
Leistungspotential 161
Leistungsverbesserung 149
Leistungsvermögen 82
Lernfähigkeit 213
Lipide 173
Literatur 245
Lungenfunktionstest 60
«Luxemburger Deklaration» 217
Luxemburger Deklaration 220

M

Magisches Dreieck 30, 220
Magnesium 175
Magnetresonanz 198
Mammut 134
Marathon 136
Margarine 169
Maslow 19
Massage 195
Massnahmen 253
Maximalpuls 61
Meditation 189, 192
Meditationsraum 196
Megadosierungen 171
Melatonin 186
Mengenproblem 154
«Mentaltraining» 115
Mentaltraining 190, 191

Messeinheiten 54
«metabolisches Syndrom» 211
Milchsäure 68
Mineralwasser 183
Mini-Fitness-Profil 97
Minimalpaket 177
Minimalprogramm 140
Mitarbeiterbefragungen 241
Mitarbeiterverpflegung 183, 243
Mitochondrien 134
«Modelleffekt» 59
Moderates Ausdauertraining 209
Motivation 103, 117
Motor 64
Motorsport 66
Muskelfasern 134
Muskelmasse 105, 156
Muskulatur 189

N

Nährwertangaben 164
Nahrungsaufnahme 159, 160
Nahrungseiweiss 165
Nahrungsfett 167
Negative Auswirkungen 74
Nervenzellmembranen 213
Neurotransmitter 213
Nichtessentielle Aminosäuren 165
Nichtsportler 122
Noradrenalin 42, 172
Nüchterntraining 132

O

Ober- und Untergrenze 147
Obst 183
Ökonomisches Prinzip 154
Offene Seminare 246
«Oma-Tempo» 145
Omega-3-Fettsäuren 168
Organe 63, 156, 163, 167, 206
Orthomolekulare Medizin 172, 176
Osteoporose 212
Oxidation 172
Oxidativer Stress 172, 174

P

Pankreas 210
Passivität 26
Pausenreglement 196
PC-Arbeitsplätze 203
Pektin 165
Permanenter Stress 212
«persönliche Figurkontrolle» 105
Persönliche Pulswerte 87
Persönliche Zielsetzung 100
Persönlichkeit 20
Pflanzliches Eiweiss 166
Polysaccharide 165
Prävention 129
Präventionsseminar 216
Präventive Massnahmen 211
Präventives Bewegungstraining 145
Präventives Training 143
Präzision 104
Produktionsfaktor 220
Produktivität 252
Programm 224
Progressive Muskelentspannung ... 189, 192
Projektleiter 233
Projektmanagement 121
Proteine 165, 173
Proteinkonzentrat 167
Prüfstand 64
Psyche 212
Psychische Fähigkeiten 213
Psychologen 198
Pulskurve 194
Pulsmesser 146, 147
Pulsmessgeräte 242
Pulsschläge 206
Pulswerte 61, 83

Q

«Quick Facts» 250, 252

R

Radfahren 143
Radikalfänger 174
Rationalisierung 39
Reaktionsgeschwindigkeit 193
Reaktionskette 172
Reaktionsvermögen 213
Re-Check 87
Re-Check-Phase 226
Re-Checks 222
Referenzen 238
Referenzpunkt 93
Referenzwerte 59
REM-Phasen 192
Reorganisation 39
Re-Screenings 119
Resümee 250
Riegel 164
Risikofaktoren 54, 83, 208, 222
Risikomarker 54
Rohkost 182
ROI 20, 215
Rollerskating 144
«rote» Bereich 73
«roter» Pulsbereich 174
Rücken 198
Rückenleiden 198
Rückenmaus 201
Rückenmuskulatur 200
Rückenschmerzen 211
Rückenschule 203
Rückenscreening 201, 244
Ruhepuls 53, 107, 147
Rumpfmuskulatur 200

S

Saccharose 164
Sättigungsgefühl 156
Sanitäre Einrichtungen 150
Sauerstoffatmung 172
Sauerstoffschuld 73
Sauna 195
Schlacken 156
Schlafpause 194
Schlafqualität 214
Schlaganfall 55, 173, 208
Schnellesser 157
Schwimmen 144
Screening-Aktion 119
Sehnen 211
Selbstdisziplin 199

«Selbsttest»	148
Selbstverpflegung	183
Seminare	223
Senioren	122
Serviceteil	238
Shareholder Value	39
Shiatsu	195
Skilanglauf	144
«Smart-Test»	93
Smart-Test	227
Softwareergonomie	203
Somatische Untersuchung	52
Spinning	141
Spiroergometrie	83
Spitzenbereich	73
Sport	135
Sportarten	142
Sportgruppen	231
Sportlerdrinks	132
Sportmedizin	65
Spurenelemente	174
Staatliche Gesundheitsförderung	216
Standard-Lauftest	148
Standschaden	211
Steuerung der Intensität	146
Stoffumsatz	172
Stoffwechsel	156, 208
Stoffwechselsysteme	68
Stoffwechseltätigkeit	156
Stoffwechselvorgänge	156
Stress	42
Stressabbau	135
Stressbeseitigung	195
Stressbewältigung	195
Stressfaktoren	39
Stresshormone	135, 186
Stressoren	42, 43, 174
Stresssituationen	43, 250
Stresssymptome	178
Stresstherapie	178
Stützgewebe	212
Stufentest	80
Süssigkeiten	159

T

Tageszufuhr	161
Tai Chi	190

Teilnehmer	231
Testmethoden	75, 88
Tiefschlafphasen	192
Tierische Eiweissquellen	166
Titel/Motto	232
Todesursachen	22
«tödliches Quartett»	211
Trainer	222
Trainerausbildung	246
Trainerauswahl	233
Trainingsdauer	129, 130
Trainingseinheit	136
Trainingspartnerschaft	145
Trainingsplan	137
Trainingsreiz	187
Trans-Fettsäuren	169
Traubenzucker	159, 164
Typ-II-Diabetes	210
Typische Gesundheitsziele	102

U

Übergewicht	58, 169
Übergewichtig	155
Überzeugungskraft	253
Übung 1	193
Übung 2	113
Umsetzungsphase	225
Unbewusst	115
Ungesättigte Fettsäuren	168
Unterbewusstsein	111, 115, 156
Unternehmensgrösse	223
Unternehmenskultur	20, 236
Unternehmenszielsetzung	118

V

Vegetatives Nervensystem	208
Verdauung	165
Verhaltensänderungen	220, 222, 252
Verkaufsmannschaften	120
Verteilung der Hauptmahlzeiten	159
Vierfüssler	198
Visualisierung	111
Vitalstoffe	171
Vitalstoffmischung	176, 178, 243
Vitalstoffschwund	175

Vitamin B12 .... *175*
Vitamine A, C, E *175*
Vitamine B1, B2 und B6 .... *175*
Volksmund *27, 74, 159, 182*
Vollwert *182*
Vorbehalte *121*
Vorbildfunktion *232, 253*
Vorfahren *134*
Vorsätze *222*

W

Waage *104*
Wachzustand *192*
«wahrer» Fettgehalt *169, 170*
Wandern *143*
Wasser *160, 162, 250*
Wellness-Boom *215*
Wiedereinsteiger *28*
Winnermodul *124*
Wirbelsäule *201*
Wirbelsäulenschäden *203*
Wirkungskette *117, 252*
Wirtschaftliche Effekte *215*
Wohlfühlprotokoll *108*
«Wohlfühltempo» *72*
Wunschdenken *24*

Y

Yoga *190*

Z

Zeitbedarf *140*
Zeitplanung *136*
Zeitspanne *109*
Zellmembranen *168*
Zellulose *165*
Zellwand *208*
Zieldefinition *103*
Zielformulierung *110*
Zielgruppen *120*
Zielsetzung *117*
Zielsetzung des Unternehmens *222*
Zucker *164*
Zuckerkrankheit *210*
Zuckerstoffwechsel *209*
Zukunftsängste *212*
Zustandsformen *192*
Zutaten *164*
Zwischenmahlzeiten *158*

SMARTBOOKS BRINGEN SIE WEITER   LESERMEINUNG

Ihre Meinung ist uns wichtig!

Der Inhalt des Buchs «Gesundheit ist Chefsache» ist
☐ ausgezeichnet ☐ gut ☐ genügend ☐ ungenügend ☐ unbrauchbar

Ich konnte das Wissen
☐ grösstenteils anwenden ☐ teilweise anwenden ☐ nicht anwenden

Die grafische Aufmachung und die Gestaltung sind
☐ ausgezeichnet ☐ gut ☐ genügend ☐ ungenügend ☐ unbrauchbar

Der Preis für das Buch ist
☐ zu hoch ☐ gerade richtig ☐ zu tief

Die Anschaffung hat sich
☐ gelohnt ☐ nicht gelohnt

Das hat mir sehr gut gefallen:
_____
_____

Das hat mir nicht gefallen:
_____
_____

Weitere Bemerkungen:
_____
_____

Ich wünsche mir weitere SmartBooks zu den Themen:
_____
_____

Vorname/Name: _____

Adresse: _____

PLZ/Ort: _____

Tel. tagsüber: _____ Fax: _____

☐ Ich möchte über das Buchprogramm in Zukunft automatisch informiert werden.

Bitte einsenden oder faxen an: SmartBooks Publishing AG · Seestrasse 182 · CH-8802 Kilchberg
Faxnummer aus der Schweiz: 01 716 14 25 · Aus Deutschland oder Österreich: 0041 1 716 14 25

Gesucht*: Autorinnen und Autoren

für Internet, Publishing und Design (DTP, Druckvorstufe), Macintosh, PC und Management!

Zum raschen Ausbau unseres hochwertigen Verlagsprogramms suchen wir Autorinnen und Autoren, die mit uns Bücher und CD-ROMs entwickeln.

Falls Sie eine Ader für das Schreiben haben und das Bedürfnis verspüren, der Welt etwas mitzuteilen, werden wir hellhörig. Sollte das, worüber Sie schreiben wollen, sogar noch viele Menschen interessieren, sind wir schon interessiert. Sollten Sie gar eine begnadete Buchautorin oder das männliche Pendant dazu sein und vielleicht noch eine Koryphäe in einem Spezialgebiet der Anwendung von Computern, so bitten wir Sie, sich sofort bei uns zu melden!

Die Firma SmartBooks Publishing AG ist im deutschsprachigen Raum einer der führenden Anbieter von qualitativ hochstehender Internet-/Macintosh-/PC-/Publishing & Design-Literatur. Viele der bisher herausgegebenen Werke sind Bestseller, und die meisten unserer Bücher überleben die Hektik und Schnellebigkeit der Märkte, weil sie immer wieder aktualisiert und neu herausgegeben werden.

Kennen Sie sich besonders gut aus in bestimmten Anwendungsgebieten, Märkten, Programmen und Technologien (Internet, Macintosh, PC, Management)? Haben Sie die Marktübersicht und fundierte Kenntnisse? Würde es Ihnen gefallen, Ihr Know-how in Form eines Buches oder einer CD-ROM zu verwirklichen? Und haben Sie ein besonderes Talent im schriftlichen Ausdruck? Sollten Sie vielleicht sogar gut, leichtverständlich und mit der richtigen Mischung aus Sachkompetenz und Humor schreiben, dann sind wir hocherfreut, Sie kennenzulernen. Rufen Sie uns an oder schicken Sie Ihre Unterlagen (Bewerbung, Konzepte, Manuskripte …) an:

SmartBooks Publishing AG
z. H. Frank Seelig
Seestrasse 182
CH-8802 Kilchberg

Aus der Schweiz: Fax 01 716 14 25   Tel. 01 716 14 24
Aus Deutschland oder Österreich: Fax 0041 1 716 14 25   Tel. 0041 1 716 14 24
E-Mail: smartbooks@smartbooks.ch

* … auch qualifizierte und motivierte Lektoren, Korrektoren, Layouter, Grafiker, Web-Designer (und -innen) suchen wir wie die Nadeln im Heuhaufen.

Buchprogramm und Anzeigen

SmartBooks im Internet

Einen laufend aktualisierten Überblick über unser gesamtes Buchprogramm inklusive aller Neuerscheinungen finden Sie auf unserer Homepage unter

`http://www.smartbooks.ch`

Schauen Sie mal vorbei!

Kurt Uehlinger und Werner von Allmen
Das Handbuch der Erfolgskompetenz: TQM live
256 Seiten

ISBN 3-907601-14-9
sFr. 78.– / DM 86.– / ÖS 628.–

Steve Haite und Felix Bossart
Internet für Unternehmer
Das 5x5 Erfolgsprinzip
464 Seiten

ISBN 3-908489-24-5
sFr. 65.– / DM 69.– / ÖS 504.–

Arnold H. Lanz
**Das neue Unternehmens-Modell:
Die stressfreie Organisation**
224 Seiten

ISBN 3-907601-03-3
sFr. 47.– / DM 49.– / ÖS 358.–

Arnold H. Lanz
Das Schwarz-Weiss-Buch der Mitarbeiter-Motivation
256 Seiten

ISBN 3-907601-02-5
sFr. 47.– / DM 49.– / ÖS 358.–

LERNEN • SPASS HABEN • WEITERKOMMEN!   SMARTBOOKS

Bernhard P. Wirth
**In 7 Tagen
zum Spitzenverkäufer**
Erfolgreich verkaufen
durch Ihre Persönlichkeit
288 Seiten

ISBN 3-908488-30-3
sFr. 47.– / DM 49.– / ÖS 358.–

Kurt Uehlinger und
Werner von Allmen
**Das Handbuch
der Erfolgskompetenz:
TQM live**
256 Seiten

ISBN 3-907601-14-9
sFr. 78.– / DM 86.– / ÖS 628.–

Norbert Dalmeyer
**Lust auf eine eigene Firma?
Das Buch
der Firmengründer**
So machen Sie sich
selbständig
240 Seiten

ISBN 3-907601-04-1
sFr. 47.– / DM 49.– / ÖS 358.–

Bernhard P. Wirth
**In 7 Tagen
zum Spitzenverkäufer**
Erfolgreich verkaufen
durch Ihre Persönlichkeit

7 Audiokassetten

Kassette 1 (Doppelkassette):
Kommunikation
ISBN 3-907601-23-8
sFr. 45.– / DM 45.– / ÖS 329.–

Kassette 2: **Kundenkontakte**
ISBN 3-907601-24-6
sFr. 25.– / DM 25.– / ÖS 183.–

Kassette 3: **Verkaufsgespräche**
ISBN 3-907601-25-4
sFr. 25.– / DM 25.– / ÖS 183.–

Kassette 4:
Zeit- und Geldmanagement
ISBN 3-907601-26-2
sFr. 25.– / DM 25.– / ÖS 183.–

Kassette 5: **Körpersprache**
ISBN 3-907601-27-0
sFr. 25.– / DM 25.– / ÖS 183.–

Kassette 6: **Ziele**
ISBN 3-907601-28-9
sFr. 25.– / DM 25.– / ÖS 183.–

Kassette 7: **Motivation**
ISBN 3-907601-29-7
sFr. 25.– / DM 25.– / ÖS 183.–

Oliver Pott
Handy total!
240 Seiten

ISBN 3-907601-16-5
sFr. 38.– / DM 39.– / ÖS 285.–

Hermann Engl
**Wegweiser für ein
erfülltes Arbeitsleben**
304 Seiten

ISBN 3-907601-08-4
sFr. 47.– / DM 49.– / ÖS 358.–

Arnold H. Lanz
Nichtraucher in 4 Tagen
Nie mehr rauchen!
So schaffen Sie den Ausstieg
304 Seiten

ISBN 3-907601-07-6
sFr. 18.– / DM 19.– / ÖS 139.–

Bernhard P. Wirth
**Krankheitsbilder
und ihre verschlüsselten
Botschaften**
288 Seiten

ISBN 3-907601-12-2
sFr. 28.– / DM 29.– / ÖS 212.–

Flavian Kurth
**Erfolgreiches
Selbstmarketing**
Ein Ratgeber für alle, die es
nicht werden wollen
320 Seiten

ISBN 3-908488-38-9
sFr. 47.– / DM 49.– / ÖS 358.–

Sachbücher & Wirtschaft

SmartBooks

Verlagsprogramm

Internet-fachbücher

Norbert Salomon und
Harald Netz
**E-Mail für alle –
alles über E-Mail**
288 Seiten
mit CD-ROM (Mac/Win)

ISBN 3-908489-10-5
sFr. 45.– / DM 49.– / ÖS 358.–

Peter Fischer
**SmartBooks Computer-
Internet-Lexikon**
320 Seiten

ISBN 3-908489-03-2
sFr. 23.– / DM 24.– / ÖS 176.–

Petra Vogt
**Erfolgreiche Präsenz
im Internet**
288 Seiten
mit CD-ROM (Mac/Win)

ISBN 3-908489-00-8
sFr. 65.– / DM 69.– / ÖS 504.–

Oliver Pott und
Gunter Wielage
**SmartBooks Internet-Kurs –
Start ins Internet**
192 Seiten
mit CD-ROM (Mac/Win)

ISBN 3-908489-08-3
sFr. 38.– / DM 39.– / ÖS 285.–

Oliver Pott
**Weltweite Kommunikation
über Internet**
176 Seiten
mit CD-ROM (Mac/Win)

ISBN 3-908489-20-2
sFr. 55.– / DM 59.– / ÖS 431.–

Frank Hortz
Guerilla-PR
Wirksame Öffentlichkeits-
arbeit im Internet
200 Seiten

ISBN 3-908489-17-2
sFr. 45.– / DM 49.– / ÖS 358.–

Nico Busch und
Dirk Beckmann
**Dynamische Datenbanken
im Internet**
280 Seiten
mit CD-ROM (Mac/Win)

ISBN 3-908489-19-9
sFr. 65.– / DM 69.– / ÖS 504.–

Frank Grigoleit
**Internet
für Fernsehbesitzer**
240 Seiten

ISBN 3-908489-28-8
sFr. 38.– / DM 39.– / ÖS 285.–

Oliver Pott
**Netscape
Communicator 4.5
im Internet und
professionellen Intranet**
280 Seiten
mit CD-ROM (Mac/Win)
ISBN 3-908488-33-8
sFr. 45.– / DM 49.– / ÖS 358.–

Oliver Pott und
Gunter Wielage
**Microsoft Internet
Explorer 5**
272 Seiten
mit CD-ROM (Mac/Win)

ISBN 3-908489-21-0
sFr. 45.– / DM 49.– / ÖS 358.–

Michael Hilscher
**Der SmartBooks
HTML-Kurs**
176 Seiten
mit CD-ROM (Mac/Win)

ISBN 3-908489-58-X
sFr. 38.– / DM 39.– / ÖS 285.–

Jens Borgwardt
Shopping im Internet
Online vorteilhaft
einkaufen
192 Seiten

ISBN 3-908489-40-7
sFr. 38.– / DM 39.– / ÖS 285.–

LERNEN • SPASS HABEN • WEITERKOMMEN!   SMARTBOOKS

Marco De Micheli
Erfolgreiches Suchen und Finden im Internet
224 Seiten

Gabriele Farke
Sehnsucht Internet
Sucht und Sehnsucht, Liebe und Leid
224 Seiten

Matthias W. Zehnder
Surfen im Internet
Geschichte und Geschichten des Internets
368 Seiten

Norbert Salomon
Internet und Computer für Leute ab 50
272 Seiten

ISBN 3-908489-15-6
sFr. 38.– / DM 39.– / ÖS 285.–

ISBN 3-908489-12-1
sFr. 28.– / DM 29.– / ÖS 212.–

ISBN 3-908489-27-X
sFr. 55.– / DM 59.– / ÖS 431.–

ISBN 3-908489-11-3
sFr. 55.– / DM 59.– / ÖS 358.–

Frank Grigoleit
Internet im Unterricht
280 Seiten

Fulvio De Micheli
Senioren ans Netz
240 Seiten

Thomas Reichwein
Internet mit Compuserve 2000
480 Seiten
mit CD-ROM (Mac/Win)

Frank Grigoleit
Internet für Fernsehbesitzer
240 Seiten

ISBN 3-908489-29-6
sFr. 45.– / DM 49.– / ÖS 358.–

ISBN 3-908489-75-X
sFr. 45.– / DM 49.– / ÖS 358.–

ISBN 3-908489-46-6
sFr. 45.– / DM 49.– / ÖS 358.–

ISBN 3-908489-28-8
sFr. 38.– / DM 39.– / ÖS 285.–

Olivier Heitz, Christof Täschler und Claudia Blum
WebDesign in der Praxis
192 Seiten
mit CD-ROM (Mac/Win)

Petra Vogt
Erfolgreich durchs Studium mit PC und Internet
320 Seiten
mit CD-ROM

Martin Kämpfen
Das SmartBook zu AppleWorks Office 5
278 Seiten
mit CD-ROM (Mac/Win)

Andreas F. Golla
Das Anti-Virus-Buch
Kampf den Computer-Viren
224 Seiten

ISBN 3-908488-27-3
sFr. 63.– / DM 69.– / ÖS 504.–

ISBN 3-908489-14-8
sFr. 45.– / DM 49.– / ÖS 358.–

ISBN 3-908489-77-6
sFr. 55.– / DM 59.– / ÖS 431.–

ISBN 3-908489-48-2
sFr. 38.– / DM 39.– / ÖS 285.–

Internet- und PC-Fachbücher

Sie möchten die Gesundheit Ihrer Mitarbeiter fördern?
Informieren Sie sich über unser Programm:

Corporate Fitness
Management

zur *Gesundheitsförderung & Stressbewältigung*

Für Unternehmen:
- ☑ Aktiv-Seminare aus 40 Modulen
- ☑ 2½Tage Basis-Seminar *«Erfolgsfaktor Fitness»*
- ☑ 1½Tage Seminar *«Sales-Fitness»*
- ☑ Seminarmodule zur Integration in Führungskursen
- ☑ Re-Check's

verlangen Sie eine Konzeptbeschreibung!

Für Manager:
- ☑ Elnzel-Coaching
- ☑ Präventiv Check-up's
- ☑ Leistungsdiagnostik
- ☑ Trainingsplanung
- ☑ Vitalstoffmischungen

verlangen Sie unsere Info-Broschüre!

....

Info-Coupon   Einsenden an PERSONAL check-up, Römerstrasse 176, CH-8404 Winterthur
oder faxen 052-243 00 63
oder www.check-up.ch

☐ Senden Sie mir eine Konzeptbeschreibung
☐ Senden Sie mir eine Infobroschüre für Einzelcoaching

Name: _____   Telefon: _____

Adresse: _____

_____

Die im Buch beigefügte Audio-CD enthält die beschriebenen Entspannungs- und Visualisierungsübungen.
Weitere Exemplare der Audio-CD können Sie unter dem Titel **«Entspannung pur»** beziehen.

Mach mal Pause...

Die Audio-CD für
20 Minuten
Erholung & Ruhe

Bestellen Sie per
Telefon, Fax oder e-mail:
Personal@check-up.ch
sFr. 32.–/DM 38.– plus Versand

Unsere Dienstleistungen:

- ☑ firmeninterne Seminare
- ☑ Aktiv-Seminare
- ☑ medizinische Check-up
- ☑ präventivmedizinische Betreuung

Gesundheitsförderung & Stressbewältigung in Unternehmen

CH-8404 Winterthur · Römerstrasse 176
Tel: 052-243 07 01 · Fax 052-243 00 83
e-mail: personal@check-up.ch · Internet: www.check-up.ch

Mein Wohlfühl-Protokoll

©1999 by PERSONAL check-up

Datum	Tag	Ruhepuls am Morgen	gut	mittel	schlecht	Bemerkungen
	Montag					
	Dienstag					
	Mittwoch					
	Donnerstag					
	Freitag					
	Samstag					
	Sonntag					
	Montag					
	Dienstag					
	Mittwoch					
	Donnerstag					
	Freitag					
	Samstag					
	Sonntag					
	Montag					
	Dienstag					
	Mittwoch					
	Donnerstag					
	Freitag					
	Samstag					
	Sonntag					
	Montag					
	Dienstag					
	Mittwoch					
	Donnerstag					
	Freitag					
	Samstag					
	Sonntag